TINTA
DA
CHINA
| brasil |

FERNANDO ROSAS

SALAZAR E OS FASCISMOS

Ensaio breve de história comparada

SÃO PAULO
TINTA-DA-CHINA BRASIL
MMXXIII

Para a Raquel

*Para os estudantes de História dos
Fascismos na Europa da FCSH/NOVA*

SUMÁRIO

ÍNDICE DE QUADROS E MAPAS   9
NOTA PRÉVIA   11

INTRODUÇÃO
HÁ LIVROS QUE DEMORAM A ESCREVER   13
Um século de historiografia   13
O uso público da História   20
As imprecisões sobre o fascismo como objeto de estudo   24

CAPÍTULO I
ELEMENTOS PARA UMA CARATERIZAÇÃO TEÓRICA DO FASCISMO ENQUANTO REGIME   29

CAPÍTULO II
AS PRÉ-CONDIÇÕES HISTÓRICAS PARA A EMERGÊNCIA DOS REGIMES FASCISTAS   81
Os efeitos da crise e da guerra nos países
    da periferia europeia   82
A ofensiva derrotada do movimento operário   89
    A revolução na Mitteleuropa *e na "fronteira Leste"*   92
    A vaga de agitação social na Europa do Sul
        e na Península Ibérica   100
A rendição do liberalismo   112
A unificação das várias direitas da direita   121
    A hegemonia do fascismo plebeu   126
    O compromisso do fascismo plebeu com o fascismo conservador   131
    O domínio do fascismo conservador   136
        O Estado Novo salazarista   137
        O "austro-fascismo" e a sua influência
            na Europa Central e de Leste   145
    A bipolarização e o conflito   149

CAPÍTULO III
O FASCISMO ENQUANTO REGIME. O ESTADO NOVO — 155
O mito palingenético — 156
O nacionalismo organicista — 158
O corporativismo — 160
   O Estado Novo corporativo em Portugal — 169
   Fascismo, corporativismo e economia — 177
   Corporativismo e regulação económica no caso português: a política no comando — 184
   Um corporativismo não fascista? — 188
O "Estado forte" — 192
A violência — 202
   Salazarismo e violência — 209
O totalitarismo — 216
   O Estado Novo e o "resgate das almas" — 219
A chefia carismática — 227
O partido único — 232
O imperialismo — 236

CAPÍTULO IV
O ESTADO NOVO DE SALAZAR. ALGUMAS CONCLUSÕES — 247
Como sobreviveu a ditadura salazarista
   à vitória dos Aliados sobre o fascismo — 254
As três incapacidades do regime — 273

CAPÍTULO V
OS DESAFIOS DO PRESENTE — 279
Neoliberalismo: época de reversão da relação de forças — 280
O populismo de extrema direita — 284
Uma estratégia de subversão política? — 286

LINHA DO TEMPO — 291
BIBLIOGRAFIA — 293
SOBRE O AUTOR — 302

ÍNDICE DE QUADROS E MAPAS

QUADRO I
A onda revolucionária do pós-guerra 45

QUADRO II
A primeira vaga de ditaduras 47

QUADRO III
As ditaduras de tipo fascista 49

QUADRO IV
Novos Estados resultantes da ocupação da Alemanha nazi 50

QUADRO V
Declínio demográfico originado pela ocupação colonial 78

QUADRO VI
Resultados eleitorais na Alemanha (1919-33) 94

MAPA 1
As ditaduras da Europa periférica (1939) 83

MAPA 2
"Portugal não é um país pequeno" (Europa) 242

MAPA 3
"Portugal is not a small country" (EUA) 243

NOTA PRÉVIA

Leciono já há alguns anos no Departamento de História da Faculdade de Ciências Sociais e Humanas da Universidade Nova de Lisboa (FCSH/NOVA) uma cadeira opcional que tem como tema a História dos Fascismos na Europa. Continuei a fazê-lo a pedido do diretor da Faculdade, depois de jubilado e, devo dizer, com muito gosto. Assim será enquanto continuar a ter condições para isso, estudantes interessados no assunto e o empenho da escola em que tal aconteça.

A tarefa obrigou-me, ao longo do tempo, a atualizar e aprofundar conhecimentos e leituras, a comparar bibliografias, discursos museográficos e programas históricos nos *media*, a visitar locais simbólicos ou a retornar aos arquivos. Com tudo isso, fui revendo ideias feitas, aprendendo coisas novas, sobretudo com o trabalho de comparação internacional e o esforço de desparoquialização do tema, aperfeiçoando — penso eu — a capacidade de pensar criticamente os diferentes contributos sobre tão complexo e crucial objeto. Procurei ir projetando os resultados dessas investigações nas aulas, nos dois últimos anos com a competente e preciosa colaboração de Alice Samara. Mas faltava um texto de suporte à oralidade, aos quadros e às imagens apresentados, apesar de sucessivamente prometido. E, com isso, faltava divulgar para um público mais vasto, e de forma que se pretende acessível a qualquer leitor interessado, este contributo tardio sobre o regime salazarista na época dos fascismos. Tinha para com os meus alunos a obrigação de cumprir o compromisso de lhes fornecer um instrumento de trabalho que lhes é também dedicado. Ele aqui fica.

E, para os leitores justamente inquietos com o presente e o futuro do contexto em que vivemos, fica este olhar retrospetivo sobre o regime salazarista e o mundo plúmbeo em que emergiu e se consolidou. Um passado espectral que um século depois projeta a sua sombra sobre os dias de hoje. Conhecê-lo bem é a primeira condição para o esconjurar.

Derradeira observação: a Raquel sabe que sem ela dificilmente eu levaria a carta a Garcia. Por isso lhe dedico especialmente este livro.

FERNANDO ROSAS
Almoçageme, setembro de 2018

INTRODUÇÃO
HÁ LIVROS QUE DEMORAM A ESCREVER

É verdade. Há livros que demoram muito tempo a escrever. Este foi um deles, por razões que vale a pena convocar a título de preâmbulo, pois se prendem às dificuldades de lidar com o fascismo como objeto de estudo. Selecionei três: a vastidão da bibliografia e outras fontes, o uso público da História e a imprecisão sobre o fascismo como objeto de estudo. Convém, ainda que de forma sintética, abordar tais dificuldades uma a uma.

UM SÉCULO DE HISTORIOGRAFIA

Em primeiro lugar, a questão da vastidão quantitativa e da diversidade qualitativa do verdadeiro oceano de bibliografia e outras variantes de fontes secundárias sobre o fascismo. Desde o triunfo primeiro do fascismo em Itália, em 1922, até ao presente, há quase um século de produção ensaística (e aqui limito-me a esta) de todos os ramos da política e das ciências sociais sobre o assunto. E não é só, nem principalmente, a questão da quantidade das fontes. É a contextualização dos seus contributos à luz das diferentes épocas históricas e das prioridades e desafios que cada contexto colocava aos agentes políticos e sociais, condicionando as suas abordagens e naturalmente a produção teórica que sobre elas se ia construindo. Para o historiador de hoje, é indispensável situar os discursos de análise dos fascismos na sua história específica, no seu contexto epocal, para bem os entender.

Num esboço rápido e a traço muito grosso, e com intuito, para já, meramente descritivo, diria que se podem considerar quatro épocas principais do pensamento teórico, académico ou não, sobre a questão do fascismo. Desde logo, a própria época dos fascismos, em que a militância contra a inusitada ascensão do fascismo e a resistência ao seu poder deu lugar a importante produção teórica, designadamente no campo marxista. Os textos sobre o fascismo de Antonio Gramsci, Clara Zetkin, Otto Bauer, August Thalheimer e Leon Trótski, com abordagens dissonantes das ortodoxias social--democrática ou kominternina (após a instalação da hegemonia stalinista na Internacional Comunista, a partir de 1924), ou os contributos da Escola de Frankfurt, nos anos 40, salientando a dimensão sociopsicológica, o papel da ideologia, a organização do consenso ou o "primado da política" (Horkheimer), são contribuições que hoje se podem considerar clássicas e, para parte da historiografia posterior, matriciais no estudo da questão.

Veio de seguida o período dos "trinta anos de ouro" do capitalismo do pós-guerra, que são também os da Guerra Fria. Como salienta Enzo Traverso, a aliança existente desde 1941 (ano da invasão nazi da União Soviética) até 1945 entre comunistas e liberais, para defender o património das Luzes contra o fascismo, rompeu--se: "O liberalismo abandonava o antifascismo para se cobrir com as vestes do antitotalitarismo, quer dizer, do anticomunismo".[1]

A redescoberta da teoria do totalitarismo fazia equivaler ideológica e politicamente comunismo e nazismo como as duas faces da mesma moeda, recuperando para o "mundo livre", como uma espécie de *dégradé* aceitável, ditaduras de feroz teor anticomunista, desde logo as ibéricas, sobreviventes à derrota do nazifascismo. Autores como Brzezinski ou Arendt retomam e reelaboram nos anos 50 a doutrina dos anos 30, numa abordagem que tendia a

---

[1] Enzo Traverso, *À Feu et à sang: De la Guerre civile européenne, 1914-1945*. Paris: Stock, 2007, p. 325.

ocultar os laços entre o capitalismo e o fascismo, a negligenciar diferenças ideológicas e económicas essenciais entre o fascismo e o comunismo, e a construir uma bipolaridade fundamental entre o mundo "livre" e "racional" do capitalismo e a tirania irracional do sistema soviético. Apesar da teoria do totalitarismo vir a desacreditar-se como um subproduto da Guerra Fria, ela criou, a partir da ciência política norte-americana, um duradouro campo de revisão antimarxista da teoria do fascismo, com importantes repercussões futuras na ciência política e na historiografia, ainda que em diferentes direções. Juan Linz introduz a abordagem tipológica/comparativa dos fascismos e, nos anos 70, vários historiadores (Sternhell, Mosse) iniciam um tipo de análise "culturalista", sobretudo assente na consideração unilateral das fontes culturais e intelectuais da ideologia fascista como uma realidade desinserida dos contextos estruturais que a geraram.

No polo oposto da historiografia da Guerra Fria sobre o fascismo, domina, nessa época, com peso relevante, a visão kominterniana herdada do VII Congresso da Internacional Comunista, em 1935, agora reproduzida pelas academias de História oficiais da URSS e dos países da sua esfera de influência, e pelos órgãos teóricos dos partidos comunistas do Ocidente (*Les Lettres Françaises* ou *Recherches Internationales à la Lumière du Marxisme*, no caso do PC francês, ou a *Rinascita* do PC italiano), onde colaboram os historiadores desta área política. Há, no entanto, uma historiografia marxista que se afasta da dogmática oficiosa deste padrão para retomar o estudo do fascismo a partir da descoberta tardia do contributo gramsciano e dos seus escritos do cárcere ou da revalorização do papel da ideologia, um aspeto claramente lacunar nas contribuições do marxismo entre as duas guerras (Georg Lukács, M. Antonietta Macciocchi, Nicos Poulantzas, Eric Hobsbawm).

Mas neste pós-guerra surge uma importante bibliografia sobre a Europa da primeira metade do século XX, sobre o fascismo e o nazismo, não "arrumável" em nenhuma das referidas correntes resultantes da Guerra Fria, oriunda, sobretudo, da tradição historiográfica britânica, menos marcada pelo espírito de escola, mais empírica, cujos contributos inovadores são essenciais (A.J.P. Taylor, James Joll, Stuart J. Woolf). E é ainda nos anos 70 e 80 que, de forma idêntica, surgem as várias obras de historiadores franceses profundamente marcantes na história do fascismo: Pierre Vilar, Serge Berstein, Pierre Milza, François Bédarida, entre outros.

A transição dos anos 80 para os anos 90 do século passado é de viragem sistémica: a implosão da URSS e a queda dos regimes europeus por ela tutelados; o desaparecimento do "campo socialista"; o fim da época de ouro do desenvolvimento do capitalismo, com a instalação de uma crise sistémica profunda e prolongada a partir de finais da década de 70; e a emergência da ofensiva neoliberal, emblematicamente marcada pela década thatcheriana e pelas administrações Reagan/Bush nos Estados Unidos.

A segunda crise histórica do sistema liberal traduziu-se, naturalmente, numa batalha no campo das ideias, numa luta pela hegemonia visando abrir caminho à rutura paradigmática com o mundo do pós-guerra. E isso produziria efeitos assinaláveis na abordagem teórica da problemática do fascismo. Pode dizer-se que o traço dominante deste terceiro período é a afirmação hegemónica da revisão antimaterialista e antimarxista nos estudos sobre o fascismo, sintetizada na enfática proclamação do "fim da História". Um dos objetivos centrais dessa revisão consistiu, igualmente, num ataque frontal à tradição antifascista fortemente implantada na cultura das esquerdas europeias. Já antes, em Itália, Renzo De Felice desencadeara a guerra contra o "paradigma antifascista", que considerava uma aberração da historiografia do pós-guerra. Em França, a campanha é conduzida por Annie Kriegel e, sobretudo, por François Furet, com o seu célebre livro *O passado de uma ilusão*, onde se apresenta o antifascismo como um disfarce democrático do comunismo, uma manobra de propaganda que teria permitido ao totalitarismo soviético alargar a sua influência na cultura ocidental.[2] Tudo culminando com o polémico *O livro negro do comunismo*, coordenado por Stéphane Courtois, historiador obcecado por um anticomunismo dogmático, tremendista e quase a-histórico. Na Alemanha, Ernst Nolte, no estudo *Três faces do fascismo*, apresenta o fascismo em termos quase apologéticos, como uma reação à "barbárie asiática", resposta conservadora à modernidade, o que lhe permitiu "colocar o nazismo num contexto sociocultural e filosófico mais vasto, mas o expôs às acusações de relativismo por subestimar a barbárie suprema do Terceiro Reich".[3]

No Estado espanhol, o neoconservadorismo historiográfico concentrou-se numa abordagem legitimadora da insurgência franquista e relativizadora da violência do regime e da sua natureza, num quadro transicional com fortes continuidades para a democracia. Curiosamente, numa historiografia muito marcada por contribuições significativas de autores estrangeiros, são dois cientistas políticos norte-americanos as referências matriciais desta abordagem: Juan Linz e Stanley G. Payne (este último com vasta e relevante obra sobre a história espanhola desse período), a que se juntam autores como Pío Moa ou César Vidal.

Esta ofensiva revisionista finissecular, que recuperava num novo contexto a teoria do totalitarismo, muito marcada por uma instrumentalização ideológica da História sem verdadeira base empírica historiográfica, abriu largas controvérsias na Alemanha, na Itália, em França ou no Estado espanhol, não só entre os historiadores, mas com larga repercussão na opinião pública. Os historiadores críticos dessas posições insurgiram-se, de forma geral, contra aquilo a que Habermas chamou, na querela historiográfica alemã em 1986/87 (*Historikerstreit*), o *uso público da História*, ou seja, o recurso à utilização e interpretação da História com fins político-ideológicos.

2   Ibid., p. 20.
3   Daniel Woodley, *Fascism and Political Theory*. Londres: Routledge, 2010, p. 7.

E, sem prescindir da sua análise crítica, abordaram o antifascismo como património genético das democracias europeias (Ian Kershaw, Hans Mommsen ou Norbert Frei, também na Alemanha). No mesmo sentido, verificar-se-ia em Itália a intervenção de relevantes historiadores do fascismo, como Nicola Tranfaglia, Aldo Agosti, Alberto De Bernardi ou Claudio Pavone, entre outros. Em França, nesta linha de resposta crítica, vale a pena referir a obra coletiva *O século dos comunismos*, onde participam historiadores desta área, como Serge Wolikow ou Michel Dreyfus, e ainda os contributos importantes de Robert Paxton sobre o regime de Vichy, ou, mais recentemente, do historiador Enzo Traverso, a que adiante nos referiremos. Em Espanha e na Catalunha, desenvolveu-se uma diversificada historiografia crítica do relativismo neoconservador sobre o franquismo, com importante participação de autores de outros países (a obra incontornável de Paul Preston, os contributos dos historiadores espanhóis Ángel Viñas, Julián Casanova e Santos Juliá, e dos historiadores catalães Carme Molinero, Pere Isàs ou Josep Sánchez Cervelló).

Finalmente, nos anos 90 do século passado, surge aquilo a que alguns historiadores chamam um "novo consenso" de autores anglo-saxónicos desenvolvendo aspetos particulares da tradição não marxista da história dos fascismos.[4] Stanley Payne, na esteira da abordagem pioneira de Juan Linz, desenvolve uma análise taxonómica dos vários tipos de regime a partir de uma metodologia comparativa, o que o conduz a uma espécie de catálogo tipológico de regimes políticos considerados em si mesmos, ou seja, fora de qualquer radicação no processo histórico. Mais inovador é o contributo de Roger Griffin, também assente num detalhado comparativismo, apresentando o fascismo como um mito ideológico regenerador, um "populismo ultranacionalista", uma "religião totalitária" em que a ideologia é considerada um sistema totalmente

---

4   Ibid., pp. 8 ss.

desligado da prática social e da sua base material. Esta recuperação de um certo "culturalismo" abstrato, já presente na obra anterior de Zeev Sternhell, marca também os trabalhos de Michael Mann (apesar da sua crítica à abordagem de Griffin), que desvaloriza as explicações radicadas no conflito de classe e propõe uma definição de fascismo como "a busca de um estatismo nacionalista transcendente e purificador" através da violência paramilitar.[5] No fundo, o tal "consenso" assenta na ênfase absoluta numa ideologia ou numa "forma" abstraída das condições materiais da sua produção, "como se as ideias filosóficas e os valores culturais articulados nas ideologias fascistas existissem independentemente de condições objetivas". Um "consenso", como salienta Woodley, "fundado menos no acordo académico do que numa consciente rejeição do materialismo histórico como válida metodologia de trabalho".[6]

O quarto e último período que aqui me proponho considerar é um *work in progress*: o processo em construção de uma teoria crítica do fascismo assente em pressupostos distintos (neomarxistas, pós-estruturalistas ou de antropologia social), mas que têm em comum, como ponto de partida, a demarcação do tal "novo consenso" em torno do fascismo como transcendência idealista, ou seja, assente na exclusão do condicionamento das expressões do político e ideológico.

Mas este processo evidencia duas outras preocupações: a ênfase no papel da ideologia no quadro de uma abordagem materialista da história sobre o fascismo e a importância do método comparativo. Essa renovação da historiografia sobre a Europa entre as duas guerras e sua relação com os usos da memória tem contado com o contributo, entre outros, dos trabalhos de Enzo Traverso, autor de obras de seminal importância neste processo. Numa abordagem no campo da teoria política e de índole pós-estruturalista, na

---

5 Michael Mann, *Fascistas*. Lisboa: Edições 70, 2011, p. 41.
6 D. Woodley, op. cit., p. 20.

linha das análises fragmentárias de Walter Benjamin sobre o fascismo e de outros autores, Daniel Woodley desenvolve uma crítica às "abordagens tipológicas" em direção a uma "teoria crítica do fascismo". Reconhecendo que o conceito de classe continua a ser central na sociologia marxista, o autor propõe-se superar o "reducionismo de classe" em favor de "uma mais sofisticada conceção do fascismo como mercadoria política, uma forma de produção ideológica no capitalismo pós-liberal baseado na estetização da política e na mobilização da emoção".[7]

Da análise crítica mais detalhada dos contributos histórica e historiograficamente marcantes para o debate sobre os fascismos e das suas repercussões na tardia historiografia portuguesa sobre o assunto e seus autores, trataremos adiante. Mas do esboço ensaiado de quase um século de sucessiva produção teórica e de debates (sobretudo no domínio da História) sobre o fascismo, não é difícil concluir da complexidade e da morosidade do processo de apropriação crítica desta problemática.

O USO PÚBLICO DA HISTÓRIA

O segundo problema que ajuda a explicar a demora deste livro prende-se com a caraterística específica do debate sobre o regime salazarista em Portugal: ele é raro e pobre no plano académico, e vivamente marcado pela intervenção política e ideológica no domínio da opinião e do espaço públicos. Não tenho nada contra a politização do debate público sobre a memória da ditadura. Desde logo, porque essa é uma memória essencialmente política e por natureza ideologicamente marcada. Depois, porque isso revela uma preocupação cívica desperta por parte de setores relevantes da opinião pública, mesmo quase 45 anos

[7] Ibid., p. 14.

após a Revolução de 1974/75. É, de alguma maneira, a fiscalização democrática da cidadania a funcionar. São a anomia ou o desinteresse que fazem perigar a democracia, não a controvérsia política sobre a memória.

Mas o certo é que o ofício de historiador se distingue da convocação da memória. "Recordar o passado não é o mesmo que compreendê-lo historicamente."[8] E é indiscutível que a intensa politização que rodeia as polémicas em torno das memórias do Estado Novo e da resistência antifascista dificulta ou contamina o debate especificamente historiográfico. Nem vale a pena aprofundar aqui o debate acerca das leituras sobre a Primeira República e o Estado Novo ocorrido em 2012 entre historiadores do século XX português. O interveniente alvo de crítica ao seu trabalho, Rui Ramos, tomou-a como um misto de insulto pessoal e de provocação política e retirou-se de cena rasgando as vestes, sem responder a nenhuma das questões de substância colocadas pelo autor da crítica, Manuel Loff, e por outras contribuições: pregaram no deserto. Até houve quem pedisse o silenciamento dos comunistas na imprensa...[9]

Convém, no entanto, a meu ver, alguma mitologia purista ou ingénua acerca da separação entre os dois campos, a História e o uso político que dela se possa fazer. Como salienta E. Traverso, "longe de serem o quinhão exclusivo da memória, os riscos de sacralização, mitificação e amnésia espreitam permanentemente a escrita da própria História".[10] A História não flutua imaculadamente pura e imune acima do espírito e das convulsões do seu tempo. Gostaria de precisar a este respeito que não partilho de

---

8   Luciana Soutelo. *A memória pública do passado recente nas sociedades ibéricas: Revisionismo histórico e combates pela memória nos fins do século XX*. Tese de Doutorado, Faculdade de Letras da Universidade do Porto, 2015, p. 43.
9   Cf., a este propósito, Filipe Ribeiro de Meneses, "Slander, Ideological Differences, or Academic Debate — the 'Verão Quente' of 2012 and the State of Portuguese Historiography". *e-Journal of Portuguese History*, vol. 10, n. 1, verão 2012.
10 E. Traverso, op. cit., pp. 36-37.

qualquer ilusão purista quanto à viabilidade de uma História assética, neutra, estritamente objetiva, pairando sem mancha sobre as paixões, os interesses, as ideias da sociedade que a produz. Diria, citando Georges Duby, "que a objetividade do conhecimento histórico é um mito, que toda a História é escrita por um homem, e quando esse homem é bom historiador põe na sua escrita muito de si próprio",[11] isto é, muito da sua maneira política, social e cultural de estar no mundo. E isso torna difícil, por vezes, a necessária separação das águas.

Se o discurso historiográfico é uma tentativa de racionalizar e dar sentido aos vários tipos de património da memória com que trabalha, o certo é que essa busca nunca deixou de ser condicionada política e ideologicamente pelo ser social do seu autor, pelo caldo político e cultural onde ele mergulha. Nesse sentido, o historiador, tanto pela escrita como pela interpretação, de alguma forma participa nos usos públicos da memória. A escrita da História, mesmo quando não se afasta do epistema da disciplina, propõe leituras que, colocadas à disposição da comunidade como propostas de entendimento do passado, participam nas polémicas e influenciam os debates sobre os usos da memória. O historiador é, ele próprio, condicionado pelas memórias sociais correntes e pelos saberes herdados, uma vez que não vive metafisicamente encerrado numa redoma.

Lidar historiograficamente com a contemporaneidade implica também um certo entendimento da distância. Não creio, é certo, que haja alguma espécie de "distanciómetro" suscetível de estabelecer regras temporais precisas de nojo ou abstenção para o historiador se poder debruçar sobre o objeto de estudo sem o risco de o seu trabalho ser confundido com jornalismo ou opinião política. Falo de distância no sentido de encerramento de um ciclo

---

[11] Georges Duby, "O historiador hoje". In: Id.; Philippe Ariès; Jacques Le Goff; Le Roy Ladurie, *História e Nova História*. Lisboa: Teorema, 1994.

histórico, de consumação de uma mudança de paradigma, de uma situação em que a leitura da História já não possa transformar-se, subjetiva ou objetivamente, em intervenção no processo histórico em curso porque o seu desfecho se consumou. Podemos hoje, de um ponto de vista metodológico, fazer a história da Guerra Civil de Espanha porque o seu dramático desfecho encerrou o ciclo de vida da Segunda República. O que escrevermos hoje sobre ela em nada vai influenciar ou alterar o seu desenlace. Podemos hoje fazer a história da revolução portuguesa de 1974/75, porque o processo revolucionário foi travado pelo golpe militar de 25 de novembro e isso originou o encerramento de um ciclo e o começo de outro. É certo, como no exemplo anterior, que os conflitos ideológicos passados podem informar mais ou menos a abordagem do historiador. Mas o ponto é que o seu contributo não é retrospetivamente utilizável, não pode influenciar o destino da tempestade e, sobretudo, beneficia do conhecimento global, plural e distanciado dos factos. Ou seja, é isso que permite uma distância crítica.

Mas a explicação para o quase deserto do debate especificamente académico sobre o fascismo e antifascismo em Portugal não se deve só ao constrangimento que lhe origina a polémica pública da questão. Há outras razões de peso a considerar. A historiografia contemporânea portuguesa é uma *latecomer* em termos europeus. Por razões várias, após o longo silenciamento imposto pela ditadura, só arrancou em termos académicos mais de dez anos após o 25 de Abril, quando nas universidades — não em todas — começaram a arrancar os estudos de graduação e pós-graduação e a formação de investigadores e docentes especializados nessa área. Esse atraso prejudicou os estudos comparativos: para comparar, era preciso ter um termo de comparação nacional, e os primeiros anos de investigação, salvo raras exceções, concentraram-se no conhecimento rigoroso e documentado do fascismo doméstico ou do que se considerava que ele fosse. Um corpo de investigadores académicos demasiado restrito e familiar para se entregar a grandes confrontos intestinos e uma prolongada política pública de desinvestimento na ciência (e nas ciências humanas em especial), que só começou a ser revertida no início do século XXI com a nova estratégia para a ciência de Mariano Gago, contribuíram para um certo isolamento da produção científica doméstica em termos internacionais e para um défice do debate interno. Mas cabe reconhecer as importantes mudanças de fundo que desde então se começaram a operar: a densificação e internacionalização da investigação histórica, também no campo do estudo dos fascismos, é hoje uma realidade incontornável.

Tudo isto para concluir que a capacidade de delimitar o campo relativamente autónomo e específico da História, a aquisição do distanciamento crítico e o exercício metodológico da comparação exigem uma maturação que se constrói, também, no aguardar pelo benefício do tempo.

AS IMPRECISÕES SOBRE O FASCISMO COMO OBJETO DE ESTUDO

Outro problema que dificulta a abordagem da problemática do fascismo é a frequente confusão ou imprecisão de boa parte da literatura sobre o objeto de estudo, atropelando a fulcral distinção proposta por Renzo De Felice entre fascismo enquanto movimento e fascismo enquanto regime. Falar indistintamente da natureza e do papel do fascismo em geral — como uma categoria em si mesma, imutável e abstrata, sem atender à sua historicidade e, portanto, à sua evolução ou transformação — é uma óbvia fonte de imprecisão, pois o fascismo-movimento é uma realidade em vários aspetos distinta do fascismo-regime.

Sem prejuízo de adiante tratarmos deste assunto com mais detença, convém esclarecer a questão a título prévio, pois ela se prende com aquilo que neste livro se pretende abordar, com o seu preciso objeto. O movimento fascista, o que brota do rescaldo da Grande Guerra, o fascismo antes de chegar ao poder, é a expressão política do medo e da revolta dos grupos sociais intermédios, atingidos duramente pelos efeitos económicos e sociais do conflito e em desespero pela perda potencial ou efetiva do seu estatuto social. Derrotada ou quase a revolução social, falido e impotente o Estado liberal para os proteger, a pequena burguesia e os setores intermédios ou marginais abraçam o discurso populista e mobilizador dos movimentos fascistas: uma mitologia de unidade supraclassista, ultranacionalista e redentora, que apela e pratica toda a violência necessária à limpeza dos responsáveis pela decadência da nação enferma: o comunismo (ou o socialismo) e a "plutocracia" especuladora e parasitária, em alguns casos equivalente aos judeus. O nazismo equiparará mesmo este duplo inimigo num só alvo: o "judeobolchevismo". É alegadamente uma revolução de "terceira via", anticomunista, antiliberal, mas não anticapitalista (só condena o "capital parasitário" e "não produtivo"). Ou seja, o fascismo-movimento é plebeu, subversivo, antiliberal e anticomunista, miliciano, e sai da sua marginalidade inicial a golpes de violência terrorista contra as organizações do movimento operário, o que lhe valerá as atenções, a cumplicidade e o apoio de crescentes setores da oligarquia que o levarão ao poder. O que se verifica através de processos nacionalmente diferenciados de incorporação ou aliança política.

Precisamente, o fascismo enquanto regime é o compromisso do populismo com as oligarquias dominantes, no quadro de uma "ordem nova" moldada pela ideologia fascista, em certo sentido preexistente aos movimentos fascistas, criada que foi pela direita contrarrevolucionária e antiliberal antes da guerra. Não é um compromisso do movimento com a ordem liberal conservadora para um regime híbrido (também os houve) — é uma nova situação política, fruto da aliança do movimento fascista com as várias direitas da direita (incluindo a conservadora liberal), largamente rendidas ao fascismo enquanto doutrina e à "eficácia" da violência miliciana dos grupos fascistas enquanto prática social com apoio de massas instrumentalizável. Essa aliança de equilíbrio, variável nos diferentes casos nacionais, exigiu, todavia, a poda da retórica populista e obreirista, o enquadramento institucional da violência e do milicianismo desordeiro ou também a neutralização das organizações sindicais fascistas e a sujeição corporativa (ou num quadro organizativo supraclassista semelhante) do trabalho às prioridades do capital.

Hitler, para consolidar o poder conquistado em 1933, teve de ceder no ano seguinte às pressões da aristocracia militar prussiana, neutralizando de forma sangrenta as Sturmabteilung (SA), milícias do partido nazi, e as suas veleidades populistas de hegemonia e de concorrência com o exército dos junkers. Mas, de alguma forma, todos os movimentos fascistas com acesso ao poder tiveram a sua "noite das facas longas". O Mussolini do programa fascista inicial do Santo Sepulcro, republicano, anticlerical, defensor do salário mínimo, do voto das mulheres ou da jornada de oito horas de trabalho teve de sacrificar essa retórica à fidelidade ao rei, aos Acordos de Latrão com o papa, à Concordata com a Igreja Católica, aos interesses dos grandes agrários e industriais e até às pressões do Exército para disciplinar e enquadrar os Fasci di Combattimento e os *ras*.[12]

Ou seja, ao tornar-se regime, ao incorporar a aliança política contrarrevolucionária dos diferentes setores da oligarquia, o populismo fascista plebeu e violento institucionaliza-se. Torna-se

---

12 Fasci di Combattimento: grupos fascistas de combate. Ostentavam as "camisas negras" como farda. *Ras*: chefes provinciais do Squadrismo fascista, que se faziam chamar por esta designação dos chefes etíopes. Aparecem em 1920, chefiando os primeiros bandos fascistas armados. São caciques todo-poderosos nas suas zonas de influência (Farinacci em Génova, Grandi em Bolonha, Balbo em Ravena, Bottai em Roma), partidários da ação violenta, dão um apoio decisivo a Mussolini na "marcha sobre Roma", em 1922, e depois nas eleições de 1924. Com a subordinação e centralização do partido, vários deles ocuparão altos cargos no Estado e no aparelho partidário.

uma ditadura de tipo novo sob um chapéu doutrinário comum. Uma ditadura restauradora do passado mítico da nação, organicista, corporativa, inimiga do demoliberalismo e sobretudo do comunismo/socialismo, legitimadora da violência tendencialmente irrestrita contra os seus adversários, geralmente de propósitos irredentistas ou imperiais, liderada por chefes carismáticos. Esse é o fascismo enquanto regime. E esse é o objeto do presente livro.

Não me interessa tanto estudar o fascismo como ente "puro" ou movimento aparentemente não corrompido pelo compromisso, muito menos como discurso ideológico abstrato, mas antes o fascismo enquanto regime, enquanto aliança política no poder, enquanto poder político e ideológico real. O fascismo-poder que, em nome da regeneração nacional, vai liquidar o Estado liberal, suprimir politicamente o movimento operário organizado, regular corporativamente a economia em nome do "interesse nacional", ou seja, em nome de uma articulação global dos diversos interesses das classes dominantes. Um regime de novo tipo que, através do controlo totalizante da vida social, procura criar um "homem novo", suporte da sua perpetuação.

Para se debruçar sobre este objeto, o presente livro, encerradas estas notas introdutórias, proporá no seu Capítulo I um conjunto de ideias que considero essenciais para a caraterização teórica do fascismo enquanto regime. No Capítulo II, analisam-se as pré-condições históricas para a emergência dos regimes fascistas na Europa entre as duas guerras. Caberá no Capítulo III ensaiar um esboço comparativo do regime salazarista com os outros regimes fascistas ou de tipo fascista, a partir da enunciação das suas principais caraterísticas comuns. O Capítulo IV sistematizará as conclusões da análise do anterior relativamente ao Estado Novo e discutirá a questão da sua sobrevivência e duração no pós-guerra. Finalmente, no Capítulo V procura-se entender, à luz do passado recente, ou seja, da história dos fascismos, os desafios e as ameaças do presente.

CAPÍTULO I
ELEMENTOS PARA UMA CARATERIZAÇÃO TEÓRICA DO FASCISMO ENQUANTO REGIME

> Se não quiserem falar de capitalismo, nada terão a dizer sobre fascismo.
>
> Max Horkheimer, 1938

Não tenho a estulta pretensão de me abalançar, neste breve ensaio, a uma teorização desenvolvida sobre o fascismo em geral. Mas parece-me indispensável, no entanto, precisar os pontos de partida teóricos que fundamentam a proposta de abordagem que aqui desenvolvo sobre o fascismo enquanto regime. Formularei isto mesmo em sete teses que passo a enunciar, tanto quanto possível, de forma sintética.

1. *O fascismo, enquanto movimento e enquanto poder, ou é encarado como fenómeno e categoria histórica, e portanto historicamente contextualizado, ou corre o risco da ininteligibilidade, quando não de um subjetivismo tipológico e idealista obnubilador da realidade.*

Efetivamente, não me parece possível compreender a dinâmica dos movimentos fascistas e o processo da sua transição para ditaduras fascistas ou de tipo fascista sem ter em conta dois fatores essenciais: em primeiro lugar, o caldo económico e social em que tais fenómenos foram gerados e que, simultaneamente, são por eles condicionados, isto é, a estrutura económica e as relações e os conflitos de classe que lhe estão associados. Em segundo lugar, a importância específica da *força material das ideias*, ou seja, o poder da mobilização ideológica e psicológica do apelo fascista na organização do consenso da pequena burguesia e das classes intermédias. A dimensão que, à exceção de Gramsci, foi subestimada pela generalidade dos dirigentes e pensadores marxistas do período entre as guerras.

Nos seus *Cadernos do cárcere*, Gramsci considera que o movimento operário italiano perdeu a batalha contra o fascismo quando se deixou derrotar na luta pela hegemonia ideológica das classes intermédias, ou seja, da base social do movimento fascista. E conclui: "Eis a principal derrota do partido revolucionário italiano. Não ter havido ideologia, não a ter comunicado às massas, não ter fortificado a consciência dos militantes com convicções tanto morais como psicológicas".[1] Os historiadores neomarxistas e as propostas pós-estruturalistas de uma teoria crítica do fascismo, sem negligenciarem o critério de classe, revalorizam a ideologia não como uma simples dimensão superestrutural, mas como força material transformadora, como fator estrutural.[2]

Assim sendo, os movimentos fascistas hão de entender-se como a expressão política e ideológica do desespero das classes intermédias, atingidas pela agudização da crise do sistema liberal no rescaldo da Grande Guerra e das crises económicas de 1921 e, particularmente, da Grande Depressão de 1929. Na realidade, nos países periféricos sacudidos pelos efeitos económicos e sociais da guerra, os movimentos fascistas irão dar voz à frustração, à revolta, ao medo de largos setores intermédios ou marginais da sociedade não representados pelos partidos

---

1 Cit. in Maria Antonietta Macciocchi, "Gramsci e a questão do fascismo". In: Id., *Elementos para uma análise do fascismo*. Lisboa: Bertrand, 1977.
2 Cf., a este respeito, entre outros, D. Woodley, op. cit., pp. 10 ss., e, na historiografia portuguesa, Luís Trindade, *O estranho caso do nacionalismo português: O salazarismo entre a política e a literatura* (Lisboa: ICS, 2008); ou Manuel Loff, *"O nosso século é fascista!": O mundo visto por Salazar e Franco (1936-1945)* (Porto: Campo das Letras, 2008).

existentes, fossem as formações políticas burguesas do sistema ou as do movimento operário.

O populismo radical fascista explorava com sucesso os sentimentos difusos ou reais das classes intermédias — pequeno patronato, funcionários e reformados, titulares de rendimentos fixos, oficiais de baixa patente, intelectuais marginalizados, estudantes, jornalistas, artesãos —, dos desempregados, da multidão de ex-combatentes maltratados pela sociedade a que regressavam. Eram os sentimentos de medo de uma pequena burguesia assustada com o risco de despromoção social com que ameaçavam a crise económica e financeira e os "plutocratas", por um lado, e a revolução proletária, por outro. Se as insurreições operárias e a vaga de agitação social do imediato pós-guerra concitaram a esperança de alguns setores das classes intermédias em melhores dias, a derrota geral da ofensiva "vermelha" vai afastá-las dos vencidos, tornando-as permeáveis à demagogia populista dos movimentos fascistas. Era o efeito devastador da inflação ou do desemprego galopantes.

Mas era também a revolta contra a humilhação de Versalhes ou a injustiça da "vitória incompleta", impostas pelos vencedores. Era o desejo de vingança e de restauração da dignidade da pátria derrotada ou humilhada. A propaganda fascista explorava habilmente esse vulcão de raiva, frustração e desespero, indo ao encontro dos instintos primitivos da massa: a expansão imperial e a guerra de vingança como forma de restaurar a "grandeza da nação"; a autossuficiência económica; a ditadura redentora; a eliminação radical do parlamentarismo, dos partidos, dos sindicatos livres e das liberdades democráticas, em nome da "unidade nacional" e da harmonia interclassista reencontradas; uma "revolução" que, sob o império do "interesse nacional", glorificaria o "trabalho nacional" contra a "plutocracia especulativa" e a subversão "vermelha", mesmo que isso viesse a significar a sujeição do trabalho ao capital no quadro de soluções corporativas ou afins.

Na Alemanha e em vários países da Europa Central de forte tradição racista e antijudaica, o antissemitismo foi eleito, a meias com o bolchevismo e confundindo-se com ele, como o inimigo principal da "revolução nacional". Muitos destes valores integravam os planos e a estratégia das direitas tradicionais dos países periféricos. O populismo dá-lhes bases de massas, força social e política para eliminar as resistências à sua concretização.

Por outro lado, a retórica populista dos movimentos fascistas cria novos organismos, especializados em diferentes formas e métodos de propaganda, virados quer para a eficácia da mobilização das massas, quer para o reforço do seu controlo político e ideológico. Em Portugal, António Ferro explica-o lapidarmente num célebre artigo do *Diário de Notícias*, em 1932,[3] um ano antes de ser nomeado chefe do Secretariado de Propaganda Nacional por Salazar. Disse ele que as ditaduras modernas precisavam da festa, da música, da multidão, da saudação romana, dos cânticos, das palavras de ordem, dos estandartes, enfim, da "ginástica indispensável aos sentimentos e às ideias condutoras". Porque era necessário ligar o ditador à "multidão", para colmatar a supressão do Parlamento e das liberdades. Porque havia que não deixar apagar "a fogueira das ideias em marcha". Porque os povos gostam de ter a sensação de que participam num grande desígnio, "gostam de ser levados". Eram, pois, necessárias as "festas do ideal", a aparência de comunicação entre governantes e governados, ou seja, por outras palavras, *a encenação do poder*. A propaganda populista surgia assim não só como forma de maximizar a inculcação ideológica e a mobilização popular, mas como processo de controlo social e político da multidão em torno do "chefe", do movimento e, depois, do regime. É ao serviço desses propósitos que adquirem importância central o cartaz, o cinema e a rádio, trilogia instrumental do populismo nos anos 30.

---

3   António Ferro, "O ditador e a multidão". In: Id., *Entrevistas a Salazar*. Lisboa: Parceria A.M. Pereira, 2003, pp. 227 ss.

A outra face da encenação do poder ensaiado pelo discurso do populismo fascista é a intimidação e a indução do medo. É a imposição da homogeneidade política e da unidade férrea em torno do "chefe" e do "interesse nacional" que ele representa e interpreta. E por isso, face ao Estado, à Nação e ao caudilho, é decretado administrativamente o fim da luta de classes e a interdição de qualquer forma alternativa de pluralismo político e ideológico. A resistência ou a diferenciação são tidos como comportamentos desviantes e criminalizáveis, porque atentatórios da "ordem natural das coisas" e da grandeza da nação restaurada. Por isso mesmo, estão sujeitos à punição repressiva levada até onde se julgue necessário.

Mas os regimes fascistas institucionalizados, precisamente, vão transformar o discurso da sua propaganda numa espécie de violência preventiva, a prazo, infinitamente mais eficaz do que a violência puramente repressiva. Vão criar, na realidade, aparelhos estatais de inculcação ideológica unívoca a todos os principais níveis de sociabilidade: na família, na escola, no trabalho, nos tempos livres, nos jovens, nas mulheres, organizando redes tentaculares de controlo totalitário dos comportamentos sociais que previnem qualquer tipo de disrupção social ou política. Nos fascismos feitos regimes, o populismo, sem perder a sua vertente mobilizadora pontual, transforma-se num discurso predominantemente de aptidão totalitária.[4]

Naturalmente, esta linha de abordagem afasta-se das explicações do fascismo propostas pelos autores do "novo consenso" tipológico e culturalista a que antes me referi.[5] Apesar de haver propostas distintas nos trabalhos de Linz (o pioneiro desta estratégia taxonómica), de Payne (que segue de perto o seu inspirador), de Griffin

---

[4] Fernando Rosas, "Le Salazarisme et l'homme nouveau: Essai sur l'État Nouveau et la question du totalitarisme dans les années trente et quarante". In: Marie-Anne Matard--Bonnuci; Pierre Milza (orgs.), *L'Homme nouveau dans l'Europe fasciste (1922-1945)*. Paris: Fayard, 2004, pp. 87 ss.
[5] Ver a Introdução ao presente livro.

(que insiste mais fortemente numa dimensão puramente ideológica do fascismo, definido como um "núcleo mítico" de "ultranacionalismo populista") ou de Mann (com uma definição assente no nacionalismo, mas temperada pela consideração de outros fatores políticos e criticando Griffin pela sua omissão sobre "a violência e o paramilitarismo tipicamente brutais" do fascismo), apesar dessas diferenças, a sua comum vulnerabilidade é assumir o fascismo como uma espécie de corrente literária e intelectual que existiria por si só, como se os seus valores e ideais se manifestassem independentemente de condições objetivas e de uma base material e ideológica historicamente determinada.

As primeiras correntes taxonómicas ou tipológicas (Linz, Payne) tiveram notória influência nos trabalhos de autores portugueses (M. Braga da Cruz[6] e A. Costa Pinto[7]) publicados nos anos 90, que se debruçavam sobre a caraterização do Estado Novo. Vale a pena esmiuçar a ideia, aliás muito simples: os taxonomistas apresentavam uma grelha com vários tipos de sistemas autoritários, cada um classificado de acordo com um certo número de caraterísticas fixadas pelo critério do autor. A principal atração deste mostruário era o tipo fascista de caraterísticas mais seletas e exigentes. Os demais apresentavam-se como uma espécie de *dégradé* do padrão, classificados de acordo com as peças que lhes faltariam (moderados, corporativos, estatistas, orgânicos, autoritários, conservadores, etc., usando a grelha de J. Linz). Há nesta espécie de jogo um vazio teórico, um exercício de sociologismo empirista e, sobretudo, como já foi assinalado, uma construção abstrata e totalmente apartada de qualquer ligação à realidade histórica, aos elos entre o fascismo e a dinâmica social. Mas não só. Desde logo, não se percebe se os autores falam dos movimentos, ou dos regimes

---

6   Manuel Braga da Cruz, *O partido e o Estado no salazarismo*. Lisboa: Presença, 1988.
7   António Costa Pinto, *O salazarismo e o fascismo europeu: Problemas de interpretações nas Ciências Sociais*. Lisboa: Estampa, 1992.

fascistas, ou de ambos como se fossem realidades indistintas. Depois, a imutabilidade das categorias consideradas, arrumadas em caixinhas estanques e abstratamente compartimentadas, paradas no tempo — isso não existe historicamente. Como adiante melhor se verá, de acordo com as dinâmicas político-sociais de cada país, há ditaduras não fascistas que se transformaram em regimes fascistas, há sistemas autoritários que regressaram à democracia, há situações híbridas de alternância entre uma coisa e outra. Só não há esse leque de categorias abstratas e subjetivamente definidas de acordo com o critério do autor, onde se enfatiza uma taxonomia das diferenças relativamente a realidades complexas mas com algo essencialmente comum.

Um dos resultados da abordagem tipológica é que, espremidas as caraterísticas do tipo padrão, o fascismo, este praticamente não existe em lado nenhum. Para certos autores, bem vistas as coisas, o fascismo, ao chegar ao poder, desaparece, transformando-se num mero autoritarismo, devido aos compromissos que teve de assumir com a direita conservadora. Com a sua lanterna tipológica, outros autores encontram dificilmente o fascismo só na Itália, ou também na Alemanha e na Croácia, alguns um pouco mais. Cai-se no paradoxo de uma teoria que destrói o seu objeto, e dessa forma se torna inoperacional para o estudo da realidade.

2. *O fascismo, enquanto movimento ou enquanto regime, é um produto do capitalismo. Num duplo sentido: é uma expressão da crise do sistema e é a resposta das classes dominantes aos seus efeitos disruptivos e subversores.*

O fascismo não cai do céu aos trambolhões. Não é um clube político fruto do "espírito do tempo", ou uma ideia na moda. Não é um produto maléfico saído da psique perturbada de alguns chefes, não é a expressão de caraterísticas específicas de certos povos ou etnias, em suma, não é uma aberração política e ideológica misteriosa que se abate inopinadamente, como uma pandemia, sobre o liberalismo oligárquico e as sociedades europeias do pós-Primeira Guerra Mundial.

Os movimentos fascistas e os regimes a que eles ajudarão a dar lugar são fruto da primeira grande crise dos sistemas liberais do Ocidente, isto é, do capitalismo e dos Estados liberais que o governavam. Uma crise multímoda, que se revelou na transição do século XIX para o século XX, conhece um drástico agravamento com os impactos da Grande Guerra e com as crises económicas e financeiras subsequentes de 1921 e, especialmente, a Grande Depressão de 1929. Ou seja, o pano de fundo, o grande cenário para a emergência dos fascismos na Europa é a crise do sistema liberal: o fascismo quer-se a si próprio como uma tentativa de solução para os impasses práticos e teóricos do liberalismo.

Uma crise multímoda. Desde logo uma crise económica, uma crise do modelo de acumulação originada pelo declínio do capitalismo concorrencial e pela emergência do capitalismo financeiro e da acelerada concentração oligopolítica do capital indispensável ao suporte dos grandes empreendimentos da segunda Revolução Industrial (siderurgia, metalomecânica pesada, químicas de base, armamento moderno, transportes, comunicações, grandes obras públicas, etc.). A tendência para o decréscimo das taxas de lucro e de acumulação e a extensão global, maior frequência e maior intensidade das crises de sobreprodução obrigam os países do centro do sistema a lançar-se na busca de novos mercados, novas fontes de matérias-primas, novas fontes de acumulação, ou seja, na expansão colonial moderna e imperial.

A emergência do imperialismo moderno, uma etapa nova no desenvolvimento do capitalismo, conduziria, a breve trecho, às guerras de redivisão dos espaços de saque e dos pontos de influência estratégica fundamentais. É certo que o impacto destas transformações é distinto no tempo, na quantidade e na qualidade entre o centro e a periferia do sistema. Mas a globalização económica do capitalismo fará pesar fortemente os efeitos das suas crises nas economias periféricas, de capitalismo atrasado, onde a segunda Revolução Industrial demorará ainda a chegar, como é o caso português. Aliás, como adiante se abordará com mais detença, é precisamente essa desigual capacidade entre o centro e a periferia para gerir a conflitualidade política e social induzida pelo impasse sistémico que poderá explicar a periferização europeia das respostas de tipo fascista à crise.

No centro do capitalismo desenvolvido, de sindicatos e partidos operários fortes e intervenientes na vida pública, de classes intermédias estáveis, em economias beneficiárias dos réditos da exploração colonial, foi possível, antes e depois da Primeira Guerra Mundial, gerir com um moderado reformismo a ameaça da revolução social e conter a pandemia fascizante. Com exceção da Alemanha, derrotada no pós-guerra, dilacerada pela guerra civil e devastada económica e socialmente pela hiperinflação no início dos anos 20 e, sobretudo, pelos efeitos trágicos da grande crise global de 1929, que inviabilizou o massivo financiamento externo americano e britânico. Dito de outra forma, há uma periferização da economia alemã que a vulnerabiliza drasticamente face aos impactos da crise do pós-guerra.

Mas também uma crise social, tendo como contexto a nova industrialização, a proletarização, a terciarização moderna e a urbanização que delas decorria. É a irrupção das massas trabalhadoras na política, a massificação da política, a transformação do operariado de "classe em si" em "classe para si", a sua organização em sindicatos, partidos e movimentos políticos, em associações populares que visam suprir a ausência de escolas, de assistência médica ou de qualquer forma de segurança social. E é também a luta contra a sobre-exploração e a marginalização política: as greves, as manifestações, os comícios, a imprensa, as sedes sindicais e partidárias, a solidariedade contra a repressão, a autoeducação, a ajuda mútua na doença, na velhice e na morte. Surgem os partidos socialistas (em Portugal, em 1875), os núcleos libertários acratas e, no princípio do século XX, o sindicalismo revolucionário. Era, em suma, um proletariado industrial moderno, fabril, concentrado nos meios urbanos, vivendo em condições degradantes, crescentemente interventivo na defesa dos seus direitos e recetivo às novas ideias emancipatórias da classe, tido pelas elites possidentes como uma ameaça revolucionária, mortal, à ordem liberal-oligárquica estabelecida.

Mas a industrialização moderna e a sua progressiva fusão com a banca não gerou só esse antagonismo. Atrás das novas fábricas e atividades produtivas vieram as companhias de seguros, a nova banca, as empresas comerciais, as escolas, os novos meios de transportes e comunicações, as emergentes profissões técnicas e os seus quadros e especialistas. Ou seja, nasceu uma pequena burguesia urbana de novo tipo, uma moderna "classe média" com aspirações sociais e políticas que, também ela, um pouco por todo o lado, se posicionou criticamente em relação à ordem oligárquica do liberalismo, não tanto num sentido revolucionário de subversão social e política, mas visando reformas democratizantes do liberalismo que de alguma forma abrissem espaço à sua afirmação hegemónica no sistema. Os republicanismos português e espanhol são a expressão política deste fenómeno. O Partido Republicano Português (PRP) surge em 1876.

Esta ameaça dos "de baixo" e dos novos grupos intermédios emergentes conheceu historicamente, e de uma forma geral na Europa do início de século XX, dois tipos de respostas. A das elites dirigentes dos países de capitalismo avançado, no Norte e Noroeste da Europa — onde se tinham constituído movimentos operários sindical e politicamente mais fortes —, foi a de ceder algum espaço político no sistema fechado e antidemocrático do liberalismo oligárquico: reconhecer a liberdade de associação e de expressão aos movimentos operários e sindicais, o direito mais ou menos condicionado à greve, o sufrágio universal masculino (em alguns países nórdicos, até o feminino), e muito pouco no domínio social. Abriu também espaço aos partidos das classes intermédias dentro do sistema. Noutras situações, foram eles que o conquistaram: a revolução republicana de 1910 em Portugal, a proclamação da República em Espanha após a vitória eleitoral de 1931, a emergência dos radicais em França. Em suma, maior contenção social no quadro de algum reformismo sistémico.

Mas a resposta à "questão social" e à crise global do sistema liberal foi diferente nas periferias. Aí, ela suscitou, sobretudo nos países ocidentais da periferia europeia (Portugal, Espanha, Itália), em alguns novos Estados do Centro e Leste Europeu (Áustria, Polónia, Hungria) e até nas elites conservadoras de países como a França, reações de outro tipo. Uma parte dessa elite europeia, recuperando e reelaborando ideias antigas da velha reação contrarrevolucionária ao liberalismo e ao ideário da Revolução Francesa, desenvolve uma crítica de fundo ao sistema liberal e aos seus valores ideológicos e políticos, denuncia a sua decadência e impotência para responder às ameaças do tempo presente à ordem social e desenterra uma espécie de utopia de regresso ao Antigo Regime, baseada num nacionalismo organicista e de feição corporativista, assumidamente antidemocrático, antiparlamentar, antissocialista e autoritário, de cunho fortemente elitista. Aquilo que pareciam ser "os últimos frémitos de um *ancien régime* agonizante, fantasmas do crepúsculo" agitados, escreve S.J. Woolf, pela "estirpe mais imbecil do conservadorismo derrotado",[8] transforma-se, com o agravamento da crise, numa reação crescentemente atrativa para as classes dominantes dos países periféricos, dependentes, endividados, com taxas de lucro decrescentes, ameaçados pela agitação social, sem margem de manobra para outras políticas defensoras da ordem estabelecida que não fossem soluções "fortes" do tipo

---

8 Stuart J. Woolf, "O fenómeno do fascismo". In: Id. (org.), *O fascismo na Europa*. Lisboa: Meridiano, 1978, pp. 35-37.

que a contrarrevolução antiliberal e antissocialista oferecia, pelo menos como enunciado doutrinal. Sobre quem as levasse à prática, sobre a necessária violência sem quartel contra os inimigos e as resistências, haveria que esperar pelas novas condições políticas surgidas no rescaldo da Grande Guerra. Isto é, pela emergência dos movimentos fascistas.

A direita contrarrevolucionária na Europa Ocidental e católica (o Integralismo Lusitano e a direita católica em Portugal; o Carlismo em Espanha; a Action Française e derivados em França; a Associação Nacionalista Italiana) estava claramente definida programaticamente e atuante no campo da política e da luta de ideias antes da Primeira Guerra Mundial. Eram, diz Woolf, "os projetos do fascismo do século XIX", ou, como refere Sternhell,[9] era o nascimento da ideologia fascista antes da guerra.

É certo que o núcleo duro da doutrina lá estava, mas faltava-lhe o essencial: a base de massas e a violência irrestrita que lhe confeririam no pós-guerra os movimentos fascistas. De qualquer forma, o discurso autoritário antiliberal terá, nas convulsões pós-bélicas, um papel central para a atração das direitas liberais conservadoras com vista às alianças com os movimentos fascistas plebeus para a tomada do poder e a emergência dos regimes ditatoriais de novo tipo. Essa é a ameaça dos "de cima" sobre os sistemas liberais do Ocidente, sobretudo nos países periféricos. Entalados entre a negação subversiva crescente das direitas contrarrevolucionárias e a agitação social anticapitalista, eles vivem crises de legitimidade política incontornáveis, dificuldades económicas estruturais e críticas mudanças no paradigma ideológico-cultural que os sustentava. Era a primeira crise dos sistemas liberais do Ocidente. Os telúricos efeitos da Primeira Guerra Mundial iriam agravá-la dramaticamente.

---

9   Zeev Sternhell (coord.), *Nascimento da ideologia fascista*. Lisboa: Bertrand, 1995.

Em terceiro lugar, a crise sistémica foi também a crise do Estado, com uma tripla dimensão: crise de legitimidade, crise de adequação das suas funções aos desafios do novo tempo e crise do sistema partidário oligárquico. Efetivamente, os velhos sistemas liberais oligarquizados tinham deixado de representar as classes emergentes; a massificação da política punha-os diretamente em causa como ilegítimos, classistas, não representativos. E se em alguns países europeus de capitalismo desenvolvido isso deu lugar, como vimos, a cedências contidas de democratização política, na generalidade dos países periféricos, como foi o caso típico de Portugal, a ameaça da agitação social e especialmente da contestação republicanista foi respondida com leis eleitorais restritivas do direito de voto, manipulação do desenho de círculos eleitorais para neutralizar o voto urbano, medidas censórias contra a imprensa, deportação sem julgamento dos agitadores e até, sob o controlo de João Franco, antes e durante a sua governação em ditadura, com a criação de um embrião de polícia política sob a chefia do célebre juiz Veiga. A oligarquia liberal mas não democrática dos países periféricos começava a entender que só pela força podia sustentar a ordem reinante.

Acontece que o Estado liberal não tinha, dentro da legalidade do Estado de Direito subsistente, nem a força, nem o apoio social para eliminar as ameaças democratizantes ou socializantes da massificação política. Essa inadequação fundamental era a crítica que lhe dirigiam as direitas antiliberais e autoritárias desde antes da guerra. Era a pressão dos "de cima". Mas também era incapaz de assegurar a proteção dos "de baixo", de garantir os direitos de um mundo do trabalho industrial sujeito à sobre-exploração e a um quotidiano de miséria, ou de apoiar as aspirações da pequena burguesia emergente à promoção social e ao acesso ao poder político. Cercado pelos "de baixo" e pelos "de cima", o velho Estado liberal oligárquico enfrentava o problema da sua fundamental desadequação política face aos desafios e às contradições da modernização capitalista.

Crise do Estado, também, quando, face aos novos movimentos sociais e partidos de massa, os partidos nucleares do sistema político oligárquico se começam a desagregar. Os velhos partidos oligárquicos monopolizando o poder entre si rotativamente, assentes estruturalmente no caciquismo, no compadrio, no favor régio, no elitismo e na manipulação eleitoral, não podiam concorrer com os novos partidos de massa, de comício, de rua, de programa, de mobilização popular, de sedes abertas ao público, de chefes reconhecidos e amados pela plebe urbana. Em Portugal, nas vésperas da revolução republicana, os partidos rotativos dividem-se: João Franco cinde o Partido Regenerador e cria o Partido Regenerador Liberal, e do Partido Progressista destaca-se a Dissidência de Alpoim, em ambos os casos tentativas de adaptação à vaga montante do republicanismo urbano e popular. O problema é que a própria República vencedora revolucionariamente em 1910, progressivamente falhados os seus propósitos de regeneração democratizante, se transformará, em Portugal, num prolongamento agónico do liberalismo oligárquico.

Em quarto lugar, crise dos valores positivistas, do otimismo cientificista e racionalista que marcou as ideologias do novecentismo, cosmopolita e seguro do progresso constante e indefinido. A crise multímoda do liberalismo assistirá à "crise da razão", à emergência das crenças vitalistas, instintivas, embrulhadas num pessimismo antropológico que sustenta o "vencidismo" (os "Vencidos da Vida", elite intelectual portuguesa que alimenta a crítica regressista ao liberalismo e à democracia) e o nacionalismo passadista, reacionário, autoritário e orgânico/corporativo. Daqui surgirá, já o referimos, uma teoria da contrarrevolução anterior à eclosão da guerra, mas que, de uma forma geral, só ganha força prática e base social antidemocrática e antissocialista quando se junta aos movimentos fascistas do pós-guerra.

Finalmente, a crise do liberalismo é a crise da paz. O capitalismo, na sua época imperial, vai ser a guerra pela divisão e redivisão do mundo entre os velhos e os novos impérios emergentes. A Primeira Guerra Mundial interrompe o período de desenvolvimento europeu pacífico desde a Guerra Franco-Prussiana. E a Segunda, 21 anos após o termo da anterior, seria, como sugeriu Hobsbawm, a *revanche* do Reich vencido, agora comandado pelo nacional-socialismo. Na realidade, como escreveu Enzo Traverso e a história do período entre os dois conflitos demonstrou, "a guerra está no centro da visão fascista do mundo".[10]

Podemos considerar, nesta longa e dramática crise do sistema liberal europeu, três períodos principais. A primeira fase compreende-se entre os finais do século XIX e a eclosão da Grande Guerra. É o período anterior à eclosão do conflito mundial, de fermentação doutrinal de uma ideologia contrarrevolucionária formulada pelos teorizadores e movimentos da direita conservadora antiliberal (Mauras, Barbès, Pareto, Mosca, etc.), adeptos de um novo regime que corte com a tradição da Revolução Francesa (os conceitos de liberdade, de soberania popular, de "um cidadão/um voto"...), de matriz nacionalista passadista, organicista, corporativa, sob o pulso forte de um Estado autoritário. Nesta fase, constituem ainda uma ameaça minoritária e improvável ao liberalismo, devido aos fumos de Antigo Regime que transportam e ao seu cunho elitista, com escassa expressão social e política. Mas a História demonstraria "que até os fantasmas mais diáfanos podem materializar-se se as circunstâncias mudam; as fantasias de uma geração podem constituir o pensamento, melhor, a linfa vital de uma outra".[11] E assim foi.

O segundo período é o do pós-guerra, entre 1917 e 1929, marcado pela Revolução de Outubro de 1917 na Rússia, mãe da ofensiva insurrecional "vermelha" que vai percorrer grande parte dos países do Leste Europeu (Finlândia, Alemanha, Hungria, Áustria,

---

10 E. Traverso, op. cit., p. 125.
11 S.J. Woolf,, *O fascismo na Europa*, p. 36.

Eslováquia, Bulgária), e tem um forte eco agitacional na Europa Ocidental (greves operárias de 1919/20 em Itália, *bienio rojo* na Catalunha, greve geral de 1918 e ofensiva grevista de 1919/20 em Portugal, agitação social em França, greve geral na Grã-Bretanha), como pode verificar-se no Quadro I.

À exceção da Revolução Soviética na Rússia, os demais movimentos revolucionários foram derrotados pelo que sobrava de operacional dos exércitos da guerra nos países vencidos, ou por milícias "brancas" criadas para a guerra civil (como os Freikorps, na Alemanha) e pelos exércitos aliados (que invadiram a Rússia soviética entre 1918 e 1920). É no espaço aberto pelas derrotas em cadeia das insurreições proletárias e pelo refluxo do movimento operário do pós-guerra que as direitas políticas e os interesses oligárquicos tradicionais, vencedores desse confronto, desencadeiam a primeira ofensiva ditatorial contra os regimes liberais e o movimento operário organizado. De uma forma geral, e com a importante exceção italiana, as elites políticas, militares e religiosas ligadas às classes dominantes demonstraram ser capazes de enfrentar a ofensiva revolucionária sem que neste imediato pós--guerra tivessem papel relevante os novos movimentos fascistas, aliás de formação tardia em vários países da periferia industrializada. As ditaduras militares e os regimes conservadores autoritários que se implantam em cadeia nos países europeus periféricos como reação à vaga "vermelha" (ver Quadro II) não são ditaduras fascistas. São regimes com distintos graus de compromisso com os sistemas liberais conservadores oligárquicos, com um pluralismo limitado ao campo das direitas e da centro-direita, como acontecia na Polónia de Józef Pilsudski, na Hungria de Miklós Horthy, na Espanha de Primo de Rivera, no Portugal da Ditadura Militar ou na Roménia do rei Carlos II.

Eram, no entanto, situações de transição, e não categorias estáticas, imutáveis e incomunicantes com os fascismos-regimes, como parte da historiografia normalmente as considera.

QUADRO I
A ONDA REVOLUCIONÁRIA DO PÓS-GUERRA

Ano	Mês	Movimentos revolucionários	Greves e agitação social
1917	outubro	Revolução bolchevista em **S. Petersburgo** e **Moscovo**	
1918	janeiro	Guerra civil entre "brancos" e "vermelhos" na **Finlândia**	
	novembro	Revolução alemã República dos Conselhos na **Alemanha**	Greve geral em **Portugal** Greve geral na **Suíça**
1919	janeiro	Insurreição espartaquista em **Berlim** (de 5 a 15)	*Bienio rojo* (1919/1920) na **Catalunha**
	março	Greve pró-conselhista em **Berlim** Comuna de Béla Kun na **Hungria** (quatro meses)	Ofensiva grevista (1919/1920) em **Portugal**
	abril	Primeira insurreição comunista em **Viena de Áustria** (uma semana) República dos conselhos na **Baviera**	Primeira vaga grevista industrial e rural em **Itália**
	junho	Segunda insurreição comunista na **Áustria**	Vaga de agitação social em **França** (greves ferroviárias)
	julho	República dos conselhos da **Eslováquia** (três semanas)	
1920	verão		Segunda vaga de greves, com ocupações de fábricas e terras em **Itália** Tentativa de greve geral na **Roménia**
1921	março	Tentativa insurrecional em Bremen, **Alemanha**	
1923	setembro	Insurreição comunista na **Bulgária**	
	outubro	Insurreição comunista no Saxe e na Turíngia, **Alemanha**	
1926			Greve geral em **Inglaterra**
1927	julho	(15) Choques armados em **Viena de Áustria**, entre socialistas e polícia (189 mortos)	

Algumas regressaram ao liberalismo e à democracia, como foi o caso de Espanha, onde a ditadura riverista (1923) dá lugar à república em 1931, ou da Grécia do general Pangalos, que volta ao parlamentarismo liberal sete meses após o golpe ditatorial de janeiro de 1926. No entanto, a maioria dessas ditaduras ou desses regimes autoritários conservadores, primeiro pelo efeito demonstrativo exemplar do precoce fascismo italiano (instalado no poder desde 1922), mais tarde pelo fortíssimo impacto da subida dos nazis ao poder na Alemanha, em 1933, vai conhecer processos próprios de fascistização, e simultaneamente de aliança, mais ou menos conturbada, com os movimentos fascistas no quadro de ditaduras de novo tipo, os regimes fascistas, como veremos adiante.

É preciso entender que a derrota da vaga revolucionária do pós-guerra, se não trouxe de imediato ao poder regimes fascistas (com exceção de Itália), originou uma decisiva mudança na relação de forças das sociedades dos países periféricos que tinham passado por esses conflitos ou eram vizinhas deles ou de fronteiras da Rússia soviética. Uma mudança naturalmente favorável às classes possidentes e às direitas tradicionais. Sob o pretexto (por vezes mais fictício do que real) da "ameaça vermelha", nas condições de uma grave crise sistémica a somar aos efeitos do conflito mundial, com os adversários em recuo, elas sentem-se em condições de explorar o sucesso numa tripla direção estratégica, comum ao mundo assustado das burguesias dos países periféricos dos anos 20 do século passado:

— Em primeiro lugar, liquidar decisiva, radical e definitivamente o movimento operário organizado nas suas várias expressões (partidos políticos, sindicatos, associativismo, cooperativas), fosse ele de influência comunista, socialista, anarcossindicalista ou até católico-social. Ou seja, eliminar política, ideológica e policialmente a luta de classes, substituindo-a pela harmonia corporativa (ou soluções afins) decretada em nome do "interesse nacional" que o Estado interpretava e fazia cumprir.

— Em segundo lugar, desarticular o velho e impotente Estado liberal-parlamentar, proibir o "caos partidário" e restringir ou eliminar as liberdades fundamentais, a favor de uma "ordem nova", ditatorial, apta a cumprir, sem o empecilho do Parlamento, dos

QUADRO II
A PRIMEIRA VAGA DE DITADURAS

Ano	Mês	País
1919	3 de agosto	Ditadura militar do almirante Horthy na **Hungria** esmaga comuna de Béla Kun
1922	27/29 de outubro	"Marcha sobre Roma": Mussolini nomeado chefe do Governo **(Itália)**
1923	junho	Golpe militar derruba governo Stamboliyski na **Bulgária**
	setembro	Ditadura do rei Boris regressado à **Bulgária** Ditadura do general Primo de Rivera em **Espanha**
1925	3 de janeiro	Mussolini anuncia a ditadura em **Itália**
1926	janeiro	Ditadura militar do general Pangalos na **Grécia**
	maio	Golpe militar do coronel Pilsudski na **Polónia**
	28 de maio	Golpe e ditadura militar em **Portugal** (generais Gomes da Costa e Carmona)
	novembro	Votam-se as "leis fascistíssimas" em **Itália**, ditas de segurança do Estado
	dezembro	Golpe militar e regime autoritário de Antanas Smetona na **Lituânia**
1927		**Lituânia**: Smetona dissolve o Parlamento; nova Constituição (1928) presidencialista e autoritária; regime fascizante
1929	janeiro	Rei Alexandre da **Iugoslávia** impõe ditadura política

partidos e das liberdades públicas, os seus planos de recuperação económica, controlo social e, nalguns casos, irredentismo imperial.

— Em terceiro lugar, instalar um poder apto a adotar políticas de ativa intervenção do Estado na vida económica, regulando a concorrência, protegendo mercados, assegurando o barateamento dos custos do trabalho, arbitrando os conflitos entre os diversos setores das classes dominantes, em suma, recuperando e maximizando a acumulação e o lucro. Um dirigismo económico estatal intermediado, como instrumento interventivo, pela organização corporativa.[12] Noutros casos, como na Alemanha nacional-socialista,

---

12   Cf., a propósito deste tipo de regulação económico-social no Estado Novo português, Fernando Rosas, *O Estado Novo nos anos trinta: Elementos para o estudo da natureza económica e social do salazarismo (1928-1938)* (Lisboa: Estampa, 1986); e F. Rosas e Á. Garrido (coords.), *Corporativismo, fascismo, Estado Novo* (Coimbra: Almedina, 2012).

era intermediado por aparelhos estatais e partidários de cartelização e intervenção, frequentemente paralelos aos organismos económicos de Estado já existentes.

Só com um programa contemplando estas três urgências parecia possível, nas sociedades periféricas, as classes possidentes voltarem à pacatez oligárquica de sempre, ou então apanharem o comboio da modernização capitalista. Os propósitos variavam, os meios a usar para "repor a ordem" eram consensuais. Mas, sem mudanças drásticas de regime, não era fácil, como evidenciavam a "eficácia" do fascismo italiano e, mais tarde, a do nazismo. Como veremos, isso levará a maioria dos autoritarismos conservadores ao duplo processo de fascistização a que adiante aludimos: a fascistização endógena "a partir de cima" e a aliança com os movimentos fascistas "a partir de baixo".

O terceiro período (1929-1945) é o da vaga de radicalização fascista, designadamente na Europa Central e de Leste, potenciada pelos efeitos devastadores da Grande Depressão de 1929 (ela, de certo modo, levará o nazismo ao poder na Alemanha) e, após 1933, pelo tremendo efeito propagador e mimético que representou a implantação do regime hitleriano. Um processo naturalmente acentuado pela ingerência, chantagem e ameaça que o regime nazi promoverá em praticamente todos os países da sua esfera de influência no Centro e Leste Europeus e nos Estados bálticos. Designadamente, criando ou apoiando a criação e a ação de novos movimentos nacional-socialistas que, na segunda metade dos anos 30, disputam a hegemonia do Estado aos "fascistas conservadores", alternando alianças efémeras com conflitos frequentemente sangrentos (na Áustria, na Hungria, na Roménia). O Quadro III dá-nos uma ideia desta terceira fase do processo de fascistização que varre a periferia europeia, desde Portugal à Estónia, Letónia e Bulgária, e que chega a fazer tremer a França liberal. A inicial vitória da Alemanha hitleriana na Segunda Guerra Mundial levará ainda à criação de "Estados" e

QUADRO III
AS DITADURAS DE TIPO FASCISTA

Ano	Dia e mês	País	Tipo de regime
1930	janeiro	Portugal	Governo do general Domingos Oliveira; "Ditadura Nacional"
	8 de junho	Roménia	Rei Carlos II regressa com o apoio das direitas antiliberais
1933	30 de janeiro	Alemanha	Hitler nomeado chanceler
	7 de março	Áustria	Dolfüss anula o Parlamento e impõe regime corporativo de inspiração mussoliniana
	11 de abril	Portugal	Plebiscito constitucional institui Estado Novo corporativo salazarista
1934	12 de março	Estónia	Golpe militar de K. Päts; ditadura proíbe partidos; regime corporativo de partido único
	1 de maio	Áustria	Após guerra civil do regime de Dolfüss contra socialistas, proclamada a Constituição corporativa
	15 de maio	Letónia	Golpe militar e ditadura de Ulmanis; eliminação do Parlamento e dos partidos; regime corporativo
	19 de maio	Bulgária	Golpe de Estado de extrema direita; Parlamento dissolvido e partidos proibidos, seguido de ditadura do rei Boris III
	outubro	Iugoslávia	Assassinato do rei Alexandre; regência do príncipe Paulo; ditadura fascizante do primeiro-ministro Milan Stojadinović
1936	17 de julho	Espanha	Golpe militar das direitas contra a Frente Popular desencadeia Guerra Civil
	4 de agosto	Grécia	Golpe militar do general Metaxás, com apoio do rei Jorge II, impõe ditadura e suprime liberdades
1938	10 de fevereiro	Roménia	Golpe do rei Carlos II decreta nova Constituição e impõe ditadura de partido único
1939	1 de abril	Espanha	Vitória franquista na Guerra Civil funda regime ditatorial fascizante de partido único
1940	6 de setembro	Roménia	Carlos II obrigado a abdicar e, sob pressão de Hitler, Antonescu e a Guarda de Ferro formam Governo
	15 de fevereiro	Bulgária	Boris III nomeia o pró-nazi Bogdan Filov para o Governo; Bulgária aliada da Alemanha
1941	19 de janeiro	Roménia	Antonescu *conducător*, com apoio de Hitler, expulsa legionários de Horia Sima
1944		Hungria	Hitler impõe substituição do almirante Horthy por chefe nazi Szálasi

[49]

regimes-fantoche em partes dos Estados ocupados, com a colaboração das elites fascistas ou conservadoras locais (Quadro IV), mas esse é um fenómeno específico, um prolongamento do aparelho político-militar do ocupante diferente dos processos relativamente endógenos de fascistização que ocorrem mesmo durante a Segunda Guerra Mundial em países pressionados mas (ainda) não vencidos e ocupados.

3. *Nenhum movimento fascista conquistou o poder por si só, fosse por via eleitoral ou pela força. Os fascismos enquanto regimes resultam da aliança da direita conservadora fascista com o fascismo plebeu do movimento. Pode dizer-se, portanto, que os regimes fascistas são fruto do encontro de uma dupla fascistização ("de cima para baixo" e "de baixo para cima") cristalizada numa ditadura de novo tipo.*

Parece-me claro que, em vários países da Europa periférica, ainda antes de nele surgirem os movimentos fascistas com base de massas recrutadas nas classes intermédias, se verificava um fenómeno ideológico e político de adesão das elites conservadoras — fosse dos setores da direita antiliberal, fosse do conservadorismo liberal instalado na liderança do Estado — à "eficácia" inesperada do

QUADRO IV
NOVOS ESTADOS RESULTANTES DA OCUPAÇÃO DA ALEMANHA NAZI

Estado	Data	Chefe
Eslováquia	14 de março de 1939	Padre Jozef Tiso
França / Vichy	julho de 1940	Marechal Philippe Pétain
Estado Independente Croata	10 de abril de 1941	Ante Pavelić
Sérvia	29 de agosto de 1941	Milan Nedić
República Social Italiana	10 de setembro de 1943	Benito Mussolini

fascismo-regime no alcançar dos alvos estratégicos que, como vimos, constituem as urgências da resposta dos interesses dominantes à crise. Não era um simples mimetismo das exterioridades estético-simbólicas grandiosas do fascismo italiano ou do regime hitleriano. Significava a pretensão real de reorganizar o poder do Estado num sentido autoritário e corporativo, antidemocrático e antissocialista/comunista, "assim que se tornou claro que o Estado liberal já não podia garantir a segurança da acumulação do capital somente através da compulsão económica".[13] Se possível, sem o risco da "rua" a atiçar as massas e a interferir no processo, ou seja, sem a arruaça do fascismo plebeu.

Era aquilo que alguns autores designam como "fascistização do autoritarismo".[14] M. Mann dirá que "os medos de muitos conservadores e alguns liberais foram parar ao mesmo terreno ideológico dos fascistas".[15] K.R. Stadler refere o austro-fascismo e a Heimwehr, uma guarda nacional criada pelos partidos conservadores, como "prevalentemente burgueses".[16] Na Hungria do regente Horthy, o general Gömbös, o chefe do "terror branco" de 1919/20 contra a comuna de Béla Kun, feito chefe do governo em 1932, impulsiona a criação de um regime de tipo fascista, de inspiração mussoliniana, de partido único (o Partido da Defesa da Raça), "criado a partir do alto [...], servindo-se de burocratas bem pagos e respeitáveis proprietários de terras".[17] Ideia semelhante defendia Manuel de Lucena ao caraterizar o salazarismo, na sua obra pioneira sobre o mesmo,[18] como "um fascismo sem movimento", na realidade um "fascismo catedrático", como

---

13   D. Woodley, *Fascism and Political Theory*, p. 89.
14   Ibid.
15   M. Mann, op. cit., p. 110.
16   K.R. Stadler, "Austria". In: S.J. Woolf (org.), *Fascism in Europe*. Londres: Methuen, 1981, p. 96.
17   J. Eros, "Hungary". In: Ibid., pp. 132-133.
18   Manuel de Lucena, *A evolução do sistema corporativo português*. Lisboa: Perspectivas e Realidades, 1976. vol. 1: O salazarismo.

depreciativamente o classificavam os "camisas azuis" de Rolão Preto. Era precisamente disso que se tratava, se considerarmos que o regime do Estado Novo inicia o seu processo formal de fascistização no ano da sua fundação, 1933, ainda antes de integrar subordinadamente o Movimento Nacional Sindicalista, o movimento fascista plebeu surgido em Portugal em 1932.

Assim sendo, cabe perguntar: o que levou este autoritarismo conservador crescentemente fascistizado a aproximar-se dos movimentos fascistas plebeus que inicialmente encara com reserva? Ou seja: o que tornou o fascismo um movimento atraente para boa parte das elites nacionalistas contrarrevolucionárias ou dos setores conservadores do liberalismo oligárquico dominante nos países periféricos? Qual a razão que leva esses setores da oligarquia que dominam o Estado e as instituições do poder, as Forças Armadas, a riqueza, e que beneficiam do apoio das igrejas, a voltarem-se com crescente interesse para o fascismo pequeno-burguês e plebeu, desordeiro, violento, miliciano por conta própria, geralmente pouco apresentável nos salões do poder oligárquico, visto até com desconfiança inicial pelos corifeus das direitas tradicionais e pelas elites militares? O que trazem de novo os movimentos fascistas ao campo da reação antiliberal e antissocialista?

Não certamente a inovação teórico-programática. No essencial, e ressalvadas divergências táticas, de estilo ou decorrentes da disputa do poder entre as várias direitas da direita antiliberal, os movimentos fascistas, no essencial, adotam o discurso doutrinário nacionalista, organicista, corporativo, autoritário, por vezes irredentista ou racista, sempre antidemocrático e antissocialista/comunista que fora construído pelas elites da direita contrarrevolucionária preexistente. Quando, em fevereiro de 1923, a elite intelectual da Associação Nacionalista Italiana, de Alfredo Rocco, configurando a direita nacionalista antiliberal italiana, se funde com o Partido Nacional Fascista (PNF), ela traz para o PNF um robusto património teórico preexistente e uma instrumentação jurídica que serão decisivas para Mussolini "no processo de liquidação do Estado liberal e na organização totalitária do Estado fascista".[19] A retórica expansionista do Lebensraum ou o discurso *revanchista* racista do *Mein Kampf* [Minha luta] são a radicalização da temática *völkisch*, nacionalista, imperial e antissemita comum à direita nacionalista e militarista alemã desde os finais do século XIX. Como refere James Joll, o *Mein Kampf* é, em parte, "uma repetição de todos os lugares comuns das ideias *völkisch* dos 25 anos anteriores".[20] A.J.P. Taylor salienta que "Hitler se limitava a repetir a conversa habitual dos círculos de direita".[21] Em Portugal, os entusiasmos radicais dos nacional-sindicalistas de Rolão Preto, entre 1932 e 1934, far-se-ão sempre sob a tutela doutrinária do integralismo nacionalista e corporativo, de onde vinham, aliás, os seus principais dirigentes e ativistas.[22]

Não sendo no campo teórico propriamente dito, os movimentos fascistas trouxeram, no entanto, no tocante à prática política, dois importantes contributos inovadores ao processo contrarrevolucionário: o *culto da violência irrestrita* e o *populismo* como catalisador de uma base de massas indispensável à subversão do sistema e à imposição do novo tipo de regime. Vejamos cada um deles.

Desde logo a violência, como intuiu Clara Zetkin, escrevendo pouco após a chegada ao poder de Mussolini em Itália. Zetkin considerava que, para a burguesia atingir os seus objetivos de "considerável intensificação e aumento da exploração da classe trabalhadora", condição indispensável nas presentes circunstâncias para a

---

19 Alceo Riosa, "Nazionalismo". In: Alberto De Bernardi; Scipione Guarracino (coords.), *Dizionario del fascismo: Storia, personaggi, cultura, economia, fonti e dibattito storiografico*. Milão: Mondadori, 2006, pp. 403 ss.
20 James Joll, *A Europa desde 1870*. Lisboa: D. Quixote, 1982, p. 491.
21 A.J.P. Taylor, *The Origins of the Second World War*. Londres: Penguin, 1964, p. 23.
22 Cf., acerca das relações do salazarismo com o nacional-sindicalismo, António Costa Pinto, *Os camisas azuis e Salazar: Rolão Preto e o fascismo em Portugal* (Lisboa: Edições 70, 2015); e F. Rosas, *História de Portugal* (coord. J. Mattoso). Lisboa: Estampa, 1998, vol. 7, pp. 159 ss.

"reconstrução da economia capitalista", ela percebera desde cedo "a vantagem que podia retirar do fascismo". Ela sabia que, só por si, não dispunha dos instrumentos de poder para alcançar esse desiderato, pois os meios de força disponíveis pelo Estado começavam, em parte, a falir: "A burguesia já não pode apoiar-se nos métodos regulares do uso da força para manter o seu domínio de classe. Para isso, ela precisa de um instrumento extralegal e não estatal de força. O que lhe foi oferecido pelo multifacetado conjunto que representa a populaça fascista". Mais precisamente: "O uso do terror violento e brutal".[23]

Esse é o principal instrumento a abrir caminho aos movimentos fascistas no sentido do poder que, mais ou menos contrariadamente, lhes é oferecido pelas direitas tradicionais. Precisamente, não a violência institucional do Estado que estas tutelavam — de alguma forma condicionada pelos constrangimentos legais do arremedo de Estado de Direito subsistente, apesar de sempre presente contra o mundo laboral —, mas a violência tendencialmente irrestrita dos bandos Squadristas, dos Fasci di Combattimento em Itália, das Sturmabteilung (SA) do nazismo, dos legionários da Guarda de Ferro romena, das milícias da Falange na Guerra Civil de Espanha, etc. A violência como "higiene social" contra os inimigos da nação, como limpeza política, como instrumento de redenção, como cruzada, ou seja, como terror irrestrito, apto a ir tão longe quanto necessário para extirpar da sociedade o cancro da antinação e, se preciso fosse, impondo-se contra a vontade da própria nação enferma. Violência miliciana que agia à margem da lei, como convinha, mas cujos milicianos eram, como em Itália ou na Alemanha, recrutados, treinados, apoiados logisticamente e protegidos pelas Forças Armadas e as polícias. Tratava-se, portanto, de formas de violência extralegais, agenciadas pelas classes

---

[23] Clara Zetkin, *Fighting Fascism: How to Struggle and How to Win*. Chicago: Haymarket, 2017, pp. 33-34.

dominantes tradicionais aos movimentos fascistas, como forma de destruir radicalmente o movimento operário e sindical e, de caminho, liquidar o Estado parlamentar. Violência que os imporá, junto das direitas conservadoras, como aliado indispensável na implantação e defesa do fascismo feito regime.

Na Itália, entre 1920 e 1922, o Squadrismo fascista eliminara, com as suas "expedições punitivas", praticamente toda a estrutura do Partido Socialista Italiano (sedes, cooperativas, jornais, sindicatos, associações) no norte e no centro do país. O terrorismo fascista não pouparia, sequer, as organizações associativas e cooperativas rurais dos *populari*, democratas-cristãos. Nas cidades alemãs, as SA, além dos alvos do operariado organizado, atacam as manifestações culturais e os locais de sociabilidade tidos por "decadentes" ou críticos do nazismo e afins. Até em Portugal, onde o milicianismo fascista é sempre rigorosamente tutelado pelo aparelho do Estado, Salazar, num discurso emblemático proferido a 28 de maio de 1932, concordava com Mussolini quanto ao facto de "a grandeza dos males, das resistências e dos perigos" tornarem "o recurso à força [...] absolutamente indispensável na reconstrução de Portugal".[24] Ainda que as classes dominantes e as suas elites, agrupadas sob o chapéu do Estado Novo e da chefia do salazarismo, não dispensando essa nova radicalidade e o seu culto da violência discricionária, preferissem subordiná-las a outras formas de violência e enquadramento "menos obviamente disruptivos e mais adequados aos métodos de dominação tradicionais na sociedade portuguesa".[25]

O segundo contributo do fascismo plebeu para a causa da "ordem" era o populismo enquanto discurso catalisador de uma base de massas para o processo contrarrevolucionário. Este é um

---

24 António de Oliveira Salazar, "O Exército e a Revolução Nacional". In: Id., *Discursos e notas políticas*. Coimbra: Coimbra Editora, 1939, vol. I, pp. 142 ss.
25 Fernando Rosas, *Salazar e o poder: A arte de saber durar*. Lisboa: Tinta-da-china, 2012, p. 196.

elemento essencial a que já antes aludimos. As forças políticas mais conservadoras — liberais ou nacionalistas — estavam encerradas no caciquismo, no clientelismo ou no elitismo, o que as separava inexoravelmente dos movimentos de massas. Encaravam, desde sempre, a massificação da política como uma desnecessidade ou um risco. Mas a radicalização da luta social e política no pós-guerra, em particular nos países periféricos ou periferizados pelos efeitos do conflito, tornou claro que a reação à massificação da política de teor revolucionário só poderia ser contra-atacada com sucesso através da massificação da política de teor contrarrevolucionário. Para tal, era indispensável a aliança dos movimentos fascistas. Como a seguir melhor se verá, o discurso populista dos fascistas, com o seu plebeísmo, com o seu apoio à rua, com o seu apelo ultranacionalista, revanchista e, nalguns casos, racista ou irredentista, dava voz a setores sociais intermédios ou marginalizados fortemente ameaçados ou penalizados pelos efeitos do conflito. Esses setores não eram representados, de uma forma geral, nem pelos partidos burgueses tradicionais, nem pelos partidos católicos, nem pelos partidos operários socialistas e comunistas.

Tinham, num primeiro momento, confiado na revolução socialista para solucionar a sua situação, mas desiludiram-se com o seu fracasso, como foi tipicamente o caso da Itália ou da Alemanha. E balançaram para o campo contrário. Os movimentos fascistas e o seu discurso demagógico e populista tenderiam a concitar o apoio desses setores intermédios e marginais, apertados entre as ameaças da "plutocracia", de um lado, e as da revolução social, do outro, dando voz às suas frustrações, aos seus medos e às suas revoltas. Apesar de algumas reservas iniciais relativamente ao plebeísmo e à arruaça dos movimentos fascistas, as direitas nacionalistas antiliberais e o conservadorismo liberal colam-se ao discurso populista do fascismo e cavalgam o movimento de massas indispensável como aríete da subversão da ordem demoliberal e do advento das novas ditaduras.

De repente, a aliança com os movimentos fascistas emprestava às elites reacionárias e antiliberais, aos caciques do liberalismo conservador oligárquico, aos junkers prussianos, aos aristocratas austríacos, ao grande patronato da Krupp ou da Fiat, aos reis e marechais italianos, aos latifundiários andaluzes, uma improvável mas essencial base de massas arregimentada pelo populismo.

A *violência irrestrita* como culto e como instrumento central de ataque aos adversários da "ordem nova" e o *populismo* agenciador da base social de apoio ao fascismo-regime são, portanto, o cimento da aliança diferentemente concretizada entre o conservadorismo rendido ao fascismo (liberais e antiliberais) e os movimentos fascistas. Podemos pois falar de um duplo processo de fascistização, do qual resultam os regimes fascistas ou de tipo fascista, mesmo para referir aqueles casos em que a coligação dos dois é mais instável e frequentemente interrompida por conflitos graves (é o caso da Hungria após 1936, ou da Roménia dos anos 30, sob o regime do rei Carlos II).

De um lado, a progressiva fascistização das elites de determinados setores da oligarquia (oriundos da direita nacionalista antiliberal ou do campo liberal conservador) política e ideologicamente atuantes desde antes da Grande Guerra, mas seduzidas, no rescaldo do conflito, pela "eficácia" exemplar quer dos novos movimentos, quer das experiências fascistas motoras (Itália em 1922, Alemanha em 1933), no tocante à rápida e implacável concretização dos propósitos de supressão da luta de classes e de regulação e reconstituição da economia. Como vimos, essa sedução, vencida alguma resistência inicial, leva as direitas tradicionais a procurar alianças com o populismo plebeu e violento dos movimentos fascistas, tendo em vista cavalgar o seu potencial mobilizador e subversivo para o estabelecimento de uma nova ordem. Chamar-lhe-ei a *fascistização de cima para baixo*.

Mas há uma *fascistização de baixo para cima*, operada pelos movimentos fascistas nascidos no rescaldo da guerra que, em vários países periféricos, alcançam, como acima se referiu, importantes níveis de mobilização de massas, e desbaratam com o seu milicianismo terrorista boa parte das organizações políticas e sindicais da classe operária, destruindo-as ou colocando-as na defensiva. Dessa forma se constituem como forças com aptidão para participar na reorganização fascizante do poder do Estado, o que as aproxima das direitas tradicionais, intermediação incontornável para o seu acesso ao poder. Efetivamente, são os Giolitti ou Vítor Emanuel III em Itália, os Von Papen, os junkers e os grandes industriais na Alemanha que abrem as portas do poder conjunto aos partidos fascistas. Nos primeiros governos de Mussolini e de Hitler, os fascistas e os nacional-socialistas são minoritários e partilham o ministério, no primeiro caso, com nacionalistas, liberais e populares, ou com o Zentrum e os partidos da direita nacionalista, no segundo.

Aliás, as tentativas insurrecionais ensaiadas pelos movimentos fascistas para tomarem o poder só com as suas forças milicianas, ou para dar passos maiores que as próprias pernas, terminaram para eles muito mal: o *putsch* de Munique, de Hitler, em novembro de 1923, acabou com ele preso e o partido nazi temporariamente ilegalizado; na Áustria, o golpe falhado do partido nazi contra o regime "austro-fascista" do chanceler Dolfüss, em julho de 1934 (ainda que o chanceler fosse assassinado no seu decurso), deu origem a uma repressão severa e à ilegalização do partido nacional-socialista; na Roménia, em fevereiro de 1936, quando a agitação da Guarda de Ferro de Corneliu Codreanu ameaçou o poder oligárquico tradicional, o rei Carlos II respondeu com um golpe de força, ilegalizando e reprimindo severamente os fascistas romenos, treze chefes dos quais (incluindo Codreanu) presos em maio e enforcados em novembro desse ano. Isto não impediria os "legionários" de Horia Sima, sucessor de Codreanu, de regressarem como partido único aos mais altos postos do governo fascistizado do general conservador Antonescu, *conducător* protegido pela Alemanha hitleriana e que sucedera, em setembro de 1940, ao rei Carlos.

Significa isto que, deste processo de fusão-conflito-compromisso entre as várias direitas convergentes na reorganização fascista do Estado, resultaram regimes fascistas ou de tipo fascista de caraterísticas diferenciadas de acordo com o peso relativo (social, político, ideológico) que no novo poder tinha cada um dos polos em presença. Mas são espécies distintas do mesmo género, fruto de um idêntico contexto histórico-estrutural na sua génese, que explica e unifica interpretativamente na Europa periférica aquilo que adiante se designa como "época dos fascismos".

Mas vale a pena aprofundar um pouco esta questão do compromisso estruturante e viabilizador da reorganização fascista do Estado, isto é, constituinte dos novos regimes. De uma forma geral, mesmo os partidos fascistas que chegam mais fortes ao poder têm de silenciar ou eliminar as pretensões ou as intervenções mais radicais ou populistas do seu suporte social pequeno-burguês para sossegar os interesses estabelecidos. Todos eles, em certo sentido, vão trair a sua base social de apoio. Todos acabam por conhecer a sua própria "noite das facas longas" ao transporem os portões do poder. Quando isso não acontece, ou acontece insuficientemente, quando os movimentos fascistas entendem desafiar a hegemonia das direitas tradicionais, mesmo impregnadas de ideias fascistas, e estas são suficientemente fortes para lhes resistir, o compromisso torna-se instável, numa sucessão de alianças e ruturas em grande parte influenciadas pela ingerência exterior da Alemanha nazi: é o que acontece em países como a Áustria, a Hungria ou a Roménia, desde meados dos anos 30 até ao fim da Segunda Guerra Mundial.

Na Alemanha hitleriana, a base de massas e a força do NSDAP (Partido Nacional Socialista dos Trabalhadores Alemães) logram impor, em larga medida, às direitas tradicionais e ao seu Estado, sobretudo a partir de 1936, a lógica do fanatismo nazi e da hegemonia do partido que se sobrepõe frequentemente ao racionalismo económico, político e militar das tradicionais elites prussianas, fosse na orientação da política externa, na liderança dos assuntos económicos ou na condução da guerra. É a "política de uniformização" (*Gleichschaltung*) do nacional-socialismo, tendente a monopolizar sob a direção do partido nazi todos os setores do Estado e da sociedade. O Terceiro Reich, por isso mesmo, é um regime institucionalmente policrático e caótico sob a autoridade suprema do *Führer*, com o partido assumindo diretamente e paralelamente aos organismos do Estado funções essenciais de segurança e repressão, de administração interna, de propaganda, de diplomacia, de mobilização do trabalho forçado ou no âmbito da "solução final" e do extermínio.

Mas o que é significativo é que, mesmo neste contexto, o novo regime não deixa de assentar em decisivos e duradouros compromissos entre o nazismo e as elites tradicionais, designadamente com os políticos da direita antiliberal do regime de Weimar, com a aristocracia militar e grande proprietária prussiana ou com a grande indústria. Como é sabido, Hitler é pressionado pela elite militar prussiana, os chefes das Forças Armadas e, simultaneamente, aristocratas e latifundiários da Alemanha do Norte, a liquidar as pretensões de hegemonia política e concorrência militar das SA, a milícia do partido. E assim fará com o sangrento ataque de 29 para 30 de junho aos "camisas castanhas", a liquidação dos seus chefes e de grande número de milicianos acusados de conspirar contra Hitler: a tristemente célebre "noite das facas longas", que afastará os últimos escolhos à aliança com as direitas tradicionais no quadro do Terceiro Reich.

Mas é talvez no domínio das relações laborais que esse compromisso com o grande patronato é mais notório e menos referido. Quando, em maio de 1933, as SS e as SA assaltam e encerram a Federação Geral dos Sindicatos Alemães (a ADGB), esta não é substituída pelo "eixo sindical" do nacional-sindicalismo (a Organização Nacional-Socialista das Células Operárias — NSBO), apesar das pretensões dos seus chefes "obreiristas", Kurt von Schleicher ou Walter Schumann. Os sindicatos, livres ou não, são completamente extintos e as suas funções desaparecem, correspondendo às exigências do patronato. Em seu lugar surge a Frente do Trabalho Alemã (DAF), que nunca será um sindicato unificado, como pretendiam os "sindicalistas" da NSBO. Os patrões da grande indústria impõem que a DAF não intervenha nas questões salariais nem na vida nas empresas, a não ser a título consultivo. São os patrões que, de acordo com o *Führerprinzip* (princípio da chefia), comandam a "comunidade empresarial" e as secções da DAF nas empresas. É interessante referir que a Organização da Indústria Alemã (RDI) pôde manter a sua existência e autonomia sem interferência dos comissários do partido, o que não aconteceu em nenhuma outra área da vida económica sob o nazismo. Como refere Norbert Frei, nos primeiros anos do regime "foi a macroeconomia privada que penetrou o sistema político, e não o contrário".[26]

Na Itália fascista não se vai tão longe, apesar da mobilização desordeira, violenta e terrorista dos Squadristas ter logrado impor a liderança de Mussolini e do Partido Nacional Fascista (PNF) no processo de criação do novo regime. Acontece, todavia, que, mesmo contra a resistência dos setores mais radicais dos Fasci di Combattimento, Mussolini teve de aceitar importantes compromissos com os grandes agrários e os barões da indústria, com o rei e a monarquia, com os chefes militares e a Igreja Católica, no fundo, a fronda política e social que, em julho de 1943, com a cumplicidade dos hierarcas fascistas descontentes e assustados com o rumo da guerra, iria depor e prender o *duce*. Esses compromissos passaram por neutralizar, disciplinar e enquadrar o Squadrismo, e por limitar relativamente a ingerência do PNF nas estruturas do Estado, a quem é dada a clara hegemonia sobre o partido na

---

26 Norbert Frei, *O Estado de Hitler: O poder nacional-socialista de 1933 a 1945*. Lisboa: Editorial Notícias, 2003, p. 80.

condução da política do país: "Nada contra o Estado! Tudo pelo Estado! Nada fora do Estado!".

Na Europa Central e de Leste, em países como a Áustria, a Hungria, a Roménia, mas também nos Estados bálticos, a progressiva influência ideológica do fascismo mussoliniano marca as elites conservadoras e a evolução antiliberal e fascizante dos seus governos. O "fascismo conservador", até meados dos anos 30, precede ou domina os movimentos fascistas plebeus. Na Áustria, em 1933, o governo de direita católica, aliado à milícia fascista conservadora da Heimwehr (Guarda Nacional), sob a chefia do chanceler Dolfüss, proclama o Estado corporativo (*Ständestaat*), fecha o Parlamento, proíbe o partido comunista e o partido nazi, cerca o social--democrata e define como estratégia criar uma Áustria germânica, cristã, social e corporativa. No ano seguinte, de 12 a 15 de fevereiro, a Heimwehr esmaga a ferro e fogo a revolta socialista contra a ditadura e a crescente opressão: o partido social-democrata austríaco é ilegalizado e milhares de socialistas são presos em campos de concentração. Em maio desse ano é criado como único partido legal a Frente Patriótica (Vaterländische Front). É o austro-fascismo. Dolfüss não lhe sobreviverá, assassinado em julho desse mesmo turbulento ano de 1934 pelo golpe frustrado do partido nazi austríaco, ordenado por Hitler como via de anexação da Áustria. Sob a chefia do novo chanceler Schuschnigg, o regime manter-se-á até ao *Anschluss* (a invasão militar alemã e integração no Terceiro Reich), em 1938. Mas a crescente influência inicial da Heimwehr no regime foi declinando à medida que, a partir de 1936, a aproximação de Schuschnigg a Hitler ditou a entrada e o crescente papel dos nacional-socialistas na Frente e no governo. Como sugere K.R. Stadler, "o austro-fascismo abriu o caminho ao nazifascismo".[27]

Na Hungria e na Roménia parece verificar-se a realidade assinalada por M. Mann no período entre as guerras: "os governos

---

27 K.R. Stadler, op. cit., p. 95.

iam-se deixando atrair cada vez mais pelas ideias fascistas, embora reprimissem os fascistas verdadeiros", os quais, todavia, ganhavam uma força crescente.[28] O campo fascista húngaro não está unificado. Nasce dos veteranos que comandam o "terror branco" contra o governo comunista-socialista de Béla Kun, em 1919, como um fascismo aristocrático de elite militar, um "populismo sem mobilização" que conquistará ao longo dos anos 30 uma influência determinante nos oficiais do Exército e nas sociedades secretas de crescentes simpatias nazis e forte poder de pressão nos governos. As ideias fascistas, primeiro mussolinianas e, depois de 1933, de pendor hitleriano, inspiram também a ala direita do partido dominante da Hungria, do regente Horthy. Finalmente, em 1935, o major Ferenc Szálasi, homem do "terror branco" ligado ao nazismo alemão, consegue unificar a maioria dos grupos do fascismo plebeu e populista no partido das cruzes flechadas, com fortes cumplicidades nos círculos militares. Sob os efeitos da Grande Depressão e do ascenso do nacional-socialismo na Alemanha, o almirante Horthy, entre 1932 e 1936, apoia o governo do general Gömbös, organizador do "terror branco" na guerra civil de 1919 e antissemita declarado. Gömbös avança decisivamente para a imposição de um "fascismo a partir de cima" (temente dos "fascistas genuínos" agitadores das massas) que um golpe iminente prepararia, não fosse a sua morte inesperada em 1936. A partir daí, o Estado e a governação húngara serão um oscilar de sucessivos governos, onde colaboração e conflito juntam ou opõem, por vezes violentamente, a direita conservadora crescentemente fascistizada e os movimentos fascistas plebeus na disputa pelo poder.

Os governos de países como a Hungria ou a Roménia oscilam, assim, entre os entendimentos de pouca duração juntando as direitas conservadoras e as milícias fascistas e períodos de aberta

---

28 M. Mann, op. cit., pp. 287 e 322.

conflitualidade centrados na disputa pela liderança dos novos regimes fascistizados. A partir da segunda metade dos anos 30, essa conflitualidade é crescentemente arbitrada pela Alemanha nazi, de acordo com os seus interesses estratégicos. Na Roménia, Hitler manterá o general Antonescu no poder, como fiel aliado de guerra da Alemanha, mesmo contra as pressões dos legionários fascistas de Horia Sima, antes aliados com ele no governo desde 1940, após o derrube de Carlos II. Na Hungria, fará o mesmo com o almirante Horthy, mas, em 1944, com a aproximação do Exército Vermelho e as suas negociações com vista a um armistício, e com a urgência da deportação dos judeus húngaros para os campos de extermínio e as tergiversações de Horthy, Hitler apoiará o golpe de Szálasi, o chefe fascista dos "cruzes flechadas", para depor o almirante.

No extremo ocidental da Europa, na Península Ibérica, a correlação de forças e o contexto são outros. Em Espanha, o falangismo fascista é trazido ao poder no quadro da coligação de forças políticas contrarrevolucionárias apoiantes do golpe militar contra a Segunda República, em julho de 1936. Durante a Guerra Civil, em abril de 1937, o "decreto da unificação" funde falangistas, carlistas e a Renovação Espanhola num partido único: a Falange Espanhola Tradicionalista e das JONS (Juntas de Ofensiva Nacional-Sindicalista). O falangismo fascista e pró-nazi desempenha, entre 1939 e 1942, um papel de marcante influência na ditadura franquista. A sua figura de proa será Serrano Súñer, amigo próximo de José Antonio Primo de Rivera (o fundador da velha Falange, preso e fuzilado pelos republicanos). Súñer é cunhado de Franco e por ele nomeado, em agosto de 1939, presidente da Junta Política do partido único de que fora destacado impulsionador. Chefe da extrema direita do regime franquista, será um dos principais inspiradores dos primeiros passos da institucionalização do "Nuevo Estado" corporativo, definido como "comunidade nacional-sindicalista", reunida em "irmandade cristã e falangista".[29] É, desde os começos de 1939, ministro do Interior do governo franquista, tendo a seu cargo todo o aparelho de propaganda. Em agosto, com a remodelação do governo de Franco, passa a ministro da Governação, vendo os seus poderes alargados para a tutela dos serviços de segurança, até aí autonomizados. É então o "cunhadíssimo", um dos homens mais poderosos e influentes da "Nova Espanha".

Com o eclodir da Segunda Guerra Mundial, Súñer é apontado como o chefe de fila da ala germanófila e intervencionista do regime (partidária do alinhamento militar no conflito ao lado do Eixo) e vê a sua posição reforçada com a nomeação, em outubro de 1940, para ministro dos Assuntos Exteriores, pasta que acumulará com a Governação e a Secretaria-Geral do "Movimento" até maio de 1941. Será o período de maior influência do fascismo radical na ditadura, favorecida pelos sucessos militares iniciais da Alemanha. No encontro com Hitler em Hendaia, a 23 de outubro de 1940, Franco aceitará secreta e condicionalmente vir a entrar na guerra ao lado das potências do Eixo, cujas tropas o tinham ajudado a chegar ao poder na Guerra Civil. Súñer é, então, elemento da confiança de Berlim, muito ligado à Itália fascista e ao conde de Ciano (ministro dos Negócios Estrangeiros de Mussolini). A sua germanofilia e ideologia direitista radical despertam, todavia, a resistência do fascismo conservador da direita espanhola tradicional, não intervencionista, especialmente a partir do momento em que o destino da guerra, em fins de 1942, começa a sorrir aos aliados.

Em outubro de 1942, a pretexto de um incidente ocorrido entre falangistas e carlistas num santuário em Bilbao, Franco destitui Súñer da pasta dos Assuntos Exteriores e nomeia para seu lugar o anglófilo conde de Jordana. A Espanha regressa, então, de uma

---

29 Glicério Sánchez Recio, "O corporativismo na ditadura franquista". In: António Costa Pinto; Francisco Martinho (coords.), *A vaga corporativa: Corporativismo e ditaduras na Europa e na América Latina*. Lisboa: ICS, 2016, pp. 140 ss.

equívoca "não beligerância" à "neutralidade", e Franco começa a preparar a retirada da Divisão Azul da frente leste, onde os fascistas espanhóis se batiam ao lado das tropas nazis contra o exército soviético. A influência do falangismo radical esbate-se com a relativa marginalização dos *camisas viejas*.

No caso português, o Estado Novo salazarista é a típica expressão da hegemonia conservadora no processo de fascistização do regime. Uma coligação das direitas tradicionais sob a condução equilibrante de Salazar, estruturante de uma ditadura nacionalista e corporativa, antidemocrática, de partido único, bem escorada no apoio das "forças vivas" do sistema económico, na fidelidade do Exército e da elite burocrática, na ação repressiva das polícias, e abençoada pela Igreja Católica. As direitas conservadoras, muito marcadas pela influência do fascismo italiano, integram subordinadamente os quadros oriundos do fascismo plebeu, do nacional--sindicalismo, colocando-os na dinamização das novas instituições resultantes da fascistização do Estado (o milicianismo, os sindicatos nacionais, a propaganda, o controlo dos lazeres, a organização das "mães", a militarização da juventude), ou seja, sujeitando-as à estrita tutela do Estado e das Forças Armadas.

4. *Os regimes de tipo fascista configuram, na sua génese e no seu desenvolvimento, uma época histórica específica, diferenciada nas suas expressões nacionais concretas, mas essencialmente unificada como fenómeno político, económico, social e ideológico de tipo novo a dois níveis: o das pré-condições históricas para a sua emergência e o das suas caraterísticas essenciais basicamente comuns. A isso chamarei a época dos fascismos.*

Ao estudar a pluralidade dos regimes autoritários e fascistas do pós-Primeira Guerra Mundial, as escolas tipológicas ou taxonómicas concentram-se em privilegiar as distinções e especificidades das várias modalidades do fenómeno, consideradas estática e compartimentadamente, desestruturando-o como realidade histórica dinâmica e mutável. Ou seja, esta taxonomia das diferenças, aliás atribuídas mais ou menos arbitrariamente por cada autor a cada tipo de mostruário de regimes que criaram, substitui por um descritivismo atomizado, que torna ininteligível este período como época histórica, o que historicamente existe de essencialmente comum nessa reação de tipo novo aos desafios das crises dos sistemas liberais. Em vez dela, teríamos um pluralismo dispersivo de sistemas políticos essencialmente distintos, classificados por vários graus de "intensidade", onde afinal os regimes fascistas, como antes se viu, seriam raros, se não inexistentes. Afinal, para retomar a célebre pergunta de Eduardo Lourenço, o fascismo nunca existiu? Ou existiu unicamente, como regime, em casos raros?

Outro tipo de abordagem entenderá que, para procurar explicar o que se passou na Europa entre as duas guerras mundiais do século passado, havemos de o fazer à luz da História como um todo, à luz da "guerra civil europeia" (Enzo Traverso) que depois se desdobrou na Segunda Guerra Mundial. É no contexto desse confronto global que o fascismo, como movimento primeiro e depois, sobretudo nos países periféricos, como regime, surge enquanto novo tipo de poder político, visando à superação autoritária do Estado liberal e à liquidação da resistência operária e sindical em refluxo, e promovendo uma forte intervenção do Estado na vida económica destinada a repor taxas de lucro e acumulação afetadas pela crise. Nem todos os regimes autoritários que quase sem exceção se instalam em cadeia nos países da Europa periférica do pós-guerra se transformam em ditaduras fascistas ou de tipo fascista. Mas, como vimos, um grande número deles, em virtude de alianças de duplo sentido, caminhou nessa direção. É certo que de forma diferente, com equilíbrios e caraterísticas distintamente condicionados pelo caldo sociocultural e político de cada país, mas formando no seu conjunto um campo de natureza comum, cujos traços essenciais abordaremos mais adiante. O mesmo tipo essencial de respostas ideológicas e políticas para o mesmo tipo de oportunidades e desafios colocados pela crise do sistema. Esse foi o campo do fascismo e essa foi a época dos fascismos.

É este conceito, o de época, que permite unificar numa fenomenologia comum essas diferentes reações autoritárias de rutura com o liberalismo, dando à sua diversidade uma inteligibilidade histórica, ou seja, fornecendo um contexto comum ao aparente caos atomizado proposto pelas abordagens tipológicas.

5. *É necessário estudar o fascismo como fenómeno dinâmico, complexo e mutante. Ou seja, já antes o referimos, retomando a distinção entre fascismo enquanto movimento e fascismo enquanto regime. Essa é a distância que vai do grupo plebeu, radical, miliciano, desordeiro e terrorista para o partido que acede ao poder e o partilha com os aliados conservadores das classes possidentes, no quadro de regimes fascistas ou de tipo fascista.*

É fácil entender que o fascismo, enquanto retórica transclassista de regeneração nacional associada ao populismo e à violência miliciana, enquanto expressão política da ira e do desespero das classes intermédias, isto é, enquanto movimento, é uma coisa. O fascismo enquanto poder de Estado, enquanto fronda política antidemocrática e contrarrevolucionária no quadro de um novo tipo de ditadura, é a passagem dessa "coisa" para outra. O movimento fascista, já o referimos, emprestou, ao novo regime onde se aliou com as direitas tradicionais fascistizadas, mobilização social (mesmo sacrificando parte da radicalidade plebeia anterior), "estilo", violência potencialmente irrestrita. Teve maior ou menor capacidade de hegemonizar ou somente influenciar subordinadamente, conforme os casos, em contextos de estabilidade durável ou de grande instabilidade e conflito com os aliados conservadores, como acima analisámos.

Mas o fascismo-regime contém, de qualquer forma, um duplo princípio geral de compromisso e, a prazo, de subordinação ideológica e político-social aos interesses oligárquicos. Por um lado, o regime fascista significa a hegemonia doutrinária de uma ideologia nacionalista, organicista, corporativa, autoritária, antidemocrática e "anticomunista", elaborada pelas direitas conservadoras antiliberais, bem antes da emergência dos movimentos fascistas e que estes essencialmente incorporam como discurso seu. E, sobretudo, a nova ditadura vai representar, em todos os domínios da economia e do controlo social, ou mesmo na política externa, a efetivação das estratégias mais agressivas de recuperação das classes possidentes e a arbitragem entre os interesses conflituantes dos seus setores no sentido da maximização da acumulação e do lucro. Tudo em nome de um superior "desígnio nacional" que um Estado dotado de relativa autonomia para representar os interesses dominantes como um todo livremente interpreta e autoritariamente executa.

Por vezes, como no caso do regime nacional-socialista alemão, a força e autonomia do movimento ganhou capacidade para impor às direitas tradicionais políticas contraditórias com a racionalidade dos seus interesses de classe, o que foi visível sobretudo durante a Segunda Guerra Mundial, na prioridade dada ao extermínio sobre o esforço económico e militar da defesa ou quando a proximidade da derrota começou a desintegrar as estruturas do Estado, do partido e das suas milícias que desempenhavam funções estaduais.

Convém referir, igualmente, que vários regimes fascistas mantiveram uma retórica de defesa das aspirações das classes intermédias, que eram a base social do movimento, e tomaram medidas nesse sentido. Mas a lógica que invariavelmente presidiu às políticas económicas fascistas e à intervenção das suas organizações corporativas ou dos seus cartéis na regulação económica e social foi a de assegurar o poder discricionário do patronato nas relações laborais e a de salvaguardar os interesses económicos dominantes. Mesmo nas manifestações de maior capacidade de influência e autonomia dos movimentos dentro dos novos regimes, a sua subordinação instrumental às estratégias de acumulação e expansão dos grupos sociais tradicionalmente dominantes é, provavelmente, o traço marcante principal da transformação dos movimentos fascistas em poder político.

6. *O totalitarismo, ou totalitarismo tendencial, é uma dimensão ideológica essencial dos regimes fascistas com o propósito de modelação e controlo dos espíritos e dos comportamentos a todos os níveis de sociabilidade (na família, na escola, no trabalho, nos lazeres), através de aparelhos estatais ou partidários de inculcação autoritária e unívoca dos valores ideológicos do regime e, simultaneamente, de vigilância e intimidação. Fabricar o "homem novo" asseguraria as novas ditaduras "por mil anos".*

Foi nesta aceção que as ditaduras fascistas utilizaram e se reivindicaram do conceito de totalitarismo. E foi com esse propósito que organizaram os aparelhos estatais e partidários de enunciação e inculcação dos valores ideológicos com que se pretendia moldar os espíritos e controlar os comportamentos no dia-a-dia e a todos os níveis da vida social. Os conteúdos concretos das mitologias ideológicas impostas como princípios essenciais indiscutíveis da "ordem nova" variaram de acordo com o contexto social, político e cultural de cada país e de cada regime. Mas era-lhes comum essa ideia de omnisciência e omnipresença do Estado como condição do resgate da nação. Um dos ideólogos do Estado Novo, Águedo de Oliveira, escreveria, em 1936, que o regime, para atingir os seus fins, "não pode deixar de ter uma doutrina e creio que esta há-de ser totalitária: há-de abranger todas as formas de actividade e até a própria concepção da vida". Ou seja, "uma doutrina moral, uma doutrina política, uma doutrina económica e uma doutrina social".[30]

É claro que o totalitarismo fascista era uma pretensão, um desiderato potencial, ou seja, era um projeto de novo absolutismo tendencial, pois nenhum poder político poderia alcançar o fechamento e o controlo totais sobre cada família, cada mulher e cada homem, sobretudo quando a base material da vida — como era o caso do Portugal maioritariamente rural nos anos 30 — era feita de "coisas" social e economicamente pequenas, dispersas e longe dos centros de decisão e de mando.

O conceito de Estado totalitário foi, como já se referiu, reelaborado como teoria do totalitarismo nos anos 50, na fase mais quente da Guerra Fria. Retomando, aliás, as primeiras formulações de uma teoria do totalitarismo (da autoria de liberais como Friedrich Hayek, de católicos conservadores ou de autores ex-comunistas)[31] que juntava a Rússia de Stálin e a Alemanha de Hitler como as duas faces de um novo tipo de absolutismo essencialmente idêntico. Os novos teorizadores pioneiros do regresso a esta abordagem depois da Guerra Fria (H. Arendt, Z. Brzezinski e a escola de ciência política norte-americana) e os seus continuadores posteriores (F. Furet, E. Nolte e outros) fizeram dela uma arma de arremesso ideológico na Guerra Fria, sendo que o conceito e a sua aplicação à História e às Ciências Sociais se tornou muito controverso e até desacreditado.

O descritivismo superficial da teoria, assente num claro enviesamento ideológico, ignorava as óbvias diferenças de génese social, natureza económica e política e fundamento ideológico entre um regime que proclamava a superioridade da raça ariana e

---

30 Águedo de Oliveira, *Princípios essenciais do Estado Novo corporativo*. Cit. in: Luís Reis Torgal, *Estados Novos, Estado Novo*. Coimbra: IUC, 2009, vol. 1, pp. 274-275.
31 E. Traverso, op. cit., p. 321.

o seu direito à dominação imperial das raças inferiores (os "sub-humanos") e outro que advogava a emancipação dos trabalhadores da exploração capitalista e a construção de uma sociedade sem classes. É claro que, na perversão stalinista deste desígnio, há indiscutíveis traços de natureza totalitária, mas isso não pode conduzir à perversão maior de confundir realidades históricas essencialmente distintas. A teoria do totalitarismo, ao tentar criar dois polos radicalmente antagónicos e separados — de um lado, a racionalidade e perfeição a-histórica do capitalismo liberal, apresentado como realização de uma perfetibilidade transcendental; do outro, a irracionalidade tirânica do nazismo e da sua contraface, o comunismo —, oculta mais do que revela. Oculta, desde logo, as ligações históricas do capitalismo ao fascismo e ao nazismo, como acima se referiu: o fascismo, onde logra chegar ao poder como regime, representa uma reação do capitalismo aos perigos que desafiam as classes dominantes no quadro da crise do sistema. Mas, ao separar o nazismo do fascismo, criava uma categoria de ditaduras de menor intensidade eventualmente "recuperáveis" para o campo "ocidental" anticomunista, como aconteceria com os regimes de Franco e Salazar sobreviventes à derrota da Segunda Guerra Mundial. Oculta ainda o facto central de que foi a falência e a rendição do liberalismo a abrir caminho ao fascismo.

Mas disso se tratará mais adiante. O que interessa precisar para o presente efeito é que a abordagem teórica do fascismo necessita que se recupere a ideia de totalitarismo tal como a conceberam os ideólogos das ditaduras de novo tipo: um instrumento ideológico central para operar o consenso em torno da mitologia nacionalista e transclassista de mobilização e sujeição da massa; um aparelho autoritário de inculcação unívoca e totalizante dos valores essenciais do regime; e uma arma de vigilância e intimidação tendencialmente omnisciente e omnipresente nos interstícios do tecido social.

7. *O colonialismo moderno, associado aos frutos da modernidade tecnológica da segunda Revolução Industrial, é um prefácio das maiores catástrofes da Grande Guerra, do fascismo e da política de extermínio nazi no segundo conflito mundial. Não é possível explicar o fenómeno da violência fascista no século XX fora do contexto da violência ilimitada usada pelos colonizadores europeus contra os povos colonizados da África e da Ásia.*

Há uma ligação estrutural entre a expansão imperial-colonial na segunda metade do século XIX e a salvaguarda do sistema capitalista liberal. Efetivamente, o colonialismo moderno permitiu aos principais países capitalistas, em plena segunda Revolução Industrial, repor taxas de lucro e de acumulação através de novos mercados para os seus produtos, de novas fontes de matérias-primas e da sobre-exploração do trabalho indígena na África, no Médio Oriente e na Ásia, onde o trabalho escravo foi transformado em vários tipos de trabalho forçado.

O colonialismo permitiu igualmente "exportar" as tensões sociais e políticas resultantes da massificação da política, criando, nos países mais desenvolvidos, uma "aristocracia operária" indiretamente beneficiária da sobre-exploração colonial, e que funcionava como elemento de contenção da radicalidade dos conflitos e de reprodução da ordem estabelecida através de políticas "humanizadoras" do capitalismo. Isto possibilitou aos sistemas liberais oligárquicos sustentar-se "através de um subtil e complexo equilíbrio entre instituições de coerção e de consenso".[32]

Mas o colonialismo criou também a sua ideologia legitimadora e de consenso metropolitano, um ideário nacional-colonialista política e socialmente transversal, uma mitologia com base de massas — um "imperialismo popular" —, assente nas fantasias da "grandeza imperial", da prosperidade indefinida assegurada a

---

32   E. Ahumd, cit. in: D. Woodley, *Fascism and Political Theory*, p. 113.

"todos" pelo eldorado colonial, da missão providencial da evangelização e conquista ou, em versão mais cosmopolita e oitocentista, do dever de trazer os indígenas à "luz da civilização". Tudo embrulhado, desde o último quartel do século XIX, nas conceções do darwinismo social sobre a superioridade racial do homem branco, que só dará lugar, já nos tempos defensivos do pós-Segunda Guerra Mundial, aos novos mitos da "bondade específica" ou da "especial propensão para a mestiçagem" que o colonialismo acossado vai desenvolver sobre si mesmo. Tudo isso contribuiu para a integração social e política do colonialismo nas metrópoles e funcionou como importante fator de reprodução do sistema. O "consenso colonial" em Portugal atravessa toda a contemporaneidade: a Monarquia Constitucional, a Primeira República e o Estado Novo, onde mesmo o antifascismo só tardia e relutantemente integrou o anticolonialismo.[33] E pode dizer-se que se prolongou para a democracia, como discurso luso-tropicalista oficioso, até aos dias de hoje.

Os sistemas liberais crescem, pois, em estreita dependência do domínio político e militar colonial. Como dizia Cecil Rhodes em 1895, os 40 milhões de habitantes da Grã-Bretanha só se livrariam de "uma sangrenta guerra civil" se os homens de Estado coloniais, como ele, pudessem expandir-se territorialmente por forma a colocar nas novas terras o excesso de população metropolitana e encontrar novos mercados para as mercadorias que eles produziam nas fábricas e nas minas. Em suma: "Se querem evitar a guerra civil devem tornar-se imperialistas".[34]

Mas, se historicamente se evidencia uma ligação estrutural entre o liberalismo europeu e o colonialismo moderno, a relação

---

33 Fernando Rosas, "O anticolonialismo tardio do antifascismo português". In: Id.; Mário Machaqueiro; Pedro Aires Oliveira, *O adeus ao império: 40 anos de descolonização portuguesa*. Lisboa: Vega, 2015, pp. 13 ss.
34 Vladmir Ilyich Lénin, "L'Impérialisme, stade suprême du capitalisme". In: Id., *Oeuvres choisies*. Moscou: Éditions du Progrès, 1968 [1917].

entre a expansão militar imperial-colonial e a génese dos regimes fascistas tem merecido uma nova atenção por parte dos historiadores e investigadores das ciências sociais.

Na realidade, o colonialismo moderno continha em si mesmo, como teoria e como prática, todos os elementos premonitórios do racismo, do trabalho forçado, do extermínio impune, da violência ilimitada que vão caraterizar os regimes fascistas e o nazismo antes e durante a Segunda Guerra Mundial. Vale a pena observar esta realidade mais de perto.

A essência do colonialismo moderno é a sobre-exploração da mão-de-obra indígena, todavia escassa (por força das mortandades da ocupação colonial, das doenças trazidas pelos ocupantes coloniais, da fome) e, sobretudo, relutante e resistente ao trabalho imposto pela lógica económica da colonização (trabalho forçado, culturas obrigatórias, etc.). Essa persistente resistência das populações colonizadas, mesmo quando ainda de feição tribal e pré-nacionalista, originou o uso de violência massiva, ilimitada e racialmente dirigida, que se traduziu nas técnicas coloniais de contrainsurgência e de repressão da população civil não europeia.

Essa faceta centralmente constitutiva dos sistemas coloniais levou a que a sua génese e regulamentação se fizessem à margem do direito internacional e das leis vigentes na metrópole, em regimes extrajurídicos e de exceção legal que simultaneamente sancionavam e abriam o campo ao exercício de múltiplas formas de violência sem restrições, sem sanções penais, nem sequer condenações éticas ou morais. A isso chamou Z. Bauman a "produção social da invisibilidade moral",[35] situação em que as consequências éticas dos crimes cometidos são abafadas pelos procedimentos burocráticos e, especialmente, pela aplicação de padrões éticos diferenciados. O que, como igualmente salienta E. Traverso, não facilitou só o domínio colonial europeu na Ásia

---

35 Cit. in: D. Woodley, *Fascism and Political Theory*, p. 120.

e na África, mas também o totalitarismo genocida do poder nazi na Europa de Leste. "As guerras coloniais conduzidas pelos alemães no Sudoeste Africano no início do século XX apresentavam todas as caraterísticas de uma campanha de extermínio que prefigurava, em pequena escala, a que Hitler desencadearia na URSS em 1941."[36]

Assim se estabeleceu uma diferenciação — subsistente até hoje — entre guerras que opõem europeus (ou "ocidentais") e guerras entre europeus e não europeus, onde estes são considerados como "infiéis", "bárbaros" ou "selvagens", em todo o caso "inimigos" que podem e devem ser eliminados sem contemplações. As vítimas do colonialismo na África e na Ásia não eram consideradas verdadeiros seres humanos, numa premonição dos *Untermenschen* ("sub-humanos") alvo do extermínio nazi no Leste da Europa.

O genocídio foi a regra e não a exceção do sistema-colonial. O Quadro V, elaborado a partir das fontes reunidas por E. Traverso, dá uma ideia aproximada da extensão do fenómeno. Segundo este autor, "de acordo com as estimativas mais fiáveis, o número de vítimas das conquistas europeias na Ásia e na África durante a segunda metade do século XIX ronda os 50-60 milhões de pessoas, das quais cerca de metade devido à fome na Índia".[37]

A "ocupação efetiva" da tropa colonial portuguesa em África, que só se torna "efetiva" quando, a partir da última década do século XIX, o Exército pode beneficiar das novidades tecnológicas da segunda Revolução Industrial — uso de metralhadoras, armas automáticas e artilharia pesada —, deixou um idêntico rasto de mortandade nunca verdadeiramente contabilizado e sempre ocultado pelas autoridades militares e civis, embora com referências e denúncias durante as expedições africanas na Primeira

---

36 Enzo Traverso. *La Violence nazie: Une généalogie européenne*. Paris: La Fabrique, 2002, p. 76.
37 Ibid., pp. 75-76.

Guerra Mundial. Designadamente, quando as campanhas iam de desastre em desastre (Naulila, Newala...) e choviam acusações parlamentares de "atrocidades terríveis" cometidas pela coluna Pereira de Eça em Angola, em 1915 — uma "campanha selvática e desumana" —, que o governo afonsista não deixará aprofundar.

A expansão imperial-colonial criou assim uma perigosa lógica de poder e de violência racista que, para usar uma expressão de H. Arendt, haveria de ter um "efeito de boomerang" nas políticas europeias do início do século XX. Por exemplo, criou uma elite de funcionários administradores da coerção e da violência cuja tarefa era impor o domínio europeu nas colónias e concitar o apoio para as guerras coloniais na frente metropolitana. Eram os "centuriões" do império, aureolados como "heróis nacionais": em Espanha, em 18 de julho de 1936, estarão no arranque da insurgência franquista a partir do Norte de África; em Portugal, serão figuras de proa do golpe militar de 28 de maio de 1926, que instaurou a Ditadura Militar. Ainda hoje, o dominador do império dos vátuas em Moçambique nos finais do século XIX, Mouzinho de Albuquerque, é o patrono do Exército português e símbolo das virtudes militares.

Pode dizer-se que, de uma forma geral, as técnicas coloniais de contrainsurgência e de repressão das populações civis irão ser empregues na Europa. Primeiro, contra as insurreições "vermelhas" que se sucedem à Revolução Soviética de 1917, depois, para tentar sufocar a resistência política doméstica aos regimes fascistas europeus. O uso do poder de destruição reservado aos não europeus na África e na Ásia espelha-se agora na violência contra a luta revolucionária ou antifascista dos europeus. Há um óbvio paralelo entre o poder destrutivo da contrainsurgência do colonialismo e o "terror branco" dos batalhões especiais do almirante Horthy, em 1919, contra os apoiantes da breve "comuna" de Béla Kun na Hungria. Ou entre aquele passado colonial e a terrível repressão britânica contra a revolta nacionalista irlandesa de 1921.

QUADRO V
DECLÍNIO DEMOGRÁFICO ORIGINADO PELA OCUPAÇÃO COLONIAL

Países	Período cronológico	Redução da população
Sri Lanka	População antes da colonização: 4 a 10 milhões	População em 1920: cerca de 1 milhão
Argélia	População entre 1830 e 1870: 3 milhões	2,3 milhões (redução de 15 a 20%)
Congo	População entre 1820 e 1920: 20 milhões	10 milhões (redução de 50%)
Costa do Marfim	População entre 1900 e 1910: 1,5 milhões	160 mil (redução de 89%)
Sudão	População entre 1882 e 1903: 8/9 milhões	273 mil (redução de 75%)

Fonte: E. Traverso, op. cit., p. 75.

Tal como são iniludíveis as semelhanças entre o massacre de 45 mil argelinos pela tropa colonial francesa em Sétif, em 1945, uma retaliação pela morte de colonos europeus às mãos dos árabes, e as represálias massivas levadas a cabo pelas SS alemãs contra a população civil checa após o atentado da resistência que matou Heydrich, braço direito de Himmler, em 1942. E o mesmo se dirá da similitude entre os assaltos da tropa colonial às tabancas africanas e as "expedições punitivas" dos Squadristas fascistas às sedes cooperativas e Casas do Povo socialistas no norte de Itália, em 1920 e 1921.

As prisões em massa, o trabalho forçado, o trabalho escravo, o racismo, as execuções sumárias, as requisições de terras, o extermínio massivo, tudo o que caraterizou a violência genocida do Eixo da Europa ocupada teve o seu precedente imediato no moderno regime colonial. Para os nazis,

> a submissão esclavagista dos povos eslavos, o extermínio dos ciganos e sobretudo dos judeus eram encarados como diferentes aspetos de um processo de que as conquistas coloniais europeias

na África e na Ásia, bem como as guerras contra os índios no Oeste americano, constituíram o modelo.[38]

Por outro lado, as categorias binárias constitutivas do discurso ideológico do colonialismo — preto/branco, indígena/civilizado, servos/senhores — também exercerão forte efeito *boomerang* na Europa: vão tornar-se o senso comum, normalizando o racismo e a discriminação racial entre a população (especialmente nos países do Centro e Leste Europeu, onde uma forte cultura antissemita já existia), tornando esses valores largamente difundidos e aceites. Do ponto de vista da ideologia racial ou da racialização das divisões políticas ou de classe, o contributo do discurso colonial foi da maior relevância para a narrativa ideológica do fascismo em geral e do nacional-socialismo em particular. E nas colónias como nas metrópoles legitimou a barbárie.

É certo que há diferenças qualitativas entre a violência dos colonizadores holandeses nas plantações de cana-de-açúcar do Suriname no século XIX e o extermínio pelo trabalho nos campos de concentração nazis. Mas "em ambos os casos o recurso ao trabalho forçado é consistente com um sistema capitalista de coação, onde se combinam o poder das grandes empresas e do Estado e no qual se empregava livremente a máxima violência sem escrutínio legal".[39]

---

38 Ibid., pp. 80-81.
39 D. Woodley, *Fascism and Political Theory*, p. 119.

CAPÍTULO II
AS PRÉ-CONDIÇÕES HISTÓRICAS PARA A EMERGÊNCIA DOS REGIMES FASCISTAS

> O fascismo não ganhou no momento em que a burguesia estava ameaçada pela revolução proletária, mas sim num momento em que o proletariado já tinha sido enfraquecido e reduzido à defensiva muito tempo antes, num momento em que o ascenso revolucionário estava já em refluxo. A classe capitalista e os grandes proprietários não confiaram os poderes do Estado aos grupos fascistas para se defenderem de uma revolução proletária ameaçadora, mas sim para reduzir os salários, destruir as conquistas da classe operária e eliminar os sindicatos e as posições de força política ocupadas pela classe operária, não para suprimir um socialismo revolucionário mas para destruir as conquistas do socialismo reformista.
>
> Otto Bauer[1]

Fruto de processos social e politicamente distintos de superação autoritária do poder do Estado liberal burguês, os regimes fascistas, nas suas diferenças, não constituem, todavia, um conjunto de realidades atomizadas e historicamente ininteligíveis, conclusão a que, como vimos, poderia conduzir a abordagem tipológica do fascismo. Pelo contrário, aquilo que parece autorizar o conceito de uma época dos fascismos é o reconhecimento para este "todo" epocal de dois níveis de identidade fundamentais: a similitude de pré-condições históricas para a emergência de regimes fascistas ou de tipo fascista e a verificação de um

[1] Otto Bauer, cit. in: Ernest Mandel, *Sobre o fascismo*. Lisboa: Antídoto, 1976, p. 43.

conjunto de traços ideológicos, políticos, sociais e económicos essencialmente comuns a todos eles.

No presente capítulo vamos tratar das pré-condições que na Europa, entre as duas guerras mundiais, estruturaram os terrenos de ideias, de política e de condições económicas e sociais onde emergem os regimes fascistas. Propomos quatro tipos de situação principais: os efeitos da crise do sistema liberal, agravados pelos impactos da Grande Guerra, nos países da periferia europeia ou naqueles empurrados pelas circunstâncias da derrota para a periferia; a derrota da ofensiva revolucionária do operariado no pós-guerra; a rendição do liberalismo; e a fascistização e unificação das direitas tradicionais entre si e com o fascismo plebeu.

Analisemos então cada uma delas.

OS EFEITOS DA CRISE E DA GUERRA NOS PAÍSES DA PERIFERIA EUROPEIA

Sendo certo, como antes se pretendeu defender, que os regimes fascistas ou de tipo fascista são fruto da crise multímoda do sistema liberal, o facto é que basta observar um mapa político da Europa em 1939 (ver Mapa 1), nas vésperas da Segunda Guerra Mundial, para constatar que a crise não teve esse efeito em todos os países europeus, apesar de todos eles terem sido por ela atingidos. Há indiscutivelmente uma geografia política para a emergência dos fascismos na Europa que acompanha o diferente grau de desenvolvimento do capitalismo nesses países e o diferente tipo de efeitos que a crise e os impactos da guerra neles produzem.

Nos países capitalistas desenvolvidos do norte e noroeste da Europa, sobretudo nos que saem vencedores do conflito mundial, a crise sistémica ou os efeitos da guerra não afetam nem o poder do Estado, nem a capacidade económica de lhes responder com políticas que conjugam medidas de prudente integração social com as

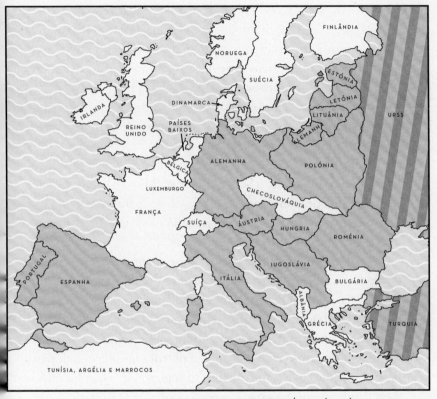

MAPA 1 — AS DITADURAS DA EUROPA PERIFÉRICA (1939)

☐ REGIMES DEMOLIBERAIS ▨ DITADURAS

de coerção: "A burguesia era suficientemente forte para controlar a classe trabalhadora através de meios puramente económicos, ou para a derrotar através dos dispositivos políticos existentes".[2] Nesses países, na Grã-Bretanha, na Bélgica, nos Países Baixos, nos Estados nórdicos, em França, surgem movimentos fascistas, por vezes com alguma expressão de massas, que nunca ameaçam verdadeiramente a ordem liberal instalada. A França, entre os países centrais do sistema, terá sido o que conheceu uma maior radicalização social e política, com as organizações de extrema direita a tentarem um golpe de força contra a Câmara dos Deputados em fevereiro de 1934. Vários destes países serão invadidos pela Alemanha nazi durante a Segunda Guerra Mundial e conhecerão regimes colaboracionistas sob tutela do ocupante. Mas essa é já uma outra situação. Até 1939, o fascismo não constitui para a sua ordem interna uma ameaça significativa.

As coisas são diferentes para os países economicamente mais atrasados, menos industrializados, com forte peso da agricultura tradicional, que saem da guerra endividados, por vezes retalhados ou esbulhados territorialmente, vários deles tendo sofrido violentas confrontações revolucionárias ou vagas de agitação social, em diversos casos somando à derrota na guerra o desemprego e a inflação descontrolada. Ou seja, aquilo a que Gramsci, escrevendo em 1923, designava como a periferia capitalista, para quem a Itália fascista poderia servir de protótipo. Mas não eram só os países com economias estruturalmente mais fracas. A Alemanha vencida e vergada em Versalhes, apesar do seu potencial económico, é literalmente empurrada no rescaldo do conflito para uma situação de periferização económica, social e política. As investidas insurrecionais que se sucedem de 1919 a 1923, a hiperinflação e a paralisação da economia que se arrasta até 1924,

---

[2] David Beetham, *Marxists in Face of Fascism: Writings by Marxists on Fascism from the Inter--War Period*. Nova York: Barnes & Noble, 1984, p. 11.

a vulnerabilidade estrutural criada pela dependência financeira dos EUA mal ocultada pelos *goldene Zwanziger* (os "dourados anos 20") e, sobretudo, o catastrófico impacto da Grande Depressão de 1929 (44% de desempregados) vão liquidar a República de Weimar e abrir caminho ao nazismo a partir de 1930.

Mas na cadeia de ditaduras que surgem como cogumelos em toda a periferia no rescaldo do conflito, ou seja, ao longo do primeiro período da contrarrevolução europeia, do centro e do leste europeu e do sul mediterrânico até ao sudoeste ibérico, a situação está madura para mudanças qualitativas em direção à fascistização do Estado:

— A fraqueza estrutural do poder político liberal faz com que a crise económica nos países periféricos se reproduza imediatamente como crise política. É curioso observar como isso se passa em Portugal na primeira metade dos anos 20. Quando a crise internacional de 1921 veio deitar por terra as veleidades do Partido Republicano em apostar num modelo de desenvolvimento inflacionário no pós-guerra,[3] originando um processo descontrolado de inflação, desvalorização real de salários, falências em cadeia, desemprego, queda das exportações, agravamento dos défices do orçamento e da balança comercial, espiral da dívida pública a somar aos cerca de 28 milhões da dívida de guerra à Grã-Bretanha; quando a instabilidade governativa e a pulverização partidária associada à vaga de lutas sociais até ao início dos anos 20 demonstraram a incapacidade estrutural do liberalismo republicano conservador para fazer face à crise no quadro da preservação da ordem estabelecida — nessa conjuntura, a crise económica e financeira transformou-se na crise política do regime republicano. E a grande bandeira da direita antiliberal para o derrubar seria a

---

3   Cf. António Telo, *Decadência e queda da I República Portuguesa* (Lisboa: A Regra do Jogo, 1980. 20 vols.); ou Catarina Pinto, *A Primeira República e os conflitos da modernidade (1919-1926): A esquerda republicana e o bloco radical* (Lisboa: Caleidoscópio, 2011).

do equilíbrio das contas públicas. Mesmo depois de vitoriosa a Ditadura Militar (aliás, responsável pelo drástico agravamento do défice orçamental entre 1926 e 1928), o cerne da propaganda da corrente salazarista para ganhar a hegemonia política e ideológica da Ditadura e iniciar o processo de fascistização do Estado seria novamente a economia: o equilíbrio orçamental como primeiro passo da restauração da "ordem". A *ordem* nas finanças públicas era condição central para a *ordem* na governação e para a *ordem* social em geral. A crise económica torna-se crise política, e a solução desta assentaria numa nova política económica que, na sua aparente tecnicidade (equilibrar as contas públicas, coisa que entre 1923 e 1925 os governos republicanos radicais tinham começado a fazer), continha todo um plano de reorganização política autoritária e corporativa do Estado (e era essa que, obviamente, para as direitas antiliberais e fascizantes, faltava ao equilíbrio orçamental da esquerda republicana).

— As classes dominantes, ou os interesses tradicionalmente dominantes, dividem-se acerca das estratégias a adotar para responder à crise sistémica e repor as suas taxas de acumulação e de lucro. A uma oligarquia enfraquecida, dependente e dividida faltava a coesão para se recompor e subsistir como tal. Em Portugal, a grande agricultura cerealífera e vitícola, o poderoso setor do comércio colonial, o *import/export* tradicional ou a emergente elite industrial só estavam unidos contra o movimento operário e as greves. Reclamavam medidas desencontradas e contraditórias, e *faltava um poder político arbitral, dotado de autoridade e autonomia relativa* para articular os diversos interesses das classes dominantes como "interesse nacional" e que equilibrasse o seu conjunto na preservação do essencial. Como veremos, a organização corporativa seria o instrumento principal dessa intervenção regulatória e equilibrante do novo regime.

— Mas ao poder liberal, fraco e dividido, também *faltava a força* para derrotar e desarmar duradouramente o movimento operário e sindical e, dessa forma, reduzir drasticamente os custos do trabalho. Dito de outra forma, nem tinha os recursos materiais e simbólicos para o fazer por meios puramente económicos, nem tinha a autoridade necessária para atingir tal objetivo no quadro da legalidade subsistente. Restava, para os interesses oligárquicos instalados, um de dois caminhos, ambos em nome de exacerbadas mitologias ideológicas e transclassistas de regeneração nacional: recorrer aos poderes tradicionais, onde eles eram capazes disso, para subverter o Estado liberal e fascistizá-lo "a partir de cima", o "fascismo conservador" que, influenciado pelo precoce fascismo italiano, vai marcar várias experiências autoritárias europeias dos anos 30 (o Portugal de Salazar, a Áustria de Dolfüss; a Hungria de Horthy-Gömbös, a Roménia de Carlos II, a Grécia de Metaxás), ou recorrer à aliança com os movimentos fascistas plebeus e à sua violência terrorista para varrer o que restava da resistência do operariado organizado, liquidar o parlamentarismo liberal e impor a ditadura fascista. E esse é o caso dos fascismos paradigmáticos da Itália e da Alemanha, mas também da Espanha do primeiro franquismo na Guerra Civil e no imediato pós-guerra, da Roménia de 1940, com o *conducător* Antonescu aliado aos legionários de Horia Sima, da Hungria em 1944, onde se instala o regime dos "cruzes flechadas" de Ferenc Szálasi, ou da Bulgária de Bóris III e do pró-nazi Bogdan Filov. No primeiro caso, o fascismo conservador tende a subordinar autoritariamente os movimentos fascistas plebeus e integrá-los nessa condição (é esse o caso português, como antes vimos); no segundo, a força do movimento fascista plebeu permite-lhes um papel mais ou menos determinante no novo regime, conforme o equilíbrio de forças, ou abre duras disputas pela hegemonia e oscilações pendulares na direção do governo, como foi o caso da Hungria a partir de 1936 ou da Roménia entre os anos 30 e início dos anos 40.

— Para fazer face aos perigos e às urgências da época, à burguesia liberal e ao seu Estado, sobre todo o resto, *faltava a capacidade financeira*, fosse para responder às reivindicações dos "de baixo", fosse para lidar com as pressões dos "de cima". Atados pelo peso da dívida externa e seus encargos, estruturalmente dependentes do financiamento estrangeiro para se manterem à tona, com défices crescentes nas contas públicas, a economia estagnada e em recessão, os sistemas liberais periféricos afundavam-se na impotência e no medo. É da impotência e do medo que brotará, como veremos, a rendição ao fascismo.

— Finalmente, às elites dirigentes deste liberalismo periférico, em muitos países do Leste Europeu fabricados à pressa em Trianon ou Sèvres para servir de tampão e cintura de segurança à ameaça revolucionária do novo país dos sovietes, *faltava uma genuína cultura democrática* de diálogo e integração política e social. O que, diga-se de passagem, não era fácil de conseguir nos países saídos da pesada tradição autocrática dos "impérios centrais" ou do domínio czarista, mergulhados em graves conflitos étnico-territoriais, fruto da redivisão de territórios e da redefinição de fronteiras estabelecidas pelos vencedores da Grande Guerra, e atravessados por profundas tensões sociais resultantes dos efeitos disruptores do conflito. Aliás, estes efeitos estendem-se a todos os países da periferia mediterrânica e ibérica. Os velhos liberalismos oligárquicos do século XIX, solidamente assentes nas várias modalidades de caciquismo e rotativismo que lhes asseguravam o monopólio do poder, não estavam culturalmente abertos aos desafios da política de massas e da massificação da política. À falta de força, de coesão e de meios juntava-se, resultando delas, a falta de espaço de manobra e de cultura política para qualquer espécie de reforma democratizante. Para as massas, como sempre ignaras e subalternas, e agora com essa inopinada pretensão de participar ativamente na política, o liberalismo oligárquico das periferias em crise responderia como sempre de forma mista: com o controlo religioso das igrejas e com o sabre. No Portugal republicano e laico, a ausência de recurso à primeira modalidade foi compensada pela segunda. E, no Estado Novo católico, as duas foram largamente intensificadas: "Um lugar para cada um, cada um no seu lugar". Desconfiava-se das massas, até quando, episódica e enquadradamente, elas vinham para a rua vitoriar o "senhor presidente do Conselho".

Mas será interessante verificar que a decadência impotente a que os liberalismos periféricos são remetidos pela crise impõe à direita dos interesses e da política uma urgência de superação autoritária do regime e, simultaneamente, abre uma janela de oportunidade para esse efeito: a possibilidade de aliança ou utilização instrumental dos movimentos fascistas plebeus, radicados nas classes intermédias e, acima de tudo, oferece o campo aberto pela derrota e o refluxo do movimento operário e sindical após a vaga de insurreições e lutas sociais do pós-guerra. Ou seja, a oportunidade da fascistização do Estado se fazer *sobre* o prévio processo de recuo e desmobilização do campo político e sindical do trabalho, isto é, com escassa resistência de quem mais se lhe poderia opor. É o que veremos de seguida.

A OFENSIVA DERROTADA DO MOVIMENTO OPERÁRIO

A emergência ou instalação de regimes de ditadura fascista no período entre as duas guerras fez-se, já o referimos, com escassa resistência social ou política do movimento operário organizado, com a importante exceção do caso da Guerra Civil de Espanha. Efetivamente, na Espanha republicana da Frente Popular vitoriosa nas eleições de fevereiro de 1936, o movimento operário e popular conhecia um vigoroso impulso de transformação da ordem estabelecida, e esse foi o único caso em que a coligação contrarrevolucionária de forças civis e militares recorreu à insurgência para tomar o poder. E é do inêxito do *alzamiento* de 18 de julho de 1936 que decorre a Guerra Civil que trará Franco ao poder, com o decisivo apoio de forças militares da Alemanha hitleriana e da Itália fascista. É a excecionalidade desse enfrentamento armado do antifascismo com o fascismo internacional que faz da Guerra Civil de Espanha um acontecimento singularmente dramático e premonitório da "guerra civil europeia" transposta para a Segunda Guerra Mundial, que começaria cinco meses após os franquistas entrarem em Madri.

É certo que houve outros casos de desesperada resistência operária e popular ao processo de fascistização. O mais saliente terá sido o corajoso levantamento dos socialistas austríacos, em Viena e outras cidades, contra os ataques da Heimwehr e das forças do governo de Dolfüss em fevereiro de 1934. Também em 18 de janeiro do mesmo ano, em Portugal, os sindicalistas anarquistas, comunistas e socialistas lançam uma "greve geral revolucionária" contra a fascistização dos sindicatos decretada em setembro de 1933 pelo recém-implantado Estado Novo (proibição do direito à greve, liquidação dos sindicatos livres e da liberdade de associação e expressão sindical, criação dos Sindicatos Nacionais corporativos). Apesar de certos episódios icónicos para a história do movimento operário português (a breve ocupação, pelos operários vidreiros em armas, da vila da Marinha Grande) e de alguns atentados à bomba, a greve é vencida e duramente reprimida. Mas tanto em Viena como em Portugal são resistências derradeiras, de movimentos na defensiva, já batidos por golpes severos anteriores, já em refluxo, como assinala o dirigente socialista Otto Bauer na citação em epígrafe. Em rigor, a emergência vitoriosa do fascismo não derrota o movimento operário, ela verifica-se, como refere N. Poulantzas, precisamente porque a classe trabalhadora *tinha já sido derrotada*.

Essa derrota matricial é a da ofensiva revolucionária do pós--guerra que, no contexto de terramoto social, económico e político que marca o rescaldo do conflito, e sob a influência fortíssima da revolução soviética de outubro de 1917, desencadeia uma vaga de insurreições proletárias e populares e de grandes movimentos sociais radicalizados, desde as fronteiras disputadas do antigo império czarista (revolução na Finlândia em 1918, ofensiva do Exército Vermelho na Polónia em 1920, governo de esquerda na Bulgária de Stamboliyski em 1920), passando pela tempestade na Europa Central (revolução na Áustria em abril e junho de 1919; na Alemanha, em Berlim e na Baviera, em janeiro e abril de 1919; em Bremen, em março de 1921; na Saxónia e na Turíngia em 1923; na Eslováquia em junho de 1919; o governo socialista/comunista de Béla Kun na Hungria, de abril a agosto de 1919), até ao *biennio rosso* na Itália industrial do Norte (Milão, Génova, Turim) e às greves da Catalunha e da Andaluzia. Em Portugal, nos conturbados anos de 1917 a 1920, registam-se a agitação operária do "ano terrível" de 1917 para o afonsismo guerrista; a tentativa de greve geral em novembro de 1918; o assalto popular a Monsanto contra a tentativa restauracionista da monarquia em janeiro de 1919; e a ofensiva reivindicativa e grevista do anarcossindicalismo em 1919 e 1920.[4]

Só o novo Estado soviético conseguiu resistir com sucesso à resposta conjunta dos exércitos dos impérios vencedores da guerra, usando o resto dos exércitos vencidos e as milícias restruturadas entre os ex-combatentes para uma contraofensiva cruenta à "onda vermelha". O Exército Vermelho dos sovietes trava, de 1918 a 1922, quatro anos de uma duríssima guerra civil, durante a qual derrota os focos de contrarrevolução interna e as tropas da Grã-Bretanha, EUA, França, Itália e Japão, enviadas de todos os azimutes contra a revolução soviética. Será, todavia, uma vitória solitária no campo de batalha europeu que, ao vulnerabilizar a futura URSS e ao comprometer a viabilidade do socialismo, abrirá caminho à tragédia do regime stalinista.

---

4   Cf. Joana Dias Pereira, *Sindicalismo revolucionário: História de uma ideia* (Lisboa: Caleidoscópio, 2011); e F. Rosas, *A Primeira República (1910-1926): Como venceu e porque se perdeu*. (Lisboa: Bertrand, 2018).

A REVOLUÇÃO NA *MITTELEUROPA* E NA "FRONTEIRA LESTE"

Na realidade, a esperança dos principais dirigentes bolcheviques na revolução mundial, na guerra imperialista transformada numa guerra de classe contra o capitalismo, decorria, além do mais, do entendimento de que só a mundialização da revolução podia sustentar e tornar viável, política, económica e militarmente, o novo Estado socialista e soviético. E o esperançoso fulcro dessa internacionalização da revolução proletária era a Alemanha, com a mais numerosa, concentrada, organizada e bem preparada classe operária, com o mais forte movimento socialista, em cujo historial figuravam alguns dos mais proeminentes pensadores e dirigentes marxistas (Marx, Engels, Kautsky, Rosa Luxemburgo...) e onde se reuniam todas as condições materiais e subjetivas para a insurreição dos operários e soldados, como realmente se verificou em novembro de 1918.

A revolta dos marinheiros da frota do Báltico, em Kiel, espalha-se em 9 de novembro a Berlim e às principais cidades alemãs, dando lugar à constituição dos conselhos (*Räte*) de operários e soldados. Mas o governo saído do levantamento que derruba o império e a dinastia dos Hohenzollern — presidido por Friedrich Ebert e dominado pelo Partido Socialista (SPD) de orientação reformista, com a participação minoritária da esquerda socialista e antiguerra (o USPD, socialista independente), apoiado nos chefes militares do Exército — vai opor-se, em nome do restabelecimento da normalidade constitucional, à via revolucionária e ao esboço do movimento soviético em criação.

A Liga Espartaquista (embrião do Partido Comunista alemão, KPD, que se formará em dezembro de 1918), dirigida por Rosa Luxemburgo e Karl Liebknecht, aliada à esquerda do USPD, desencadeia em janeiro de 1919 a precipitada insurreição de Berlim. Ebert, com a cumplicidade do Estado-Maior alemão, chama as milícias do Freikorps para esmagar a "anarquia" na cidade. Serão a ponta-de-lança da sangrenta repressão contra os operários, soldados e marinheiros mobilizados pela esquerda revolucionária e entrincheirados na capital. Rosa Luxemburgo e Liebknecht (que ficam com os insurretos, apesar da avaliação crítica da primeira ao levantamento) são presos e sumariamente assassinados pela tropa do Freikorps chefiada por Gustav Noske (o militar que disse de si próprio, nessa ocasião: "É preciso que alguém seja o carniceiro"). A liquidação das bolsas de resistência a tiros de canhão e os fuzilamentos prolongam-se por uma semana. Vários dirigentes comunistas são assassinados ou presos nas semanas seguintes e o KPD entra na clandestinidade. A "ordem" seria restabelecida a ferro e fogo. E isso deixará um rasto profundo de ressentimento e irreparável divisão sectária no campo social e político que podia fazer face ao nazismo.

No entanto, a revolução alemã não se dá ainda por vencida. Em março de 1919, Berlim volta a ser palco de greves e manifestações pela amnistia, pelo reconhecimento dos conselhos, pela constituição da guarda operária e pela dissolução dos corpos francos. O movimento é de novo violentamente reprimido por Noske, agora novo ministro do Exército. E a 7 de abril desse ano é proclamada em Munique a breve República dos Conselhos da Baviera, reação popular ao assassinato de Kurt Eisner, dirigente do USPD que ensaiara uma experiência de conciliação entre os conselhos e a legalidade parlamentar na região. É criado um Conselho dos Operários, Camponeses e Soldados que declara a greve geral e assume o poder. Durará três semanas. O levantamento é esmagado por intervenção direta do Exército e do Freikorps.

Mas, em 1921, o KPD, arrastado pelo KAPD (uma cisão ultraesquerdista do KPD) e pressionado pelo Komintern, entra numa iniciativa "aventureira" (como a classificará, criticando-a posteriormente, a Internacional Comunista) conhecida como as "ações de março": uma greve geral insurrecional para derrubar o governo

QUADRO VI
RESULTADOS ELEITORAIS NA ALEMANHA (1919-33)

Partidos	1919	1920	05/1924	12/1924	1928	1930	07/1932	11/1932	1933
NSDAP	–	–	32 / 6,5%	14 / 3,0%	12 / 2,8%	107 / 18,3%	230 / 37,3%	196 / 33,1%	288 / 43,9%
DNVP	44 / 10,3%	71 / 15,1%	95 / 19,5%	103 / 20,5%	73 / 14,2%	41 / 7,0%	37 / 5,9%	52 / 8,3%	52 / 8,0%
DVP	19 / 4,4%	65 / 13,9%	45 / 9,2%	51 / 10,1%	45 / 8,7%	30 / 4,5%	7 / 1,2%	11 / 1,9%	2 / 1,1%
Zentrum	91 / 19,4%	64 / 13,6%	65 / 13,4%	69 / 13,6%	62 / 12,1%	68 / 11,8%	75 / 12,5%	70 / 11,9%	74 / 11,2%
BVP	–	21 / 4,4%	16 / 3,2%	19 / 3,7%	16 / 3,1%	19 / 3,0%	22 / 3,2%	20 / 3,1%	18 / 2,7%
DDP	75 / 18,6%	39 / 8,3%	28 / 5,7%	32 / 6,3%	25 / 4,9%	20 / 3,8%	4 / 1,0%	2 / 1,0%	5 / 0,9%
SPD	165 / 37,9%	102 / 21,7%	100 / 20,5%	131 / 26,0%	153 / 29,8%	143 / 24,5%	133 / 21,6%	121 / 20,4%	120 / 18,3%
USPD	22 / 7,6%	84 / 17,9%	– / 0,8%	– / 0,3%	– / 0,1%	–	–	–	–
KPD	–	4 / 2,1%	62 / 12,6%	45 / 9,0%	54 / 10,6%	77 / 13,1%	89 / 14,3%	100 / 16,9%	81 / 12,3%
Outros	7 / 1,6%	9 / 3,0%	29 / 8,6%	29 / 7,8%	51 / 14,7%	82 / 13,9%	11 / 3,1%	12 / 3,3,%	7 / 1,6%

NSDAP: Partido Nacional Socialista dos Trabalhadores Alemães | **DNVP**: Partido Popular Nacional Alemão | **DVP**: Partido Popular Alemão | **Zentrum**: Partido do Centro | **BVP**: Partido Popular da Baváría | **DDP**: Partido Democrático Alemão | **SPD**: Partido Socialista Alemão | **USPD**: Partido Socialista Independente da Alemanha | **KPD**: Partido Comunista da Alemanha

Tabela adaptada de Stephen J. Lee, *European Dictatorships (1918-1945)*. Londres: Routledge, 2008, p. 179.

de Berlim, com ocupação de fábricas em Bremen, na Alemanha central. Isoladas e sem apoio de massa suficiente, as milícias operárias sofrem uma derrota sangrenta às mãos das forças policiais: 2 mil trabalhadores são mortos e mais de 3 mil são presos.

Finalmente, em outubro de 1923, dá-se a derradeira ofensiva do campo revolucionário nos centros industriais da Saxónia e da Turíngia, no norte da Alemanha, baluartes da resistência do movimento operário contra a conspiração montante das direitas antiliberais.

Os governos socialistas de esquerda daqueles dois *Länder*, a que o KPD tinha aderido, são destituídos pelo governo central sob as ordens de Ebert, apoiado no Exército. O KPD, face a essa circunstância, prepara uma resposta de greve geral revolucionária, mas suspende-a quando o USPD recua no apoio à greve geral. Todavia, a revolução sai à rua em Hamburgo, onde os combates se prolongam por três dias, até o Exército derrotar os revoltosos.

A vaga revolucionária na Alemanha prolongou-se entre 1918 e 1923. A partir daí, ainda que o KPD tenha votações crescentes para o Parlamento entre dezembro de 1924 e novembro de 1932 (de 9% para 16,9%) e apesar de os votos socialistas e comunistas representarem sempre um conjunto maioritário (exceto nas legislativas de julho de 1932, em que são ultrapassados pelos votos no Partido Nacional-Socialista; mas, nas eleições de novembro desse mesmo ano, as últimas antes dos nazis no poder, voltam a ultrapassá-los) (ver Quadro VI); apesar disso, não só o crescimento eleitoral do KPD fica muito aquém da "explosão" eleitoral dos nazis, como a subestimação do perigo que estes representavam e o rígido sectarismo que preside à política do Komintern e à do KPD em particular impedem a constituição de um bloco social e político antifascista e abrem caminho à ascensão do nazismo. É perante a completa passividade do SPD, do KPD e do movimento sindical alemão que Hitler chega ao poder sem violar a Constituição de Weimar, nomeado chanceler a convite do presidente da República, o velho marechal prussiano Paul von Hindenburg.

No entanto, no movimento comunista internacional, logo após o triunfo dos fascistas italianos, em 1922, dirigentes como Gramsci, Zetkin, Trótski e Radek envolvem-se num debate teórico e prático importante acerca da natureza do fascismo (enquanto movimento e enquanto regime) e das formas de o combater.[5] Entre 1922 e 1924, a política da "frente unida", defendida no Executivo

---

5   D. Beetham, op. cit., pp. 5 ss.

do Komintern por Zetkin, Radek ou Sas, é adotada como orientação da Internacional Comunista (IC). Ela apela ao entendimento na base com os socialistas e admite os acordos com os partidos e sindicatos social-democratas contra o fascismo. Mas é uma linha contrária a que se impõe no V Congresso da IC em 1924: desvalorização das especificidades do fascismo e sua equiparação ao poder liberal instalado e ao parlamentarismo, subavaliação do risco que representava, consideração do socialismo como a "mão esquerda do fascismo". Apesar da responsabilidade que esta orientação, defendida, entre outros, por Bordiga, primeiro secretário-geral do PCI, teve no advento do fascismo italiano, a IC não evita o mesmo tipo de erro para a situação alemã, onde as ideias esquerdistas e sectárias têm grande peso no KPD. Postos em minoria na direção da IC, os defensores da "frente unida" (a eles juntam-se, no final dos anos 20, Thalheimer ou Trótski), o Komintern, já sob rígida tutela de Stálin e dos interesses da política externa da URSS, vai radicalizar no seu VI Congresso, em 1928, o corte com qualquer aproximação aos socialistas, que passam a ser considerados "social-fascistas".

É preciso esclarecer que recusa idêntica vem da direção do SPD alemão. Aliás, os partidos social-democratas na Itália, na Alemanha e em Portugal (Espanha e Áustria são importantes exceções a esta tendência) vão paralisar perante o terror e a violência dos bandos fascistas e nazis, que consideram insuscetíveis de confronto, e apelam à retirada para não causar males maiores com "provocações" aos poderosos.[6]

Entretanto, na Áustria, secundando a proclamação da República dos Conselhos na Baviera, sucessivamente em abril e junho de 1919 verificam-se duas tentativas insurrecionais organizadas pelos comunistas, mas rápida e violentamente aplacadas. Os comunistas tornam-se uma força residual e em breve proibida. São os socialistas austríacos, com forte expressão eleitoral, quem se

---

6   C. Zetkin, op. cit., pp. 11 ss.

tornará o inimigo a abater pelas forças conservadoras aliadas à Heimwehr fascista. O cerco aperta-se após a proclamação do *Ständestaat*, o encerramento do Parlamento, o governo em ditadura e a instalação da nova ordem *austro-fascista* ao longo do ano de 1933. Com a lei marcial proclamada por tempo indefinido e face à intensificação dos ataques e perseguições da Heimwehr, a organização paramilitar do Partido Social-Democrata dos Trabalhadores da Áustria (SDAPO) lidera o levantamento armado dos socialistas e dos seus sindicatos na defesa desesperada do que restava dos seus direitos e das liberdades públicas. Entre 12 e 15 de fevereiro de 1934, luta-se nas ruas e nos bairros operários de Viena e de outras cidades industriais, bombardeados pelas forças policiais e militares e pelas milícias da Heimwehr. O balanço é pesado: 250 mortos entre os revoltosos e a população civil, milhares de militantes socialistas presos e enviados para campos de detenção. O SDAPO é ilegalizado. Em março são criados os sindicatos únicos corporativos. É o fim do que sobrava da democracia na Áustria e o reforço do regime fascista de Dolfüss. Assassinado durante o *putsch* nazi de julho desse ano, o chanceler será substituído por Schuschnigg. Durante os quatro anos seguintes, como vimos, o fascismo austríaco iria rapidamente caminhar para a sua absorção pelo Reich alemão nacional-socialista.[7]

Quase em simultâneo com as revoltas de 1919 na Baviera e na Áustria, dá-se o levantamento na Eslováquia, em junho e julho, que proclamará, durante três semanas, uma República soviética. Sobretudo entre março e agosto desse tempestuoso ano de 1919, um governo de coligação comunista-socialista liderado por Béla Kun, na Hungria, constituído em Conselho Revolucionário de Governação, proclama uma República soviética, forma um exército vermelho, cria uma rede de conselhos, procede a extensas nacionalizações e à coletivização da terra da aristocracia fundiária,

---

7 K.R. Stadler, op. cit., pp. 93 ss.

institui as oito horas de trabalho, garante o direito das minorias étnicas e reclama a recuperação do território húngaro amputado pelos tratados de paz do pós-guerra, esperando consegui-lo com o apoio da Rússia soviética. Era, todavia, um socialismo "a partir de cima", com escassa mobilização operária e camponesa, e que descurou a busca de alianças sociais e políticas nas esquerdas não comunistas. O exército popular do coronel Stromfeld é atacado quer por tropas do exército romeno, iugoslavo e checoslovaco que invadem a Hungria, quer por forças do exército húngaro fiéis ao almirante Horthy (chefe das Forças Armadas do império dos Habsburgos durante a guerra) e pelas milícias de oficiais ligadas aos setores mais reacionários da sociedade, os "esquadrões especiais" sitiados no centro contrarrevolucionário em Szeged, chefiados pelo capitão Gömbös, uma das figuras de proa da repressão sangrenta que se vai seguir e figura central, como vimos, do processo de fascistização conservadora que terá lugar na Hungria a partir do início dos anos 30.

As forças contrarrevolucionárias entram em Budapeste a 3 de agosto de 1919 e derrubam a República soviética. Segundo Stephen J. Lee,

> o terror vermelho foi substituído por um infinitamente mais selvagem "terror branco", quando os "esquadrões especiais" de Gömbös varreram o país, chacinando trabalhadores judeus e torturando até à morte qualquer pessoa suspeita de ligação ao regime de Béla Kun.[8]

O caminho estava aberto para o processo de fascistização "a partir de cima", das elites das classes dominantes, mas também para um conturbado período de aliança/rutura com os movimentos fascistas plebeus.

---

8 Stephen J. Lee, *European Dictatorships (1918-1945)*. Londres: Routledge, 2008, p. 108.

Em vários dos países criados, em boa medida, para servir de fronteira face à "ameaça vermelha" da Rússia soviética e anteriormente integrados no império czarista dão-se levantamentos revolucionários dos partidários da adesão à federação soviética. Na Finlândia, em janeiro de 1918, ainda antes do fim da Primeira Guerra Mundial, estala a guerra civil entre "vermelhos" (apoiados pela Rússia) e "brancos" (apoiados pela Alemanha), chefiados pelo general Mannerheim, que derrota os revolucionários. Segue-se um período de repressão, mas a Finlândia independente regressa a um regime parlamentar em 1919. Na Letónia, em dezembro de 1926, um golpe militar liderado pelo general Antanas Smetona instala um regime autoritário que rapidamente se fascistiza nos anos seguintes. Em 1934, sob direta influência do regime de Dolfüss, na Áustria, a Estónia sucumbe a um golpe militar de Konstantin Päts, que instala uma ditadura de partido único e regime corporativo, o mesmo ocorrendo, também naquele ano, na Letónia de Kārlis Ulmanis.

Na Bulgária, o Partido da União Agrária, dirigido por Aleksandar Stamboliyski, ganha as eleições do pós-guerra e governa o país de 1919 a 1923, promovendo a reforma agrária e medidas de caráter social e desenvolvimentista. Mas é derrubado por um golpe em junho desse ano, desencadeado por militares e milícias pró-fascistas agindo com apoio das elites conservadoras. Stamboliyski é preso e violentamente torturado e assassinado às mãos do grupo terrorista IMRO (Organização Interna da Macedónia Revolucionária). Três meses depois, em setembro de 1923, reagindo ao golpe militar, dá-se uma revolta liderada pelos comunistas, a qual é derrotada. O rei Boris III regressa à Bulgária e, em 1934, na sequência de um novo golpe militar, tomará o controlo de um regime policial e repressivo crescentemente satelizado pela Alemanha hitleriana.

Deve referir-se que, nos países "fronteiros" a leste, a atividade das esquerdas socialistas e comunistas se tornara difícil, não só pela repressão de que era alvo, mas pela sua associação, por parte do nacionalismo autoritário ou fascizante instalado, às alegadas pretensões expansionistas da Rússia soviética e ao "judaísmo internacional", dada a forte componente judaica nas lideranças desses partidos e ao antissemitismo reinante.

No conjunto dos países da Europa Central e de Leste, a única democracia parlamentar criada pela conferência de Versalhes em 1919 que sobrevive aos abalos do pós-guerra é a Checoslováquia. Por pouco tempo. Em setembro de 1938, os Acordos de Munique entregam os Sudetos ao domínio da Alemanha nazi, e em abril do ano seguinte Hitler ocupa o que restava da Checoslováquia.[9]

A VAGA DE AGITAÇÃO SOCIAL NA EUROPA DO SUL
E NA PENÍNSULA IBÉRICA

Como sugere o Quadro 1, a agitação social na Europa Ocidental tocou também alguns países mais desenvolvidos, como a Suíça (greve geral em 1918), a França (dura greve ferroviária em abril de 1919) ou até a Grã-Bretanha (greve geral em 1926). Mas foi nos países da Europa do Sul e Sudoeste que essa vaga de agitação assumiu proporções, em alguns casos, quase insurrecionais.

O caso mais saliente, e com imediatas e profundas repercussões futuras, foi o do "biénio vermelho" (1919/20) na Itália. A inflação, a queda dos salários reais, o desemprego originado pela falência de atividades tornadas excedentárias com o fim da guerra, o abandono a que são votados os ex-combatentes que regressam a casa, a "vitória truncada" pelos arranjos de Versalhes, tudo isso cria as condições para uma primeira vaga de "greves selvagens", espontâneas e à margem dos sindicatos, na primavera de 1919, não só nas

---

9 A parte checa do país torna-se o "Protetorado" da Boémia e Morávia, e a Eslováquia transforma-se num Estado fantoche formalmente independente mas sob tutela da Alemanha nazi.

zonas industriais do norte de Itália, mas também nos assalariados rurais do norte e centro. É a ala "maximalista" do Partido Socialista, que se liga ao movimento e o dinamiza. Em setembro de 1920, a situação radicaliza-se: reagindo ao locaute patronal nas fábricas da Fiat em Turim, cerca de meio milhão de operários, liderados pelos metalúrgicos, ocupam as fábricas e organizam a produção sob a direção de conselhos operários, e formam "guardas vermelhas" para defender as instalações ocupadas. O movimento estende-se ao triângulo industrial de Milão, Génova e Turim, e alarga-se aos caminhos de ferro e a outros setores. E chega aos campos, onde camponeses pobres e assalariados rurais do norte e da planície Padana vão para a greve e ocupam as terras. Fazem-se apelos aos soldados. O governo de Giolitti parece paralisado. A revolução, para largos setores dos trabalhadores em luta, está iminente. Mas o Partido Socialista recusa-se a avançar nesse sentido. Com a colaboração da Confederação Geral Italiana do Trabalho (CGIL), o governo conduz o movimento para a negociação sindical com o patronato, e os operários são levados a desocupar as fábricas e a regressar ao trabalho em troca de promessas atraentes mas vazias.

É uma derrota que altera drasticamente a relação de forças, mergulhando o movimento operário na desmobilização e na defensiva. As consequências são imediatas e profundas no quadro do refluxo que sobrevém: a ala esquerda do PSI cinde no congresso de Turim, em janeiro de 1921, para criar o Partido Comunista Italiano (PCI); os setores das classes intermédias, e mesmo setores proletarizados que depositavam esperanças de melhoria na revolução social, desiludem-se e pendem agora para as soluções populistas, nacionalistas, transclassistas e antidemocráticas com que lhes acena o movimento fascista; e os Squadristas, os bandos de "camisas negras", intensificam drasticamente os ataques terroristas ao movimento operário organizado nas cidades e nos campos. Em 1921 e 1922, com o apoio da burguesia industrial e dos agrários e com a cumplicidade ativa da polícia e das Forças Armadas, as "expedições punitivas" dos Fasci di Combattimento saqueiam, incendeiam e destroem as sedes partidárias, os jornais, os sindicatos, as Casas do Povo, larga parte das infraestruturas das organizações operárias e camponesas no norte e centro de Itália e assassinam milhares de militantes, ativistas e simpatizantes socialistas.

A partir de 1920, a burguesia italiana aposta forte no fascismo para dobrar e varrer o movimento operário e assim "restabelecer a ordem". Nos partidos liberais, na Coroa, nos comandos das Forças Armadas, na Igreja Católica e no papa Pio XI, entre os industriais e os grandes agrários instala-se a convicção de que é urgente chamar os fascistas para o governo. Nas eleições de maio de 1921, os fascistas são já incluídos na *listone*, as listas do Bloco Nacional, da "aliança pela ordem". O seu avanço é agora imparável, bem como a sua pressão terrorista contra as organizações de esquerda socialista, comunista e até contra as organizações dos *populari*, os democratas-cristãos que inicialmente se demarcam do fascismo. Em julho de 1922, o Squadrismo desmantela uma tentativa de greve geral "pela legalidade", convocada pela Aliança do Trabalho (PSI e PCI) contra a subversão fascista. É o golpe derradeiro que abre portas ao assalto ao poder. Em outubro daquele ano, Mussolini organiza a grande encenação da "marcha sobre Roma" (na realidade, não são mais de 30 mil homens improvisadamente armados, que o Exército, se quisesse, rapidamente liquidaria) e o rei não satisfaz o pedido do chefe do governo, Luigi Facta, para decretar a lei marcial e ordenar ao Exército que disperse os marchantes. Facta demite-se e o rei chama Mussolini para formar governo (o que ele fará com todos os representantes dos "partidos da ordem" coligados com o Partido Nacional-Fascista: democratas-cristãos, liberais, nacionalistas e chefias militares). A "marcha sobre Roma" revela-se como o que realmente foi: um passeio consagratório da aliança entre o movimento fascista e as forças políticas tradicionais representativas das classes dominantes, rendidas à "eficácia" antioperária dos "camisas negras". Vencido o movimento operário, o caminho ficava livre para um novo tipo de regime que consolidasse essa derrota em termos pretendidamente definitivos e instituísse sobre os escombros do Estado liberal-parlamentar uma ditadura de nova estirpe.

É menos frequente referir-se, neste contexto das ofensivas revolucionárias do pós-guerra, à crise social e política que varreu o Estado espanhol entre 1919 e 1923. Como nos demais países periféricos do sul/sudoeste da Europa, a crise política de um governo enfraquecido, cambaleante e instável junta-se à crise económica originada pelos efeitos da guerra. A contração dos mercados que se tinham aberto durante o conflito para a Espanha neutral encerra minas nas Astúrias, paralisa estaleiros de construção naval em Bilbao e deixa as fábricas de aço sem encomendas. Como assinala Raymond Carr, as quedas de preços, as falências e o desemprego estão na base das "greves revolucionárias de 1919/23".[10] No mundo rural, os terratenentes desistem de cultivar as terras marginais que arrendavam e o subemprego agrícola vem juntar-se ao desemprego nas cidades.

A queda dos lucros leva os patrões a uma guerra sem quartel contra os sindicatos, na qual todas as armas são usadas: o locaute, a recusa de empregar sindicalistas, a promoção de "sindicatos amarelos", a organização de uma milícia privada patronal que se envolve em tiroteios e assassinatos contra os anarquistas e a recusa de qualquer mediação conciliadora do governo de Madri. O confronto é particularmente violento na Catalunha, área de influência hegemónica da Confederação Nacional do Trabalho (CNT) anarcossindicalista. Também os anarquistas preferem a "ação direta", sem mediações governamentais, contra a repressão patronal, fortemente apoiada pelo capitão general da Catalunha, Milans del Bosch, que, em 1919, atuaria sobretudo como "aliado da Federação Patronal". Em fevereiro desse ano desencadeia-se a histórica

---

10   Raymond Carr, *España 1808-1975*. Barcelona: Ariel, 1982, pp. 491 ss.

greve no complexo hidroelétrico A Canadiense, que fornecia luz e energia a Barcelona, e que se generalizou a toda a região, pondo em perigo o abastecimento alimentar. A greve geral de solidariedade revolucionária convocada pela CNT originaria a declaração do estado de guerra, prisões em massa e o *lockout* patronal.

Mas a influência da CNT marca igualmente a "*jacquerie* meridional" que, em 1918/19, varre a Andaluzia: "Vagos rumores de uma Revolução na Rússia [...] provocarão nova onda de greves" na região onde a organização anarquista se implantara solidamente, ligando a agitação revolucionária dos operários catalães à luta dos assalariados rurais andaluzes por aumentos salariais e reconhecimento dos sindicatos. Os comités grevistas tomam conta da administração municipal e "os terratenentes perderam a calma e refugiaram-se sob a proteção que lhes asseguravam as capitais provinciais".[11] Na primavera de 1919, o governo de Madri enviou tropas para acabar com a greve.

Mas é nestes anos que a CNT se implanta nas Astúrias, dirigindo a greve mineira de Rio Tinto, "talvez a mais dura da história operária espanhola", marcada por sérios confrontos com a União Geral do Trabalho (UGT) socialista. A influência anarquista estende-se à Galícia, e sobretudo tem o seu bastião em Aragão, cuja capital, Saragoça, era o segundo grande centro revolucionário de Espanha. No início dos anos 20, "as greves aragonesas caraterizavam-se pelo seu desprezo pelas reivindicações económicas e pela solidez da sua solidariedade revolucionária". Passava-se o mesmo que na Catalunha: "A Revolução Russa, a escandalosa desproporção entre os grandes lucros de guerra e os salários baixos, a instabilidade geral de 1919, juntaram-se para produzir uma explosão de entusiasmo desfeita com as dissensões e a opressão".[12] O anarcossindicalismo, batido pela repressão e pela dureza das

---

11 Ibid., p. 492.
12 Ibid., p. 497.

greves prolongadas, com escassos resultados, chega "cansado" e internamente dividido a 1923.

A outra grande componente do movimento operário no Estado espanhol era representada pelo PSOE (Partido Socialista Operário Espanhol) e pela central sindical que dirigia, a UGT. Com os seus bastiões em Madri e nas zonas mineiras e industriais do norte (Astúrias e País Basco), os socialistas também vão participar destacadamente na onda grevista de 1919/23. Em 1921, Madri substitui-se a Barcelona como principal teatro de confronto social, designadamente com as greves da construção civil, dos carpinteiros e dos empregados bancários, a única dos "colarinhos brancos". Mas, ao contrário do que se passa com a CNT, a ditadura de Primo de Rivera — que interrompe a vaga grevista — não só não afeta como reforça o poder e a influência da UGT: em 1931, quando é proclamada a Segunda República, "a UGT representava, juntamente com o PSOE, o corpo de opinião mais solidamente implantado em Espanha".[13]

Na realidade, a ditadura riverista — desejada e saudada pelo patronato e pelo rei Afonso XIII, que sanciona o pronunciamento militar de setembro de 1923 e chama o general Primo de Rivera para chefiar o governo — não logra dobrar o movimento operário e popular e a marcha do decadente liberalismo oligárquico para a democracia, chegando a colaborar com Largo Caballero e o PSOE/UGT, remetidos a uma discreta abstenção social e política, após a cisão comunista de 1922, apesar das medidas repressivas e censórias que adota contra a CNT (que praticamente desaparece durante sete anos). Quando, em janeiro de 1930, atacado pelas direitas que queriam ir mais longe e desapoiado pelo Exército e pelo rei, o ditador se demitiu (a ditadura não conseguira ultrapassar a conjunturalidade de um governo de urgência cuja tarefa se esgotara), a Espanha vivia de novo uma situação pré-revolucionária, com o

---

13 Ibid., p. 498.

regresso das greves, dos protestos estudantis contra a Monarquia e a conspiração republicana (apoiada por socialistas e por parte dos anarquistas) em marcha.

Se a revolta programada para dezembro de 1930 falha (e é duramente reprimida com o fuzilamento de alguns oficiais conspiradores e a prisão do comité revolucionário), nas eleições municipais de 12 de abril de 1931, impostas pela coligação republicanista ao novo governo do almirante Aznar, a vitória do bloco republicano-socialista é retumbante nas capitais principais e no mundo urbano. O que era suposto serem meras eleições administrativas transforma-se num plebiscito contra a Monarquia. Apesar da oposição da extrema direita do seu governo, o rei sai do país ao início da tarde do dia 14 de abril, já com a multidão manifestando-se frente ao palácio real. O comité revolucionário de Alcalá-Zamora assume o poder como governo provisório e às três da tarde a bandeira da Segunda República é hasteada no edifício da Telefónica Madrilena. Em Barcelona já se tinha proclamado a República. O combate polarizado entre uma esquerda crescentemente radicalizada e as direitas rapidamente fascistizadas e concertadas entre si vai exprimir-se por resultados eleitorais alternados entre biénios *rojos* (1931/33) e *negros* (1933/35), com o movimento operário e camponês na ofensiva e a contrarrevolução iminente. Perante a vitória da Frente Popular nas eleições de fevereiro de 1936 e a dinâmica revolucionária que ela desperta, as direitas sociais e políticas e o Exército do velho Estado espanhol desencadeiam o *alzamiento* militar de 18 de julho de 1936. A força do movimento social e dos partidos operários é suficiente para derrotar a insurgência nas principais cidades e em parte da Espanha, mas não para evitar a guerra civil que, em abril de 1939, terminará com a derrota da Segunda República e a imposição do regime franquista. A Espanha será o único país onde o regime fascista se impõe através da guerra civil, ou seja, através de um confronto militar direto contra o governo legal das esquerdas antifascistas. Dito de outra maneira, onde o movimento operário guardava caráter ofensivo e as forças demoliberais, em parte por isso mesmo, não aceitaram a rendição.

Em Portugal, os efeitos económicos, sociais e políticos da decisão de intervir na guerra como beligerante de parte inteira (ou seja, enviando para a Flandres um Corpo Expedicionário com duas divisões e continuando a combater no sul de Angola e no norte de Moçambique) explodiram dramaticamente ao longo de 1917. Em maio desse ano, os assaltos populares massivos às mercearias e outras lojas da Baixa lisboeta pelas populações das periferias fustigadas pela miséria, a falta de géneros e a carência de tudo o que era essencial (a "revolta da batata") levou a que o governo decretasse o estado de sítio e chamasse a tropa para as ruas: 38 mortos, 117 feridos e 547 presos. Nesse verão, sucedem-se as greves da Companhia das Águas, da construção civil e a greve nacional dos Correios. Repetem-se o espingardeamento pela GNR (Guarda Nacional Republicana) dos comícios e das manifestações operárias, a resposta da UON (União Operária Nacional), com apelos à greve geral de solidariedade, o encerramento dos sindicatos e jornais, as prisões em massa (Afonso Costa manda prender 1200 funcionários dos Correios em greve, a quem aplica a disciplina militar, fazendo-os conduzir para os navios-prisão fundeados no Tejo). Política e socialmente isolado, privado do apoio da plebe urbana, o governo afonsista é derrubado pelo golpe militar de Sidónio Pais em 5 de dezembro de 1917.

Sem surpresas, o arreganho repressivo do governo de Afonso Costa levará o sindicalismo revolucionário a apoiar o golpe sidonista. Uma lua-de-mel curta. O movimento de protesto contra a guerra e seus efeitos retoma a luta e, a partir de março de 1918, agudiza-se o conflito, agora com o poder sidonista, culminando na precipitada e fracassada "greve geral" de novembro de 1918, alvo de uma campanha política e ideológica em defesa da "ordem" e contra o "perigo bolchevista", e de uma vaga repressiva sem precedentes na curta história do movimento operário português.[14] Na realidade, a onda agitacional e revolucionária do fim da Grande Guerra atingia Portugal desde 1917 e, após a tentativa de "greve geral" de novembro de 1918, não ia parar. Em fevereiro de 1919, contra o restauracionismo monárquico, o operariado de Lisboa, reconciliado momentaneamente com o republicanismo, parte ao assalto de Monsanto para repor a República da Constituição de 1911. E seguro desse êxito lança-se num processo ofensivo de grande envergadura. As hesitações e ingenuidades de um movimento sindical politicamente desarmado, e que oscila entre amores e ódios contraditórios na busca de quem o respeite e aos seus direitos, não impedem o avanço e crescimento desta vaga reivindicativa e organizativa após 1919.

Reorganizado em 1919 na Confederação Geral do Trabalho, dotado do seu importantíssimo jornal diário, *A Batalha*, parecia chegar para o movimento operário uma "nova era".[15] Na realidade, agudizando o levante do ano anterior, 1920 é o ano de todas as lutas, sobretudo em Lisboa, na Margem Sul e no Porto. Greve geral no Porto (seguida da declaração de estado de sítio, assalto policial às sedes sindicais, prisão massiva de militantes, espingardeamento de manifestantes), vaga de greves em múltiplos setores industriais e dos serviços na Grande Lisboa[16] e, sobretudo, a emblemática greve dos ferroviários do Estado, iniciada a 30 de setembro desse ano e que se prolongará por setenta dias de luta duríssima contra os patrões, o Exército, a grande imprensa, os governos, até ao regresso ao trabalho, a 9 de dezembro, sem verem atendidas as suas reivindicações: "Regressam ao serviço cheios de fome e miséria".[17]

---

14   Maria Alice Samara, *Sob o signo da guerra: "Verdes e vermelhos" no conturbado ano de 1918*. Lisboa: Editorial Notícias, 2002.
15   Na altura da sua fundação, a CGT contaria com 90 a 100 mil filiados (cf. A.J. Telo, op. cit., p. 154).
16   Joana Dias Pereira, op. cit., pp. 142 ss.
17   *A Batalha*, 9 dez. 1920, cit. in: Natália Tojo, "A greve dos ferroviários do Estado: Memórias de 70 dias de luta". Lisboa: FCSH/NOVA, 1998. Trabalho apresentado na cadeira de História dos Fascismos sécs. XVIII-XX.

A derrota dos ferroviários, a incapacidade da Confederação Geral do Trabalho (CGT) para lançar uma greve de solidariedade para com o seu prolongado combate e sacrifício, os impasses, os reveses, os pequenos e difíceis ganhos de várias lutas, o severo agravamento da situação económica e social para os trabalhadores (queda do salário real, desemprego, crise de subsistências) marcam, possivelmente, o declinar da ofensiva sindical e o refluxo do movimento. O operariado organizado, após a derrota dos ferroviários, não logrará mobilizar forças para contra-atacar com sucesso os outros golpes politicamente decisivos que lhe vão seguidamente infligir o patronato e os governos: a perda do "pão político" (o preço subsidiado do pão),[18] as deportações para as colónias de militantes sindicalistas sem julgamento e a culminância de tudo isso, o golpe militar de 28 de maio de 1926. O desânimo e o medo começam a dominar.

Se os efeitos da crise económica, do desemprego, da progressiva desmobilização — a CGT, entre 1919 e 1923, teria perdido 45 mil inscritos —[19] colocam o movimento operário na defensiva, as divisões ideológicas no seu seio agravam a situação. Em parte, elas refletiam as dificuldades e as dúvidas próprias dessa fase de refluxo. Mas, no essencial, a cisão operada pelos simpatizantes do bolchevismo na CGT anarcossindicalista, com a criação do Partido Comunista Português (PCP), em 1921, e, talvez ainda mais, a posterior rutura explicitamente sindical dos partidários da Internacional Sindical Vermelha, vinham evidenciar a existência de duas estratégias políticas, organizativas e ideológicas distintas e em acesa disputa pela hegemonia, num movimento operário em

18 A CGT vai lançar, a 7 de agosto de 1922, uma greve em Lisboa contra o corte do "pão político" pelo Governo. É decretado o estado de sítio, encerrada a sede da CGT, apreendida *A Batalha*, feitas centenas de prisões e há polícias atacados a tiro. "A greve fora extensa, mas estava longe de ser geral e, apesar da onda de radicalização, saldara-se numa derrota." João Madeira, "Legião Vermelha: radicalização e violência política na crise da República". In: I Colóquio sobre Violência Política, FCSH/NOVA, 2015. Comunicação não publicada, p. 2.
19 J.D. Pereira, op. cit., p. 159.

recuo e que só em questões pontuais conseguiria momentos curtos e frágeis de unidade na ação.

Na realidade, a luta sindical no pós-guerra, em Portugal, deparava com uma nova dificuldade: a resposta organizada do patronato em estreita coordenação com o reforço policial e repressivo do Estado contra a agitação operária. Desde 1920, com a criação da Confederação Patronal, o patronato começara a erguer uma parede organizada de resposta à ofensiva sindicalista, prevenindo recuos isolados que arrastassem os demais patrões setorialmente. Mais do que isso: o seu chefe na altura, o ex-sindicalista e grossista de mercearias Sérgio Príncipe, criara no seio da Confederação uma organização secreta (a Grande Ordem dos Cavaleiros do Patronato) "destinada a vigiar, identificar e punir violentamente os sindicalistas mais ativos".[20] Na realidade, uma milícia clandestina do patronato, articulada com as novas polícias políticas de "segurança do Estado". Além disso, a patronal atuava no campo onde o anarcossindicalismo se recusava a intervir: a pressão política em todas as frentes, sobre os governos, os partidos, os jornais, os chefes da polícia e, claro, a opinião pública. O fechamento do sindicalismo sobre si próprio, salvo as mobilizações unitárias de 1924 e 1925,[21] iria cortá-lo dos setores populares das classes intermédias e, crescentemente, da própria massa operária.

Colaborando com as organizações formais e secretas do patronato e em conjunto com as forças da Polícia de Segurança Pública (PSP), da GNR e do Exército, a brutalidade e frequente desproporção das ações repressivas comandadas ou articuladas pela Polícia Cívica deixam um pesado capital de protesto e de queixa no operariado: sedes de sindicatos e a sede da CGT assaltadas e saqueadas, prisões de centenas de dirigentes e ativistas sindicais, a apreensão da *Batalha* e demais imprensa operária, dispersão violenta de comícios

---

20 J. Madeira, op. cit., p. 2.
21 Catarina Pinto, op. cit., pp. III ss.

e manifestações com a cavalaria e a tiro, etc... Para os grupos radicais suspeitos de bombismo ou de atentados pessoais, a resposta passará pelos espancamentos nas esquadras, as deportações para as colónias sem julgamento ou até o assassinato sumário. A este cenário de violência política e social não faltará sequer a criação de um tribunal especial: o Tribunal de Defesa Social, constituído em 1920 para julgar em processo sumário os "presos sociais" acusados de atentar contra a "segurança do Estado".[22]

O recrudescimento das ações diretas (atentados bombistas e ataques a figuras do mundo patronal, das polícias ou dos magistrados judiciais) por parte das franjas radicais do sindicalismo é fruto deste duplo circunstancialismo. Por um lado, o impasse, a desmobilização e o desespero de um movimento sindical e de uma classe trabalhadora crescentemente impotentes face ao agravamento sem saída das suas já tão difíceis condições de vida; por outro, a violência patronal e do Estado e os seus efeitos no insucesso e recuo das lutas.

A vaga agitacional ia pois quebrar: os graves efeitos sociais e económicos da recessão internacional de 1921, a violência das perseguições contra os grevistas, o efeito seguramente desmobilizador da "noite sangrenta" de 19 de outubro de 1921, a derrapagem para o terrorismo operário por parte dos setores mais jovens e desesperados do sindicalismo, as divisões que se fazem sentir no ativismo operário entre os setores vanguardistas e a massa, entre o PCP e a CGT, a dificuldade de dar seguimento a lutas particularmente duras e, por vezes, muito prolongadas, tudo isso leva ao recuo progressivo, à desmobilização e à crescente dessindicalização.

Apesar do espantalho da "subversão social" erguido pelo patronato e pelos meios conspiratórios da direita, o facto é que a

---

[22] O Tribunal de Defesa Social teria vida curta: os sucessivos atentados contra os seus juízes e as próprias instalações obrigaram o Governo a dissolvê-lo. A partir daí, as deportações de sindicalistas suspeitos passaram a ser feitas à margem dos tribunais, por iniciativa da polícia.

reação militar do 28 de Maio se vai fazer no espaço aberto pela desmobilização sindical. A CGT e o movimento sindical assistirão impotentes à vaga conspirativa e ao 28 de Maio, não só por genuíno desamor a essa República que apontavam como dos "assassinos" e das "deportações" — os ferroviários do sul e sudeste chegam a apoiar o golpe militar —, mas por incapacidade de ir além de uma vaga ameaça de "greve geral" que nunca chegarão a acionar.

O que restava do movimento operário organizado — anarquistas, comunistas, socialistas, sindicalistas sem partido — ainda se vai bater nas barricadas do reviralhismo, de armas na mão, contra a Ditadura Militar entre 1927 e 1931. As organizações operárias, como vimos, ainda tentarão "uma greve geral revolucionária" contra a liquidação das liberdades sindicais pelo Estado Novo, a 18 de janeiro de 1934. Mas essas são as heroicas e desesperadas batalhas do fim. Com a derrota do movimento operário e da Primeira República, a ditadura salazarista, o fascismo conservador em versão portuguesa, ficava com o caminho livre. Fenómeno idêntico ocorria em toda a Europa periférica. A derrota da ofensiva operária mudava a sorte da "guerra civil europeia".

A RENDIÇÃO DO LIBERALISMO

Em meados dos anos 30 do século passado, com a referida exceção da Checoslováquia, todos os novos Estados da Europa Central e de Leste e nascidos do Tratado de Versalhes ou das suas variantes como regimes liberais parlamentares, bem como outros que no sul e no sudoeste europeu já o eram e assim chegaram ao fim do conflito mundial, ou seja, praticamente toda a corrente de países da periferia europeia tinha entrado, ainda que por diferentes vias, em processos de rutura antiliberal e autoritária: por todo o lado, o liberalismo colapsava. E colapsava às mãos das forças sociais e políticas que tinham historicamente sido o seu suporte. Face às ameaças da revolução social, às inquietações das classes intermédias ou às desordens económicas e à instabilidade política que a crise do sistema arrastara consigo no pós-guerra, as elites liberais e o seu mundo político e intelectual começam a descrer da capacidade do Estado liberal, periférico, enfraquecido, dependente, escassamente respeitado, para manter a ordem nas ruas, na governação e na economia. Nesse processo tiveram influência decisiva dois tipos de fatores.

Por um lado, o peso crescente, nesta conjuntura de crise, das ideias da direita antiliberal, contrarrevolucionária, corporativista, autoritária, antidemocrática, pregando um ultranacionalismo passadista, uma mitologia de regresso utópico ao Antigo Regime e conspirando em prol da regeneração da pátria enferma através da violência redentora da ditadura. O que fora na transição do século XIX para o século XX o discurso do velho aristocracismo reacionário derrotado pelas revoluções liberais reinstala-se como núcleo ideológico central da recomposição política, tida como indispensável para as classes dominantes salvaguardarem o seu poder ameaçado. E é a esse discurso, a esse tipo de resposta política e ideológica para a crise, que as direitas liberais se vão paulatinamente render.

Desde logo, aproximando-se das direitas antiliberais na busca de um novo tipo de soluções ditatoriais que evoluirão geralmente para regimes de tipo fascista: "No final dos anos 30", escreve H.R. Trevor-Roper, "não havia praticamente um único movimento 'conservador' em toda a Europa continental que não ostentasse colorações 'fascistas'", considerando o autor tal fenómeno como um "fascismo fictício".[23] Todavia, na maioria dos países periféricos, essa realidade não tinha nada de fictício, correspondia a um processo de fascistização das direitas tradicionais, o "fascismo a partir de cima", que as levaria ao encontro do fascismo plebeu oriundo

---

23 H.R. Trevor-Roper, "The Phenomenon of Fascism". In: S.J. Woolf (org.), *European Fascism*. Londres: Weidenfeld & Nicolson, 1968, p. 36.

das classes intermédias, o "fascismo a partir de baixo", gerando-se dessa combinatória (com diferentes sistemas de equilíbrio interno e de estabilidade, como vimos) as ditaduras de novo tipo que serão os regimes fascistas. Ou seja, convém voltar a frisá-lo, os regimes fascistas não nascem unilateralmente do fascismo plebeu em nenhum lado. Nascem dessa aliança entre as direitas tradicionais (designadamente, dos liberais que comandam o Estado) rendidas às soluções fascistas e aos movimentos fascistas plebeus.

Mas um segundo fator decisivo para potenciar o fenómeno generalizado da rendição da burguesia liberal, quer às direitas elitistas e contrarrevolucionárias, quer, nesse andamento, ao fascismo plebeu é o efeito demonstrativo, é o exemplo da tomada do poder pelo fascismo em Itália, em 1922, e do nazismo na Alemanha, em 1933, no rescaldo da Grande Depressão de 1929.

A inusitada capacidade demonstrada pelo fascismo mussoliniano de vergar o movimento operário organizado e submetê-lo à tutela corporativa, a sua iniciativa de intervir autoritariamente na economia, arbitrando e salvaguardando os interesses dominantes, a forma como, logo a partir de janeiro de 1925 e das "leis fascistíssimas", desmantelara o parlamentarismo liberal, o pluralismo partidário, as liberdades fundamentais e impusera uma ditadura policial de partido único, ainda por cima com o suporte de mobilização popular, tudo isso tornará o fascismo italiano, durante uma década, o paradigma dos regimes autoritários instalados na periferia europeia na segunda metade dos anos 20.

Facilmente se calculará o impacto geral da subida ao poder do nazismo em 1933 e da sua muito mais rápida, radical e impiedosa erradicação de todos os elementos de resistência à brutal imposição da nova ordem hitleriana. Ou o efeito na absorção do desemprego e na reanimação da economia do restabelecimento do serviço militar obrigatório, da política de obras públicas ou de rearmamento para a guerra: um "milagre" que produziu espanto e admiração numa periferia mergulhada na depressão, especialmente na *Mitteleuropa* e nos países de Leste. Nesses casos, não será só a influência paradigmática, mas a ativa interferência do poder nazi nos assuntos internos dos países limítrofes, fomentando o ativismo subversivo dos partidos fascistas, que inspira, pressionando e chantageando os governos, forçando a adoção de medidas de política interna e externa de acordo com os seus desígnios imperiais, conspirando para derrubar pela força quem lhe fazia frente. É certo que o regime italiano o precedera com práticas do mesmo tipo na Áustria, na Hungria e nos Bálcãs, mas a Alemanha hitleriana não só marginalizará e substituirá a influência danubiana de Roma, como, senhora da sua força e segura da sua impunidade, imporá a sua tutela de forma desabridamente arrogante e violenta na Áustria, na Checoslováquia, na Iugoslávia, na Hungria e na Roménia, desde antes do início da Segunda Guerra Mundial. E tudo isso impunemente, perante a impotência e a abstenção da Sociedade das Nações e dos governos britânico e francês, oferecendo aos países ameaçados a imagem perfeita do esgotamento do mundo liberal e da sua complacência face à vaga montante do fascismo.

Esse fenómeno de aculturação fascizante das direitas conservadoras — e não se trata, de forma alguma, de um mimetismo epidémico ou meramente decorativo — é bem visível nas célebres entrevistas concedidas por Salazar a António Ferro, e mesmo para além delas. Por várias vezes, dentro e fora das entrevistas, Salazar não tem dúvidas em situar o seu regime na área, então vasta e variada, das reações autoritárias de direita à crise do liberalismo que varriam a Europa, todas tendo como paradigma a experiência pioneira do fascismo italiano. Nas conversas com Ferro, são inúmeras as referências ao *duce*, às suas opiniões, ao seu estilo e ao seu regime como modelo explícito ou implícito do "caso português", como bússola, como referente. Salazar não se coíbe, "sem a mais leve hesitação", de explicar ao seu interlocutor a "evidente" identidade essencial dos dois regimes: "A nossa Ditadura aproxima-se, evidentemente, da Ditadura fascista no reforço da autoridade, na guerra declarada a certos princípios da Democracia, no seu caráter acentuadamente nacionalista, nas suas preocupações de ordem social". Afastava-se dela em aspetos de método, "nos seus processos de renovação", vistos na ótica conservadora do ditador como um pendor para servir a rua, um populismo perigoso, ou como um estatismo exagerado.[24]

Nessa Europa em plena "guerra civil", num processo de polarização política e social entre os campos do fascismo e do antifascismo, o centrismo liberal tende a desaparecer politicamente como força autónoma relevante, afunda-se com a crise do seu Estado. A democracia parlamentar parece ter os dias contados e os políticos e intelectuais liberais dividem-se. A maioria do liberalismo conservador e moderado, aquele que geralmente nos países da periferia detém as rédeas do poder político ou da influência na opinião pública e na produção intelectual, desiste da luta pela democracia: ou se rende ao ascenso do fascismo ou sai de cena. Os setores mais radicais e convictos, sem dúvida a minoria, aderem ao polo antifascista e às iniciativas de "frente popular" definidas pelo VII Congresso da Internacional Comunista em 1935, quando o peso das derrotas sofridas tornara as políticas sectárias do "social-fascismo" desastrosamente insustentáveis. Como refere E. Traverso, "não sobrava aos liberais muito a quem se juntar contra a ameaça do fascismo", num "contexto de crise profunda das instituições liberais sufocadas, abaladas pela Primeira Guerra Mundial, minadas pelas pressões nacionalistas e, sobretudo, incapazes de se opor ao fascismo". Na realidade, salienta Traverso,

> se o fascismo foi engendrado pelo desabar da antiga ordem liberal, como era possível identificar-se com esta para o combater? Identificação tanto mais problemática quanto [o fascismo] destruíra a democracia liberal sem atacar as elites tradicionais.

24 F. Rosas, *Salazar e o poder*, pp. 173-174.

Em Itália, os principais pilares do liberalismo saído do *Risorgimento* — a monarquia, a burguesia e até uma parte não negligenciável da cultura (Giovanni Gentile) tinham aderido ao fascismo.[25]

Traverso, aliás, traça um panorama impressivo da rendição da elite e da intelectualidade liberal europeia ao avanço internacional da ordem fascista. Na Grã-Bretanha, "pátria clássica do liberalismo", Winston Churchill saudava a vitória do fascismo italiano contra as "paixões bestiais do leninismo", tal como dará o seu apoio à rebelião franquista contra a República espanhola durante a Guerra Civil de 1936/39. Aliás, é bem conhecida a cumplicidade de um largo setor do conservadorismo britânico com os regimes de Hitler e Mussolini, considerados os mais adequados para lidar não só com a ameaça do comunismo mas também com os povos atrasados, instáveis e racialmente duvidosos do geral das periferias europeias, de qualquer forma impreparados para viverem em democracia. Era precisamente isso que, no final dos anos 30, pensavam os diplomatas britânicos em Lisboa acerca dos portugueses, gente com uma suspeita mistura de sangue árabe e judeu. Apesar de tudo, tinham o privilégio de ser governados por um "ditador catedrático"...

Na Alemanha, entre 1930 e 1933, as elites "desembaraçam-se do seu liberalismo de fachada e desmantelam a democracia de Weimar", levando Hitler pela mão para o lugar de chanceler, onde será legalmente empossado pelo presidente da República agonizante, o velho marechal Hindenburg, prussiano, junker, chefe militar do império. Mortos uns, emigrados outros, no advento do nazismo "não restava nenhuma figura de proa do liberalismo, numa cultura alemã dominada pelo conflito entre o bolchevismo e o nazismo".[26] Também na Espanha da Guerra Civil se repete o espetáculo desse "liberalismo deliquescente",

---

25 E. Traverso, op. cit., p. 322.
26 Ibid., pp. 322 ss.

com Ortega y Gasset refugiando-se ambiguamente em Paris e demarcando-se da revolta das massas e da massificação política,[27] ou Unamuno, reitor da Universidade de Salamanca, tomando o partido dos golpistas contra a República da Frente Popular. Meses depois do célebre incidente na cerimónia da "festa da raça", a 12 de outubro de 1936, no Paraninfo da universidade onde enfrenta Millán-Astray, Unamuno morrerá, sendo o seu enterro transformado num cerimonial falangista.[28] Como lembra Traverso, a sua morte "era o símbolo da derrota das elites espanholas".

Em Portugal, Manuel Villaverde Cabral analisou a expressão política dessa capitulação intelectual a propósito do grupo político que se reunia em torno da revista *Seara Nova*. Considerava o autor que esse fenómeno, por cá, era até mais acentuado que nos outros países da Europa do Sul. Cabral relaciona o que considera ser um consenso generalizado das elites intelectuais do final dos anos 20 em torno do advento do autoritarismo com diferentes fatores estruturais. Desde logo, o atraso económico e cultural português, limitando os recursos materiais e simbólicos para escolhas alternativas face às pressões sobre o sistema em crise. Mas também o relaciona com o limitado grau de diferenciação social e cultural das elites, o que restringiria o leque das suas opções políticas, ou com o seu caráter muitíssimo oligarquizado, num país esmagadoramente iletrado, o que as separaria de forma radical da larga e excluída maioria do povo português.[29]

---

27 Ortega y Gasset regressará a Madri após a Segunda Guerra Mundial, aceitando o franquismo como um "mal menor".
28 Unamuno reagiu aos gritos de "*viva la muerte!*" com que os "camisas azuis" saudaram a intervenção insultuosa do general Millán-Astray contra os bascos e os catalães, interpelando de forma cáustica os seus apoiantes. Isto valeu-lhe não só as ameaças físicas dos falangistas presentes como a demissão pelas autoridades franquistas do cargo de reitor (do qual fora também demitido pelo governo da República, por quebra de lealdade ao aderir à insurgência militar).
29 Manuel Villaverde Cabral, "The Seara Nova Group (1921-1926) and the Ambiguities of Portuguese liberal elitism", *Portuguese Studies*, vol. 4, pp. 181-195, 1988.

A verdade é que a rendição do liberalismo republicano é um fenómeno substancialmente mais vasto do que o exemplo seareiro deixa entender, apesar da importância da *Seara* como "fazedora de opinião" e condutora intelectual de boa parte do republicanismo. É certo que a tentação seareira e, sobretudo, sergiana[30] pela "ditadura temporária" de "competências", pelo corporativismo antiparlamentar, pelo tal "abalo brusco e virtuoso" de que falava Ezequiel Campos (um outro colaborador da *Seara*, depois aderente ao salazarismo) teve um relevante papel simbólico e intelectual, apesar de curto e episódico no tempo. Mas o facto é que na direita republicana essa "rendição" à Ditadura, e depois ao Estado Novo, tomou aspetos generalizados, tanto a nível dos dirigentes partidários nacionais como, de forma particular, nas elites locais. Os "marechais" do Partido Nacionalista (PN) e da União Liberal Republicana (ULR) apelaram pública e explicitamente, na imprensa, em comícios e conferências ou no Parlamento, à ditadura e ao golpe militar; conspiraram ativamente com os militares para o levar a efeito, e mantiveram, relativamente à Ditadura Militar já implantada, relações continuadas de apoio, cooperação e negociação com o seu setor republicano conservador. Nisto foram secundados, até 1930, por parte dos "bonzos" não exilados do Partido Republicano Português (PRP) (António Maria da Silva, Marques Guedes, Velhinho Correia). Aliás, essa direita republicana terá um papel importante em trazer para o pronunciamento vários chefes militares republicanos conservadores, maçónicos, que estavam próximos dela politicamente: Óscar Carmona, Abílio Passos e Sousa, Mendes Cabeçadas, Farinha Beirão, Vicente Freitas, Ivens Ferraz, Júlio Morais Sarmento, Quintão Meireles, Costa Ferreira, etc. São eles que hegemonizarão os governos da Ditadura Militar até janeiro de 1930, quando a corrente salazarista inicia a inversão da relação de forças.

30 António Reis, *Raul Proença: Biografia de um intelectual político republicano*. Lisboa: Imprensa Nacional-Casa da Moeda, 2003.

Mas não é só no advento da ditadura que esta direita republicana vai ter um papel de relevo. Se é certo que o ascenso de Salazar e o endurecimento crescente da Ditadura, a partir de 1930/31, vão lançar para o terreno do reviralhismo alguns dirigentes republicanos conservadores desiludidos — é o caso de Cunha Leal, após o seu conflito com Salazar em 1929, e de militares do 28 de Maio que lhe eram próximos (Ribeiro de Carvalho, Cunha Aragão, Utra Machado) —, o facto é que boa parte do pessoal político desse "republicanismo moderado", sobretudo a nível do cacicato regional e local, mas não só, passar-se-á de armas e bagagens para o novo partido único, a União Nacional (UN), e para o apoio ao Estado Novo.

Parte da entourage de Cunha Leal na União Liberal Republicana (ULR), muito em especial o célebre "grupo de Coimbra" — Bissaia Barreto, Albino dos Reis, Mário Pais de Sousa, o republicano independente Manuel Rodrigues —, a que se junta Duarte Pacheco (também próximo da ULR) ou figuras como Júlio Dantas (do Partido Nacionalista) e Vasco Borges (do PRP), vai ter um importante papel na estruturação da aliança entre as várias direitas conducente à plataforma política viabilizadora do novo regime. E alguns desses homens virão a desempenhar responsabilidades de topo na hierarquia do Estado Novo ou da União Nacional, afirmando-se como gente da maior confiança de Salazar, a cuja restrita privacidade política terão acesso durante largos anos.

Mas talvez o mais importante e decisivo papel da direita republicana na ascensão de Salazar tenha sido ao nível dos comandos militares republicanos das Forças Armadas, dando-lhes garantias políticas e institucionais que os levariam a aceitar entregar o poder à coligação política chefiada pelo professor de Coimbra. Esse acordo informal, construído entre 1932 e 1934, de que é intermediário incontornável o presidente da República, general Carmona (antigo ministro de um governo do Partido Nacionalista — PN, maçom, apoiado na eleição presidencial de 1928 pelos partidos do centro e da direita republicana), fará os militares recolherem a quartéis e entregarem o poder político a Salazar, que passam a apoiar como chefe do novo regime. Mesmo assim, só em 1936, no contexto da Guerra Civil de Espanha, Salazar consegue deitar mão, pessoalmente, da pasta da Defesa e iniciar as reformas de 1937/38 que iriam "limpar" a velha oficialidade republicana e colocar, finalmente, o poder militar nas mãos de oficiais mais jovens e da sua confiança.[31] Com o Exército domesticado e flanqueado pelas milícias, o regime podia respirar.

Em suma, bem se pode concluir que a rendição da burguesia liberal conservadora foi uma condição essencial para a viabilização dos regimes fascistas nos países da Europa periférica.

A UNIFICAÇÃO DAS VÁRIAS DIREITAS DA DIREITA

O ambiente de "guerra civil" que se vivia na Europa entre as duas guerras, sobretudo nos países periféricos onde a crise, por razões a que já antes aludimos, era mais agudamente sentida, originara uma clara polarização política e ideológica com efeitos na recomposição do campo político-partidário das sociedades do Velho Continente: radicalização à direita e à esquerda, com o consequente afundamento do centro político.

À esquerda, o polo antifascista tendia a agrupar-se sob o impulso dos partidos da Internacional Comunista (IC). Após o desastre que representara a vitória do nacional-socialismo na Alemanha e o avanço generalizado do fascismo em toda a Europa, o Komintern, já solidamente controlado pelo aparelho stalinista e pelas prioridades da política externa soviética, opera uma viragem de 180 graus na suicidária política do "social-fascismo" e adota, no Congresso da

---

[31] Telmo Faria, *Debaixo de fogo! Salazar e as Forças Armadas (1935-1941)*. Lisboa: Cosmos/IDN, 2000.

IC de 1935, a política das "frentes populares", ou seja, de entendimentos dos partidos comunistas com outras forças políticas, tendo por base o combate ao fascismo. Era, todavia, uma retificação tardia e com escassa capacidade de inverter a situação.

Por um lado, porque era tardia, quando a relação de forças, sobretudo a partir de 1933, se alterara decisivamente a favor da onda montante do fascismo, encontrando de uma forma geral, nos países da periferia, as forças antifascistas na defensiva, quando não em acentuado recuo. Por outro lado, concebida como um entendimento político-parlamentar de cúpulas partidárias, a política das frentes populares era de muito difícil aplicação na larga maioria dos países da periferia onde ditaduras fascistas ou afins tinham ilegalizado os partidos comunistas, socialistas e da esquerda em geral, ou até todos os partidos, com exceção do partido único do regime. Em Portugal, o PCP dinamiza a criação de uma Frente Popular Portuguesa em 1935, na clandestinidade, agrupando comunistas, grupos republicanos radicais e movimentos académicos antifascistas, mas a sua existência real no interior do país é escassa, num período de intensa repressão policial. É nos meios de emigração política, na Espanha republicana ou em França, que ela terá expressão.

Por outro lado, mesmo nos países onde as frentes populares se puderam constituir legalmente e registaram vitórias eleitorais (em fevereiro de 1936 em Espanha e em 26 de abril e 3 de maio do mesmo ano nas duas voltas das eleições em França), elas foram de curta duração. Na França, a Frente Popular seria derrotada pelas circunstâncias, isto é, pelas divergências que estalam entre as direções dos partidos do *rassemblement populaire* face à radicalização, à esquerda e à direita, desencadeada pela vitória da Frente Popular e pela evolução da situação internacional.[32]

---

32 Janine Mossuz-Lavau; Henri Rey, *Les Fronts populaires*. Paris: Casterman; Florença: Giunti, 1994.

É certo que o ímpeto do maior movimento grevista até aí registado em França (2 a 3 milhões de operários em greve em maio/junho de 1936, logo após as eleições) leva aos Acordos de Matignon (7 de julho de 1936) e a outra legislação do governo da Frente Popular dirigido por Léon Blum, onde se consagram conquistas históricas para a dignificação do trabalho: contratos coletivos de trabalho, liberdade sindical nas empresas, férias pagas, semana de quarenta horas. Mas é sol de pouca dura. Sujeito a um ataque feroz das direitas francesas,[33] o ministério de Blum (radicais e socialistas com apoio exterior do PCF) cedo começa a dar sinais de hesitação e divisão face às primeiras e graves dificuldades: a polémica decisão de "não intervenção" na Guerra Civil de Espanha, a fuga de capitais, a valorização da moeda, o défice comercial, a "pausa" nas reformas sociais para apaziguar os detentores do capital, a repressão sangrenta pela polícia das manifestações antifascistas,[34] tudo isso leva à queda de Blum em junho de 1937. Maurice Thorez, líder do PCF, afirma que as dificuldades encontradas pelo governo se devem aos "recuos, capitulações e cumplicidades perante o fascismo, no interior e no exterior".[35] Pouco depois, já no governo radical-socialista de Édouard Daladier, em abril de 1938, a rutura consuma-se com os socialistas e os comunistas. Daladier, um dos signatários do acordo de Munique em setembro de 1938, acabará em 1939/40 a ilegalizar e perseguir o PCF e os seus militantes devido à posição que tomaram contra a guerra.

---

33 Charles Maurras, dirigente da Action Française, o movimento de extrema direita que inspirará o Integralismo Lusitano, chegará a escrever a propósito de Léon Blum: "É um homem a fuzilar, mas pelas costas!", in ibid., p. 91.
34 Uma contramanifestação convocada pelos deputados de esquerda frente à *mairie* de Clichy para protestar contra um comício do Partido Social Francês, do coronel François de la Rocque (extrema direita), a 16 de março de 1937, acaba sendo duramente reprimida pela polícia: cinco mortos e cem feridos. Léon Blum esteve à beira de se demitir e o PCF convocou uma greve de protesto "contra as provocações policiais" na região parisiense.
35 Cit. in ibid., p. 103.

Em Espanha, o acordo programático constitutivo da Frente Popular, assinado a 15 de janeiro de 1936, leva uma larga coligação de forças (desde a esquerda republicana à esquerda radical)[36] à vitória nas eleições de fevereiro desse ano. O compromisso de amnistiar os 30 mil presos políticos que desde a revolta das Astúrias ainda se encontravam encarcerados levará os anarquistas a participar nas eleições, o que contribui para as esquerdas obterem uma expressiva vitória sobre a coligação das direitas numa consulta polarizada onde o centro se afundou. As esquerdas obtiveram 260 lugares no Parlamento (cerca de 4,8 milhões de votos), as direitas, 159 (4 milhões de votos), e o centro, 50 (450 mil votos). Os primeiros ministérios da Frente Popular são integrados só pelas esquerdas republicanas espanholas e catalãs, ficando socialistas e comunistas fora do governo mas apoiando-o.

A vitória eleitoral da Frente Popular desencadeou um enorme movimento reivindicativo, por vezes de caraterísticas revolucionárias: no sul, os camponeses pobres e assalariados agrícolas ocupam as terras dos latifundiários, as greves rebentam por todo o país, as praças e as ruas enchem-se de comícios e manifestações multitudinárias, registam-se choques violentos com os falangistas, que não aceitam o veredicto das urnas, e, desde março, os generais organizam-se para um golpe militar. Efetivamente, o *alzamiento*, a partir das guarnições de Marrocos, arranca em 18 de julho de 1936. A sua derrota parcial pelas forças populares, improvisadamente armadas pelo governo face à rebelião militar, desencadeia a guerra civil. O campo fascista, pouco depois chefiado por Francisco Franco, apoiado na decisiva intervenção militar direta da Alemanha hitleriana e da Itália de Mussolini, derrotará a República da Frente Popular, apoiada pelos voluntários das Brigadas Internacionais e pela ajuda militar soviética,

---

36 Aderiram à Frente Popular partidos e sindicatos das esquerdas republicanas, socialistas, comunistas, e o POUM (Partido Operário da Unificação Marxista).

após quase três anos de uma cruenta guerra civil. Na verdade, ela seria o ensaio geral prenunciador do conflito mundial que estalará cinco curtos meses após a queda da República espanhola.

Entretanto, no campo das direitas parecia ter chegado, um pouco por toda a Europa, a hora decisiva. E o assalto ao poder exigia coesão, unidade de esforços e comando único centralizado entre as várias direitas da direita. Isto é, entre as direitas reacionárias e conservadoras tradicionais, crescentemente atraídas pelos sucessos da contrarrevolução fascista, e os movimentos fascistas plebeus, radicais, violentos, misturando o discurso obreirista com um feroz anticomunismo e embrulhando tudo isso numa grandiloquente utopia transclassista de renascimento nacional. Essa urgência de unificação do comando vai ser historicamente realizada a dois níveis em quase todos os processos nacionais de implantação de regimes fascistas ou de tipo fascista na Europa: a criação do partido único do novo regime (e a correlativa proibição de todos os demais) e a emergência, *de jure* ou *de facto*, de um líder carismático, um "chefe" — um *caudillo*, um *duce*, um *Führer*, um *tautos vadas*,[37] um *conducător*[38] ou um *vojda*[39] — dotado de poderes ditatoriais, na prática largamente discricionários. O processo de unificação concretiza-se através da distribuição dos postos de controlo dos principais setores do aparelho do Estado pelos quadros oriundos das elites tradicionais ou dos movimentos fascistas guindados ao poder. Naturalmente, de acordo com a correlação de forças que, em cada caso nacional, se traduziu na aliança política geradora do novo regime ou que a sua evolução dinâmica no tempo originou. Quanto a este processo, podemos talvez distinguir quatro tipo de situações historicamente diferenciadas: hegemonia dos movimentos fascistas plebeus e dos seus chefes no comando do regime; compromisso

---

37 Designação do ditador lituano Antanas Smetona.
38 Designação dada ao ditador romeno Ion Antonescu, a partir de 1940.
39 Designação dada ao primeiro-ministro jugoslavo Milan Stojadinović, a partir de 1934.

dos partidos fascistas com o fascismo conservador na direção do Estado; integração subordinada dos movimentos fascistas plebeus no novo regime de ditadura conservadora fascistizada; relação conflitual, alternando com alianças instáveis entre as direitas conservadoras e os fascismos plebeus na liderança do Estado. Vejamos brevemente cada uma das diferentes situações.

A HEGEMONIA DO FASCISMO PLEBEU

É o caso típico da Alemanha hitleriana, apesar de, como já antes referimos, o Partido Nacional-Socialista nos primeiros anos ter sido obrigado a fazer compromissos com certos setores das oligarquias tradicionais germânicas (designadamente com a banca, a grande indústria e as Forças Armadas). Mas, mesmo nestes casos, a consolidação do regime nazi e as condições de preparação e de condução da guerra foram ditando o crescente reforço totalitário do partido nazi, das SS e do *Führer* sobre todos os aspetos da direção política e militar na retaguarda, nos países ocupados, nas frentes de combate ou no universo concentracionário e de extermínio. Ou seja, o Partido Nacional-Socialista vai atrair e progressivamente incluir no seu seio e sob a sua direção as várias direitas conservadoras alemãs: a aliança do fascismo plebeu com as elites conservadoras realiza-se através da rendição e adesão destas ao nazismo, num processo iniciado antes da tomada do poder, em 1931. Com efeito, nesse ano, que inicia a ofensiva do nacional-socialismo para a tomada do poder,[40] constitui-se a Frente de Harzburg, uma "oposição nacional" à República de Weimar que polariza em torno dos nazis os grupos *völkisch* de extrema direita (o DNVP e os "capacetes de aço") e parte da direita histórica ligada aos grandes interesses.

[40] Nas eleições para o Reichstag de 1928, os nazis registam 2,8% de votos e doze deputados; e nas eleições de 1930 saltam para 18,3% dos votos e 107 deputados (ver Quadro VI).

Quando a eficácia do terrorismo anticomunista e antissocialista dos nazis, a sua força eleitoral[41] e a sua pressão político-social convencem os partidos conservadores, as elites dos junkers e dos grandes industriais e o marechal Hindenburg a nomear Hitler chanceler, esse processo de domínio absoluto do NSDAP e de concentração de poderes no *Führer* intensifica-se rápida e drasticamente a todos os níveis. Apesar de os nazis, inicialmente, além do chanceler, terem só mais dois ministros no governo, entre janeiro de 1933 e agosto de 1934 a sua ação é tão brutal como fulminante. Os alemães vão verificar que a retórica trágica do *Mein Kampf* e da propaganda era integralmente para levar à prática e de imediato. Os golpes são desferidos em duas direções principais:

— A liquidação radical de todas as formas de oposição ou diferenciação política e sindical, a começar pelo inimigo preferencial: o perigo judaico-bolchevista. A pretexto do incêndio do Reichstag, o Partido Comunista (KPD) é logo eliminado em fevereiro de 1933, os seus militantes presos em massa, incluindo o secretário-geral Ernst Thälmann,[42] os locais encerrados e a imprensa silenciada. Já sujeito a fortes restrições e ataques, o mesmo acontece ao Partido Socialista, ilegalizado por decreto em junho desse ano. Nesse mesmo mês, os partidos do centro e da direita autodissolvem-se, com o objetivo de os seus aderentes integrarem o NSDAP. Este é declarado partido único por lei a 14 de julho desse ano, o verdadeiro partido da nação alemã e da raça ariana, o que implicava a proibição de qualquer outro. Em maio, as SS e as SA tinham já assaltado e encerrado a Federação Geral dos Sindicatos Alemães (ADGB), que é dissolvida, apesar dos apelos ao presidente Hindenburg.

---

41 Nas eleições legislativas de julho e novembro de 1932, o NSDAP obtém respetivamente 37,3% e 33,1% dos votos, sendo o partido mais votado (ver Quadro VI). Nesse mesmo ano, nas eleições presidenciais em abril, Hitler obtém 36,8% dos votos, sendo derrotado pelo marechal Hindenburg.
42 Thälmann será assassinado e cremado nos fornos do campo de concentração de Buchenwald, em 1944.

E é sabido que a limpeza sangrenta da "noite das facas longas", em junho de 1934, além de contemplar os setores radicais populistas das tropas de assalto (e as suas veleidades de constituir um exército do partido concorrente com as forças armadas da aristocracia prussiana), eliminava também várias das reminiscentes figuras gradas da oposição conservadora do regime hitleriano.

Entretanto, logo em abril de 1933, a "lei de relançamento do funcionalismo público e profissional" procedera a um amplo saneamento rácico, isto é, antissemita, e político da função pública. Centenas de quadros e intelectuais veem-se obrigados ao exílio. Na realidade, o monopólio político e partidário do NSDAP estava, quanto ao essencial, concluído em julho de 1933 (oficialização do partido único), seis meses após a nomeação de Hitler para chanceler. Como as prisões existentes já não comportassem o número de presos políticos, Himmler, o *Reichsführer* das SS, entretanto nomeado chefe da polícia da Baviera, inaugura em março de 1933 o primeiro campo de concentração, em Dachau, perto de Munique.

— A concentração totalitária de poderes a todos os níveis da vida política e social nas mãos do Partido Nacional-Socialista e do seu chefe, Adolf Hitler: uma ditadura do partido sobre o Estado. Logo em março de 1933 desencadeia-se o "processo de uniformização dos *Länder*" (o *Gleichschaltung*): comissários do NSDAP tomam conta dos *Länder* ainda não sob controlo nacional-socialista e "limpam" as administrações regionais, apoiados na intervenção das tropas de assalto. Os *Gauleiter*, chefes regionais do partido, tornam-se os todo-poderosos patrões da administração regional. No mundo rural, Richard Walther Darré, o *Reichsbauernführer* (chefe dos camponeses do Reich), unifica o aparelho da política agrária nazi sob o lema "Sangue e Terra", e é nomeado ministro da Agricultura. Ainda que, como vimos anteriormente, as políticas financeira e industrial sejam inicialmente entregues a quadros experientes da oligarquia da banca e da grande indústria, e o regime aceite a relativa autonomia da confederação patronal da indústria, a partir de 1936 há alguma alteração nesse equilíbrio: Hitler entrega o plano económico quinquenal (a preparação económica para a guerra) a um organismo paralelo ao aparelho do Estado, chefiado por Goering e integrado por quadros do partido, também com participação patronal.

Entretanto, o Parlamento da República de Weimar, reunido a 23 de março de 1933 em Potsdam, ratificara a "lei dos plenos poderes", com a única oposição dos deputados do SPD presentes (o KPD já fora dissolvido). O governo tinha agora plenos poderes conferidos pelo Reichstag para legislar e rever a Constituição. Hitler exercerá a sua ditadura pessoal ao abrigo dessa votação, sem nunca necessitar, sequer, de revogar formalmente a Constituição de 1919. O parlamentarismo alemão terminava num suicídio que o vitimava a si próprio e ao pluralismo partidário.

No final do ano, a 10 de dezembro de 1933, culminando medidas anteriores nesse sentido, é aprovada a "lei para a segurança e unidade do Partido e do Estado": o partido, através das SS, passa a controlar o aparelho policial do Estado. Como é sabido, as SS não ficarão por aqui. A partir de 1935, além do controlo do aparelho policial e do ramo encarregado de guardar e gerir os campos de concentração (os SS-Totenkopfverbände), são criadas as SS Verfügungstruppe, um verdadeiro pequeno exército de 28 mil homens que, com o início da guerra, e apesar das reservas dos generais da Wehrmacht, Hitler autoriza que se transforme nas Waffen-SS, verdadeiro exército fascista internacional paralelo. No fim do conflito, ele contará com 900 mil homens, repartidos por 38 divisões mecanizadas do conjunto das Forças Armadas alemãs. A guerra daria às SS um poder militar nunca sonhado por Ernst Röhm para as SA, quando em 1934, por imposição dos generais prussianos, estas são decapitadas e reduzidas a uma milícia secundária.

Ou seja, nos vários setores o partido confunde-se com o Estado. Para o controlar ou para o neutralizar, cria organismos paralelos, duplicando-o e esvaziando-o. É o reino caótico da policracia, onde o árbitro e decisor supremo é o *Führer*. Aliás, pouco antes de falecer, Hindenburg aceitara concentrar nas mãos de Hitler os poderes de presidente em conjunto com os de chanceler. Quando morre, a 2 de agosto de 1934, a Reichswehr (Forças Armadas) presta juramento pessoal de fidelidade a Hitler, agora como chefe de Estado e do governo. A República de Weimar morrera e emergia o Terceiro Reich.

Também na Espanha franquista, como antes se aludiu, pode falar-se de uma hegemonia do falangismo fascista no regime, entre 1937 (data do "decreto de unificação" dos vários partidos da direita) e 1942, quando a sorte do conflito mundial começa a pender para o lado dos Aliados. Franco inicia então, já o referimos, o processo de regresso da "não beligerância" à "neutralidade", substitui Serrano Súñer dos postos que ocupava na direção da política externa, da segurança interna e da propaganda, e começa a tratar da desmobilização da Divisão Azul que combatia como exército nazi na frente leste. O fascismo conservador do regime marginalizou então os *camisas viejas* (que manterão um controlo importante na frente corporativa), no esforço de salvar o franquismo da derrota das potências do Eixo.

Há outros casos menores de regimes fascistas dirigidos por partidos de inspiração nazi, como o Estado croata de Ante Pavelić, instalado em 1941 após a invasão da Iugoslávia e ferreamente tutelado pelo terrorismo *ustasha*. Situação idêntica se passou na Hungria, em 1944, quando as tropas alemãs de ocupação e as milícias nazis húngaras, os "cruzes flechadas", derrubaram o almirante Horthy do poder e impuseram um breve e brutal regime nazi dirigido por Ferenc Szálasi. Ou também a Eslováquia do padre Jozef Tiso, tornado "independente" sob "proteção" alemã após Hitler ter invadido e desmembrado a Checoslováquia em março de 1939. O regime ditatorial e de partido único instaurado, crescentemente submetido à tutela das forças pró-nazis (a Guarda de Hlinka, uma SS eslovaca), tornou-se tristemente célebre pelas atrocidades cometidas contra os judeus e os seus opositores. Em qualquer destes casos, e de outros similares nos países de Leste, estamos perante Estados ou regimes-fantoche, sem real autonomia, que agiam sobretudo como adjacências político-militares do imperialismo alemão (ver Quadro IV).

O COMPROMISSO DO FASCISMO PLEBEU COM O FASCISMO CONSERVADOR

A Itália mussoliniana pode considerar-se um caso típico de equilíbrio entre o movimento fascista plebeu (que consegue impor às forças conservadoras o seu acesso legal à chefia do governo) e as direitas tradicionais, todavia com autonomia e capacidade para lhe contrapor compromissos essenciais no quadro do novo regime fascista.

É certo que o Squadrismo fascista lograra atrair em 1920 e 1921 uma significativa base de massas, e que a força política e social do movimento não só concitara a cumplicidade e o apoio das autoridades policiais e militares, como a mobilização da "marcha sobre Roma" levara os políticos liberais e o rei a nomear Mussolini como *capo* do ministério (onde os fascistas são, apesar disso, minoritários). Mas a consolidação do regime entre 1922 e 1925/26 é lenta e problemática. Curiosamente, é a crise mais grave que abala o governo de Mussolini, a crise Matteotti,[43] que vai permitir ao *duce* — beneficiando da hesitação e da impotência dos partidos

---

43 Giacomo Matteotti: deputado da ala reformista do Partido Socialista, que a 30 de maio de 1924 pronunciou na Câmara de Deputados um violento requisitório contra o regime fascista, denunciando a violência dos Squadristas e a fraude das eleições de 6 de abril desse ano, pondo abertamente em causa a legitimidade do governo de Mussolini. A 10 de junho, foi raptado e assassinado por um grupo de fascistas que veio a provar-se trabalhar às ordens do general De Bono, chefe da segurança do Estado. Desde o primeiro momento da sua desaparição, Mussolini é apontado como inspirador do rapto e do assassinato, e a oposição reclamou a sua demissão. Vários aliados hesitantes do fascismo afastam-se do regime, criticado pelos aliados liberais de ontem (Orlando, Giolitti, Salandra). Os deputados antifascistas abandonam o Parlamento, em sinal de protesto. Mussolini afasta De Bono, entrega os executantes diretos do assassinato e elimina do governo alguns elementos duvidosos. Mas contra-ataca com sucesso, face às hesitações da oposição e com a cumplicidade passiva do rei, que se recusa a romper com o fascismo.

que abandonam o Parlamento em protesto pelo assassinato do deputado socialista (a Secessão Aventina)[44] e da cumplicidade de políticos liberais e do rei — recuperar a iniciativa. No seu célebre discurso perante o Parlamento a 3 de janeiro de 1925, Mussolini, fortemente pressionado pelos poderosos cônsules do partido, passa ao contra-ataque. Diluindo habilmente, sem nunca o referir, o assassinato de Matteotti pelos Squadristas na obra mais geral do fascismo, o chefe do governo assumiu desafiadoramente a responsabilidade por tudo e "emergiu como um homem de Estado preparado para assumir responsabilidades, mais do que um político confrontado com um crime",[45] enquanto a oposição parecia ter desistido. Essa viragem lança a "segunda vaga" do fascismo italiano e é decisiva na instalação do novo regime ditatorial. São as "leis fascistíssimas" de 1925 e 1926:

— A 19 de junho de 1925 é decidido o saneamento político da função pública.

— Os deputados da Secessão Aventina são impedidos de retomar os seus lugares no Parlamento e, em 1926, o mandato parlamentar de vários deputados antifascistas é administrativamente anulado.

— A 24 de dezembro desse ano, no rescaldo de um atentado contra o *duce*, uma nova lei estabelece que o chefe do governo deixa de responder perante o Parlamento e passa a depender unicamente da confiança do rei. E, em janeiro de 1926, ele passa a dispor de plenos poderes para governar por decreto. Mussolini acumulará

---

44 Referência à secessão da plebe romana no século V a.C., a propósito do abandono do Parlamento por um grupo de deputados da oposição ao fascismo, a 27 de junho de 1924, após o assassinato do deputado Matteotti pelos Squadristas fascistas. Reclamavam o restabelecimento das liberdades democráticas, denunciavam a violência fascista e esperavam do rei a demissão de Mussolini, o que não aconteceu. Foi a última tentativa de resistência à instauração da ditadura. Os deputados foram aos poucos regressando ao Parlamento, mas veem-se, à força, impedidos de o fazer, e a 9 de novembro de 1926 os parlamentares da Secessão Aventina viram os seus mandatos serem administrativamente cassados.
45 S.J. Lee, op. cit., p. 138.

pessoalmente pastas ministeriais a um nível sem precedentes: em 1929 é o responsável direto por oito ministérios essenciais (Negócios Estrangeiros, Interior, Guerra, Marinha, Aviação, Colónias, Corporações e Obras Públicas).

— Em fevereiro de 1926, dá-se a liquidação do poder local eletivo: os *síndacos* municipais eleitos são substituídos pelos *podesta* nomeados pelos prefeitos (também de nomeação governamental), que designam igualmente os conselhos municipais (que passam a ter funções meramente consultivas).

— A 5 de novembro de 1926, todos os partidos são proibidos, à exceção do Partido Nacional Fascista, o partido único do novo regime. Grande número de militantes e personalidades antifascistas são presos ou forçados ao exílio interno, e outros partem para o estrangeiro, como o dirigente liberal Francesco Nitti ou Palmiro Togliatti, do PC italiano. Os comunistas tentam dificilmente organizar-se na clandestinidade: Gramsci, o secretário-geral do PCI, é preso em 1926 e morre a 27 de abril de 1936.

Simultaneamente, são publicadas as leis que estruturam o Estado policial: criação da polícia política (OVRA: Obra de Vigilância e Repressão do Antifascismo), alargamento de poderes de detenção e prisão, alargamento da aplicação da pena de morte, instituição do Tribunal Especial de Defesa do Estado, estabelecimento da censura prévia a todos os meios de comunicação social.

— Em 1928, já com os partidos proibidos, o Parlamento passa a ser eleito a partir de uma lista nacional única, apresentada pelo Grande Conselho Fascista, a cúpula do regime criada nesse ano. Em 1939, o Parlamento é substituído pela Câmara dos Fáscios e das Corporações.

— No plano laboral, a "limpeza" não é menos drástica: a 3 de abril de 1926, a lei das relações laborais dissolve a Confederação Geral do Trabalho (CGT), proíbe a greve e os sindicatos livres. Um Ministério das Corporações é criado a 2 de julho desse ano. A nova ordem corporativa do fascismo é consagrada pela *Carta del Lavoro* publicada em 1927. Tal como se passará mais tarde na Alemanha hitleriana, acabam-se as veleidades obreiristas e sindicalistas do movimento fascista inicial: em 1928, a reestruturação da Confederação Fascista do Trabalho (CFT) marca a extinção prática do sindicalismo fascista. O seu líder, Edmondo Rossoni, é afastado.

Mas esta nova vaga da "revolução fascista" nunca pôs em causa os interesses oligárquicos tradicionais: o rei, a monarquia de Saboia, o Exército, a Igreja Católica, os grandes interesses da indústria e dos agrários. Ou seja, o movimento fascista aliou-se, no quadro do novo Estado, com as elites dominantes tradicionais, mas numa situação de claro predomínio do Estado e de subalternização do partido perante ele. Como referiu S. Payne, a ditadura fascista foi uma ditadura também sobre o partido, mais do que uma ditadura de partido.[46] Esse compromisso de equilíbrio entre o fascismo plebeu e as direitas fascistizadas realiza-se no quadro de uma ditadura de novo tipo, mas que tem o Estado oligárquico tradicional como centro do poder. A sustentabilidade e eficácia dessa aliança teve duas condições: a subordinação e disciplina do Squadrismo e dos setores radicais do Partido Nacional Fascista, e o reforço do papel dirigente e arbitral do *duce* na gestão das contradições, alimentado por um espampanante e irrestrito culto da personalidade. A realidade é que rapidamente a hegemonia económica e política dos interesses dominantes se tornou a natureza essencial do regime fascista.

O processo de disciplinamento do partido em torno de Mussolini e de esvaziamento da radicalidade populista do movimento fascista foi relativamente lento e por vezes difícil, tendo sido iniciado ainda antes da subida ao poder, quando essa meta começou a entrever-se e, com ela, a necessidade de não assustar a oligarquia tradicional, indispensável porta de acesso à direção do Estado. O primeiro passo nesse sentido é dado em novembro de 1921,

---

46 Stanley George Payne, *A History of Fascism: 1914-1945*. Wisconsin: University of Wisconsin Press, 1995, p. 114.

com a criação do Partido Nacional Fascista. O fascismo até aí era uma federação de bandos regionais de "camisas negras", os Fasci di Combattimento, obedecendo aos *ras*, da qual Mussolini não era formalmente líder, situação que, aliás, se mantém no congresso fundador. Em 1925, o contra-ataque de Mussolini passa também pelo PNF: Farinacci, designado novo secretário-geral do partido, chefia o processo de limpeza interna e de sujeição dos "cônsules" e *ras* provinciais ao poder centralizado de Mussolini. Cerca de 60 mil membros, os setores mais radicais e populistas, são afastados das fileiras do PNF e procede-se a novos recrutamentos nos setores juvenis mais enquadrados e nas classes médias. Só no ano seguinte os estatutos do partido são revistos, e o *duce* passa a ser o chefe do PNF, tornando-se os quadros dirigentes de nomeação. Finalmente, em 1928, são criados o Grande Conselho do Fascismo, uma cúpula do regime e do Estado tutelada (e secundarizada) por Mussolini, e a Milícia Voluntária de Segurança Nacional, que enquadra todas as Squadre num corpo miliciano único, na realidade sujeito à autoridade do Estado. Em 1929, uma nova alteração de estatutos consagra explicitamente a subordinação do partido ao Estado.

Também a nível local, onde é mais visível o confronto entre os Squadristas e as autoridades tradicionais, Mussolini, em janeiro de 1927, numa circular aos prefeitos, indica-os como "a maior autoridade do Estado na província", a quem todos os apoiantes do fascismo "devem respeito e obediência", explicitando que eles deveriam usar "de todos os meios ao seu alcance" contra qualquer ação violenta dos Squadristas.[47] É claro que o PNF e os seus quadros guardaram significativa influência e direção em domínios como a juventude, o controlo dos lazeres, o sindicalismo corporativo, a propaganda e outros setores do aparelho do Estado. Mas não beliscam os pilares da ordem oligárquica tradicional. São estes que partilham o novo regime com o fascismo plebeu

---

47 Ibid., p. 153.

tornado ordeiro e respeitador, assegurando-se de que não perdem o controlo do essencial.

Esta dualidade compromissória no regime fascista italiano, que subalterniza o partido relativamente ao Estado e nele mantém a autonomia e o poder das forças políticas e sociais tradicionalmente dominantes, é o que permite que estes derrubem Mussolini em 1943, quando o descontentamento crescente e a iminência da derrota após o desembarque dos Aliados na Sicília os obriga a dispensar o indispensável aliado do início dos anos 20 no combate ao movimento operário e à democracia parlamentar.

O DOMÍNIO DO FASCISMO CONSERVADOR

O terceiro tipo de correlação de forças que conduz à imposição de regimes fascistas ou de tipo fascista na Europa periférica é o da hegemonia das direitas conservadoras tradicionais, elas próprias rendidas ao fascismo, sobre os movimentos fascistas plebeus que são por elas subordinadamente integrados no processo de superação do Estado liberal. Frequentemente, essa absorção integradora dos movimentos fascistas e a receção deles e das suas práticas pelo novo regime verifica-se após episódios de conflitualidade (encerramento de jornais, interdição dos partidos fascistas, prisão de apoiantes e dirigentes, etc.). Ou seja, situações em que o populismo fascista plebeu, sem força para desafiar decisivamente a hegemonia do conservadorismo fascistizado, acaba por ser integrado na nova ordem ditatorial, influenciando aspetos inovadores importantes das suas políticas (a iconografia, o tipo de discurso, o milicianismo, o controlo dos tempos livres, o estilo da nova propaganda, os aparelhos totalizantes de inculcação ideológica na família, na escola ou no trabalho...) mas sem realmente lograr disputar a hegemonia política das velhas e novas elites ligadas às classes e aos interesses dominantes. Por seu turno, a oligarquia, aderindo ao ideário e às políticas do fascismo como solução eficaz para salvaguardar e reforçar a sua posição nas condições de uma crise sistémica aguda, desconfia do plebeísmo desordeiro e miliciano dos movimentos fascistas e, mesmo recebendo-o parcialmente, escora-se sobretudo nos pilares tradicionais do seu poder: as Forças Armadas, a Igreja Católica e a violência do Estado.

O Estado Novo português é um exemplo significativo deste processo de unificação das várias direitas antiliberais sob a tutela simultaneamente arbitral e dirigente do salazarismo e das direitas conservadoras, crescentemente radicalizadas ideologicamente, num sentido fascizante, ao longo dos anos 20. Um processo que conhece, entre 1926 e 1932 (data em que Salazar é nomeado primeiro-ministro), dois andamentos paralelos: a atração das várias direitas antiliberais à plataforma salazarista e ao seu poder unificador (a União Nacional, fundada em 1930, futuro partido único do regime), e a repressão/cisão/integração da direita fascista (o Movimento Nacional-Sindicalista — MNS) no Estado Novo, em 1933/34. Vale a pena observar com mais detalhe esse processo de unificação das cinco direitas da direita portuguesa (a católica, a integralista, a republicana, a "direita das realizações" e a direita fascista) na génese do Estado Novo.

O Estado Novo salazarista

Em Portugal, era grande a dispersão das direitas em geral e das direitas antiliberais, em particular quando se dá o 28 de Maio de 1926. Será a intervenção do Exército, mesmo assim confusa e contraditória, a conferir um mínimo de operacionalidade a toda a pulverização política e ideológica que rodeia o golpe militar — um Exército onde a maioria dos comandos, como sabemos, revelaria inclinações republicanas conservadoras. Para que as direitas ultramontanas, nacional-corporativas e autoritárias pudessem almejar à implantação de um novo tipo de regime, para conseguirem desafiar e subordinar a hegemonia republicano-castrense nas Forças

Armadas, era absolutamente essencial unir, numa força só, todas as forças suscetíveis de serem unidas para a tarefa contrarrevolucionária da "revolução nacional", da implantação do Estado Novo. Era indispensável reuni-las numa plataforma comum que sustentasse a tomada do poder — no caso português, talvez se devesse falar em transferência do poder — e, sobretudo, a sua durabilidade.

Precisamente, a partir de 1928, essa foi a arte suprema de Salazar: fazer das direitas uma direita capaz de saber durar.

Ao longo do processo de transição da Ditadura Militar para o Estado Novo, a base política e ideológica da arrancada salazarista será o campo político a que tenho chamado de *autoritarismo conservador*, representado partidariamente pelo Centro Católico (agrupa a direita católica) e pelo Integralismo Lusitano (agrupa a direita integralista, isto é, monárquica neotradicionalista, maurassiana e restauracionista, uma espécie de utopia de regresso ao Antigo Regime). Apesar das importantes divergências táticas que separarão as duas formações políticas na primeira metade dos anos 20, elas partilham um largo campo ideológico essencial, que é de clara rutura com a ordem liberal e parlamentar: o nacionalismo passadista, a nação orgânica como fundamento do Estado, o corporativismo, a negação do património político e ideológico da Revolução Francesa, a condenação do "demoliberalismo", do parlamentarismo, da democracia e do socialismo, a apologia do Estado forte e de uma "ordem nova". Em grande medida, aquilo que Salazar explanaria na sua alocução de 30 de julho de 1930 sobre os "Princípios fundamentais da Revolução política".[48]

É claro que, fiel à política papal do *ralliement*, o Centro Católico reconhece as instituições republicanas e aceita colaborar com elas em nome da defesa dos interesses da Igreja. Isto é, na realidade, desvaloriza a chamada "questão do regime" (a questão da restauração monárquica), no que chocaria violentamente com

---

48 A.O. Salazar, op. cit., pp. 69 ss.

o rígido ultramontanismo restauracionista do integralismo. Mais do que isso, o Centro Católico, ou talvez, sobretudo, o seu núcleo salazarista, irá evoluindo do pretexto da defesa dos interesses eclesiásticos como razão de aceitação da forma institucional externa do Estado, para a assunção da necessidade de não repetir o erro fatal da experiência sidonista que permitira a rutura da frente conservadora em torno da "questão do regime". Esta preocupação, já claramente orientada para a solução do problema da crise do poder liberal, fará com que, sobretudo na primeira metade dos anos 20, o Centro Católico se apresente não tanto como um partido político, mas como uma espécie de reserva moral e transpartidária das direitas portuguesas, um seu "instrumento orgânico de transformação social".[49] Essa apetência eclética e federadora das direitas terá seguramente contribuído para facilitar ao grupo salazarista do Centro Católico a função polarizadora do processo da sua concertação e aliança durante a Ditadura Militar.

A absorção dos integralistas será mais complicada. Convirá, talvez, precisar que os adeptos da restauração da Monarquia Constitucional são uma espécie em rápida extinção, até porque o próprio rei exilado acaba por deixar cair essa reivindicação no Pacto de Paris com os legitimistas, em 1922. Efetivamente, o grosso do restauracionismo cairá paulatinamente sob a decisiva influência cultural e ideológica das correntes antiliberais em geral e do Integralismo Lusitano em particular. Antes e depois da morte de D. Manuel II no exílio, em 1932 (depois disso, os monárquicos, finalmente, unem-se em torno do descendente da linha legitimista, Duarte Nuno, como pretendente), a Causa Monárquica e a maioria dos integralistas vão apoiar a Ditadura Militar e, a seguir, integrar-se no Estado Novo e no partido único, a União Nacional, autodissolvendo-se a Junta Central do Integralismo Lusitano em 1933.

---

49 Manuel Braga da Cruz, *As origens da democracia cristã e o salazarismo*. Lisboa: Presença, 1980.

Ficarão de fora, além de personalidades isoladas como Paiva Couceiro, figuras destacadas da "primeira geração" do Integralismo, os "mestres fundadores", homens como Almeida Braga, Hipólito Raposo, Rolão Preto ou Alberto Monsaraz, todos, mais tarde ou mais cedo, alvo de perseguição pelo regime salazarista. Uns e outros se demarcarão do novo regime como perversão autoritária e estatista do corporativismo — a "salazarquia" —, com ele entrando em rota de colisão. No entanto, a "segunda geração", educada nos combates contra a República durante os anos 20, e o grosso das hostes monárquico-integralistas, mesmo com críticas por parte dos setores mais ultramontanos à constitucionalização do regime ou ao primeiro ministério salazarista, aderirá ao Estado Novo, onde vários deles se alcandorarão aos mais elevados cargos e à mais estreita colaboração com Salazar (Pedro Teotónio Pereira, Marcelo Caetano, João Amaral, Sousa Gomes, Santos Costa), de cujo regime boa parte se tornará a ala mais rigidamente conservadora. Mas é também do setor mais jovem desta "segunda geração" integralista, sobretudo do seu setor "escolar", que se operará, entre 1927 e 1932, sob o patrocínio de alguns fundadores — Rolão Preto e Alberto Monsaraz —, a cisão fascista do Integralismo.

Mas o Estado Novo não será só a expressão política e ideológica da reação à massificação da política, ao desenvolvimento industrial ou ao perigo da revolução social que a direita católica ou integralista representavam. Ele equilibrará, numa tensão constante, o conservadorismo regressista do autoritarismo conservador com o *autoritarismo modernizante* de matriz martiniana, com as suas soluções corporativas, autoritárias e cesaristas, a sua teoria fundadora da conceção do ditador carismático moderno, o seu elitismo cientificista. Uma rutura política e institucional com o liberalismo parlamentarista, a apologia de um poder político forte e independente, mas ao serviço de um projeto de "vida nova" assente num nacionalismo economicamente protetor do desenvolvimento industrial ou, sobretudo, num projeto neofisiocrático de fomento rural e reforma fundiária, onde se encontram os fundamentos dos futuros projetos de reforma agrária ao longo do século XX português. Apesar de esta direita modernizante nunca ter tido, entre nós, uma tradução política organizada, ela vai inspirar uma corrente tecnocrática, aquilo a que tenho chamado uma *direita das realizações*, desdobrada quanto às suas estratégias essenciais para o desenvolvimento económico do país, no reformismo agrário neofisiocrático ou no industrialismo.[50] Ela fará da apologia do Estado forte e estável, tanto política como financeiramente, uma condição *sine qua non* do progresso material. Em termos práticos, optará pelo apoio à Ditadura e pela colaboração com o Estado Novo como solução política e financeira indispensável ao fomento económico do país, inspirada e orientada pelos "engenheiros".[51]

Esta prioridade concedida à "técnica", à "ciência" e ao fomento material dará a esta direita tecnocrática uma representação menos ideológica das causas da "decadência nacional", um diferente remédio para as superar, o mesmo é dizer, marcará o seu nacionalismo com um conteúdo economicamente modernizante e claramente distinto do nacionalismo regressivo e passadista dos integralistas. Um neoiluminismo tecnocrático e autoritário comandado pela elite dos engenheiros.

Já antes analisámos o papel central que desempenhou a "rendição" da *direita republicana*, civil e sobretudo militar, no processo da tomada do poder pelos salazaristas e na instalação do Estado Novo. A direita republicana (e até boa parte da esquerda) participa no 28 de Maio à sombra do comandante Mendes Cabeçadas, na convicção ingénua de vir a ser o governo ou o partido do governo na Ditadura Militar e na República regenerada que dela sairia. A ilusão durou três semanas, o tempo que demorou às direitas autoritárias varrer Cabeçadas de cena.

---

50 Fernando Rosas, *Salazarismo e fomento económico*. Lisboa: Editorial Notícias, 2000.
51 Ibid., pp. 38 ss.

Não obstante, a influência do liberalismo republicano entre boa parte dos chefes do Exército — serão eles, como vimos, a chefiar os ministérios da Ditadura entre 1926 e 1930 — fará com que a direita republicana civil e militar se empenhe ainda por vários anos na tentativa, é certo que bastante desconexa e ziguezagueante, de criar a República ordeira, conservadora mas liberal, estável, de Executivo forte, suportada por um sistema bipartidário "à inglesa", com alguma representação corporativa que, por via eleitoral, ainda em 1931 pensava poder começar a erguer.

Mas à direita republicana, sobretudo à sua expressão militar — a mais decisiva e respeitada, a que está no poder a partir do 28 de Maio —, faltava quase tudo: chefes à altura, um programa político e financeiro para o país, um sólido apoio partidário e até um mínimo de estabilidade. Não resistiria, por isso, já o sabemos, à ofensiva salazarista. O declínio inexorável da direita republicana civil e militar ditaria o fim a que já antes aludimos: parte dela passa-se para o apoio à conspiração reviralhista, outra parte, a sua larga maioria, vai negociar com o salazarismo as condições de integração no novo regime e as contrapartidas para entregar o poder a Salazar e fazer a tropa regressar aos quartéis. A rendição do liberalismo, como vimos, foi a derradeira porta a franquear para o advento do Estado Novo.

Finalmente, já no quadro do agudo debate interno dentro da Ditadura Militar, emerge, com relevante influência política, a *direita fascista*. Esta direita radical, pequeno-burguesa, de discurso "revolucionário" inflamado, plebeia e populista, apesar de algumas esparsas tentativas de afirmação no pós-sidonismo, é, enquanto manifestação autónoma significativa, um fenómeno relativamente tardio em Portugal.[52] Só aparece como força política a partir de 1927, com a Liga 28 de Maio, de vida irregular, e sobretudo com o Movimento Nacional Sindicalista (MNS) criado em 1932 a partir da

---

52 A.O. Salazar, op. cit.

Liga, que o governo de Salazar tentava domesticar. É chefiado por Rolão Preto, à cabeça dos seus "camisas azuis" de cinturão e talabarte, braçadeira com a cruz de Cristo e saudação romana, a imitar as milícias fascistas e nazis. O MNS conquista uma rápida e notável influência na juventude académica integralista, no "tenentismo" radical, nos jornalistas e na jovem intelectualidade urbana de direita, penetrando até em alguns meios académicos conservadores de Coimbra e Lisboa. Ataca as tibiezas do "ditador catedrático", os compromissos da situação, opõe à constitucionalização do regime a continuação da Ditadura e da "Revolução Nacional".

A popularidade do MNS é encarada com clara desconfiança pelas elites políticas, económicas e militares de uma oligarquia que tinha no sangue o vírus do medo da agitação, mesmo quando era contrarrevolucionária. E que se habituara, com sucesso, a confiar em instituições tradicionais como a Igreja, o Exército ou as autoridades do Estado para defender os seus interesses, dispensando por isso esse suspeito milicianismo desordeiro que não controla. O que levará Salazar, em 1933 e no ano seguinte, a tomar as medidas de cerco e aniquilamento que culminarão, em julho de 1934, na dissolução do MNS, mas com a absorção da maioria dos "camisas azuis" nas estruturas milicianas, de propaganda e sindicais do Estado Novo, onde desenvolverão um papel central no processo de fascistização do regime ao longo dos anos 30.

O que se passa no plano político com a integração e articulação das várias direitas na plataforma viabilizadora do regime ocorre também, e provavelmente desde mais cedo, com os vários setores da direita dos interesses, se quisermos, das classes dominantes. As três vertentes principais do programa económico e social salazarista desde muito cedo concitam o seu incondicional apoio. Desde logo, a prioridade do equilíbrio orçamental, pelo que significava de estabilização da moeda, barateamento do crédito, redução dos custos de trabalho, fazer pagar a crise financeira pelos assalariados. Depois, o duplo e crucial objetivo da organização corporativa:

regulação cartelizadora da economia pelo Estado, feito árbitro dos interesses gerais da oligarquia em tempo de crise (condicionamento da concorrência, da circulação, dos preços) e desarticulação do movimento operário e sindical organizado, sujeitando-o à "ordem" e à "disciplina" corporativa. Finalmente, o governo forte, estável e independente das "desordens" partidárias e parlamentares para levar a cabo esse plano. Em suma, o ambicionado programa de restauração da "ordem": nas finanças, na administração e nas "ruas".

É da articulação e do equilíbrio destas cinco direitas da política e da direita dos interesses — da arte de as saber unir, conduzir no processo de tomada do poder e aí as manter duradouramente — que vai nascer e durar o Estado Novo.

Esta direita das direitas vai conhecer, desde o processo da sua aliança na segunda metade dos anos 20, mas acelerado ao longo dos anos 30,[53] um processo de fascistização que levará, tal como já se passara na Itália mussoliniana ou na Áustria de Dolfüss, à transformação/submissão das direitas com origem não fascista (designadamente os católicos e os liberais conservadores) em setores de apoio às ditaduras de novo tipo que então emergem com sucesso por toda a Europa. As direitas antiliberais, e parte das próprias direitas liberais, rendem-se à capacidade que o fascismo parece demonstrar de realizar aquilo que o Estado liberal se mostra incapaz de fazer. O fascismo é o paradigma da resposta à crise agónica do liberalismo por parte das classes dominantes. Um vórtice fascizante em grande medida potenciado, como bem salienta Manuel Loff,[54] pela pressão de uma "Ordem Nova" internacional, vitoriosa nessa batalha decisiva contra a democracia, o socialismo, o comunismo e os valores antifascistas em geral que travará na Guerra Civil de Espanha entre 1936 e 1939.

---

53 Acontecimentos internacionais, como a subida do nazismo ao poder em janeiro de 1933 ou a Guerra Civil de Espanha desencadeada em julho de 1936, terão nisso grande influência.
54 Manuel Loff, op. cit., pp. 17 ss.

O "austro-fascismo" e a sua influência na Europa Central e de Leste

Situação idêntica à do regime português, em termos de relação de forças no campo da contrarrevolução e do regime a que deu lugar, é a da Áustria de Engelbert Dolfüss e Kurt Schuschnigg, entre 1933 e 1938. A revolução de 1918; a existência de um forte partido socialista (SDAPO — Partido Social-Democrata dos Trabalhadores da Áustria Alemã) de orientação radical, "austro-marxista", que nas eleições de novembro de 1930 foi o partido mais votado (42% dos votos); os sangrentos confrontos armados em Viena, em 15 de julho de 1927, entre manifestantes socialistas e a polícia (89 mortos); os efeitos económico-sociais da crise de 1929 e a forte reação do SPD e dos sindicatos às medidas de austeridade decretadas pelo governo de direita — tudo isso, pairando como ameaça, parece originar uma forte e precoce radicalização contrarrevolucionária das direitas políticas conservadoras da Áustria, proclamada República independente em novembro de 1918, após o colapso dos Habsburgos e do Império Austro-Húngaro. E a esta situação somava-se, desde o início dos anos 20, o ativismo subversivo e terrorista da secção austríaca do partido nazi alemão em prol da unificação com a Alemanha (o *Anschluss*), proibida pelos tratados de Paris.

O "estado de ilegalidade e violência" originado pela guerra — populações esfomeadas, soldados regressados da frente impelidos para ações extremas, bandos de salteadores — leva à formação de corpos voluntários para defender propriedades, casas e fábricas nos distritos rurais, providos com armas que tinham pertencido às tropas do império. Desses grupos, apoiados por políticos de direita, sairia a milícia fascista Heimwehr (Guarda Nacional). Na realidade, uma espécie de braço armado e de instrumento político, extraparlamentar, dos partidos conservadores, sobretudo do Partido Social Cristão (CSP), "para defender a burguesia urbana do proletariado e o campo conservador das cidades socialistas"[55] e para atacar o parlamentarismo liberal. Isto leva Gerhard Botz a considerar que os "partidos do centro e direita e o campesinato conservador criaram a Heimwehr [...], que se tornou o núcleo do fascismo austríaco",[56] e K.R. Stadler a concluir que "o fascismo austríaco foi prevalentemente burguês".[57] E da mesma forma seria fortemente apoiado pela Igreja Católica: Seton Watson escreveria que "o catolicismo austríaco abandonou a norma oligárquica pela demagógica".[58] Fosse como fosse, verifica-se desde os finais dos anos 20 uma estreita ligação do Partido Social Cristão e dos demais partidos conservadores austríacos com o movimento fascista da Heimwehr, geneticamente a eles ligado: o príncipe Starhemberg, líder da Heimwehr, entra para o governo austríaco em setembro de 1930. O agravamento da crise económica e social levará não só ao estreitamento dessa aliança como à subversão do sistema liberal parlamentar e à instauração de um regime ditatorial nacionalista e corporativo que parte da historiografia designa como austro-fascismo.[59]

Nomeado chanceler em 1932 para fazer face à crise instalada, Dolfüss forma governo com o seu partido, o CSP, a Heimwehr (que fica com a crucial pasta do Interior) e a Liga Camponesa. A ditadura instala-se logo em março de 1933, quando o chanceler encerra ilegalmente o Parlamento e passa a governar por decretos de emergência. Tratava-se, por um lado, de impor as medidas de austeridade económica e social defendidas pelas direitas políticas

---

55 K.R. Stadler, op. cit., p. 98.
56 Gerhard Botz, "Estado corporativo e ditadura autoritária: A Áustria de Dollfuss e Schuschnigg (1933-1938)". In: António Costa Pinto; Francisco Martinho (coords.), *A vaga corporativa: Corporativismo e ditaduras na Europa e na América Latina*. Lisboa: ICS, 2016, pp. 61 ss.
57 K.R. Stadler, op. cit., p. 96.
58 Cit. in: Ibid., p. 98.
59 J. Lewis, "Conservatives and fascists in Austria, 1918-1934". In: Martin Blinkhorn (org.), *Fascists and Conservative*. Londres: Routledge, 1990.

e os industriais, fortemente contestadas pelo Partido Socialista e os sindicatos, e por outro de neutralizar o Tribunal Constitucional, que se preparava para decretar tais medidas como inconstitucionais. Mas era só o começo da subversão antidemocrática: em maio, o Partido Comunista Austríaco é proibido, em junho sucede o mesmo ao Partido Nacional-Socialista. Num discurso a 11 de setembro na Trabrennplatz, em Viena, Dolfüss anuncia a "ordem corporativa" (*Berufsständischen*) como o futuro do país: um Estado corporativo (*Ständestaat*), uma Áustria germânica, cristã, social e corporativa, de liderança autoritária, antiparlamentar e antimarxista, e sob crescente influência da Heimwehr.

Mas é em 1934 que a viragem para o austro-fascismo se concretiza e Dolfüss desfere (e sofre) os golpes decisivos:

— De 12 a 15 de fevereiro desse ano, já o referimos, milícias da Heimwehr e tropas do governo esmagam a resistência armada da organização paramilitar dos socialistas na "Viena vermelha" e noutros centros industriais austríacos, onde se tinham insurgido contra os ataques das milícias fascistas. O SDAPO é ilegalizado e milhares de socialistas e sindicalistas são presos e internados em campos de detenção. É o fim da democracia na Áustria. Logo em março é proibido o sindicalismo livre e criada a Confederação dos Sindicatos, única autorizada.

— A 17 de março de 1934, Dolfüss assina com a Itália e a Hungria os Protocolos de Roma, que asseguram a proteção do fascismo italiano à Áustria de Dolfüss e do *Ständestaat*, crescentemente ameaçada pelos nazis austríacos e alemães. Ainda nesse mês é criada a Frente Patriótica (*Vaterländische Front*), transformada em partido único em 1936. Estabelece-se o novo símbolo oficial da Áustria, a cruz potenteia (*Kruckenkreuz*), inspirada nos Cruzados, e regressa a águia bicéfala da monarquia dos Habsburgos.

— A 1º de maio do mesmo ano, cumprindo os compromissos assumidos com Mussolini, é decretada a nova Constituição corporativa, que invoca "Deus Todo-Poderoso", integra a Concordata com a Santa Sé e proclama a Áustria como Estado federal, germânico, cristão e corporativo, consagrando uma complexa estrutura orgânica do *Ständestaat*. Na prática, à semelhança do Estado Novo português, um corporativismo estatista e uma ditadura de chanceler, dotados de poderes executivos e legislativos quase irrestritos. Mas Dolfüss gozará pouco tempo do seu poder: a 25 de julho é assassinado durante o frustrado *putsch* nazi ordenado por Hitler para o derrubar. Ainda com pretensões de influência na região danubiana (o "eixo Roma-Viena-Budapeste"), Mussolini envia tropas para a fronteira do Bremen, desmobilizando a ameaça alemã. O *putsch* nazi é derrotado, e Kurt Schuschnigg sucede a Dolfüss como chanceler do novo regime em construção.

Schuschnigg tem apenas 34 anos e já fora ministro antes de Dolfüss ser chanceler. É um exemplo típico da elite conservadora austríaca: aristocrata alpino de família ligada aos Habsburgos, simpatizante da velha monarquia, advogado com carreira política no Partido Social-Cristão mas mais próximo da Heimwehr tirolesa, fundara as Tropas de Assalto. Patriota austro-alemão, corporativo, católico, fora responsável pelas execuções de militantes socialistas após as revoltas de fevereiro de 1934. É o continuador da política ditatorial de Dolfüss e do *Ständestaat*. Mas as suas simpatias pangermânicas tornam-no particularmente vulnerável ao irredentismo imperial da Alemanha nazi, sobretudo depois de Mussolini, envolvido a partir de 1935 na guerra na Abissínia, ter deixado o espaço danubiano ao dispor do Terceiro Reich. Sob pressão alemã, a partir daquele ano, o novo chanceler começa a afastar a Heimwehr dos lugares-chave do regime e a integrar as suas milícias no Exército. Em 1936, Schuschnigg celebra com Hitler os célebres Acordos de Julho, que previam a inclusão dos nazis nos órgãos do regime e admitiam a integração pacífica da Áustria, definida como um "Estado alemão". O processo é agora irreversível: Hitler convocará o chanceler austríaco em 1938 para o acusar de romper o pacto estabelecido, e os nazis desencadeiam uma agitação interna que obriga à sua demissão. Sucede-lhe o líder nazi Seyss-Inquart, que prontamente solicita a intervenção alemã. Entre 11 e 13 de março de 1938, as tropas alemãs invadem a Áustria sem resistência e é proclamado o *Anschluss*.

Mas o Estado Novo salazarista ou o austro-fascismo, ou seja, esta modalidade de ditadura conservadora e corporativa "a partir de cima", que marca as suas distâncias do fascismo plebeu, quando não o reprime e integra subordinadamente, parece ter repercussão e influência na *Mitteleuropa* e nos Bálcãs, em regimes de perfil idêntico, como a Lituânia de Smetona, a Estónia de Päts, a Letónia de Ulmanis, os governos fascizantes conservadores de Gömbös e Imrédy na Hungria, a ditadura de Metaxás na Grécia ou do rei Bóris na Bulgária, ou até o "monarca-fascismo" do rei Carlos II, na Roménia.

A BIPOLARIZAÇÃO E O CONFLITO

Finalmente, há a situação de conflito prolongado, alternando com períodos de equilíbrio precário e de pouca duração, opondo as forças políticas conservadoras crescentemente próximas do fascismo e os movimentos fascistas com base de massas, de retórica radical e milicianismo violento, crescentemente ligados à estratégia expansionista da Alemanha nazi a partir de meados dos anos 30. Trata-se de uma luta pela hegemonia no seio da ditadura, entre fascistas conservadores e movimentos pró-nazis, geradora de uma instabilidade política permanente, acentuada pela crescente intervenção externa, primeiro da Itália fascista e, depois de 1935, da Alemanha hitleriana.

Situações paradigmáticas desta polarização, oscilação entre uns e outros e alternância quase permanente entre conflitos e acordos, são as da Hungria do almirante Miklós Horthy e da Roménia do rei Carlos II e do general Antonescu.

Na Hungria, após o derrube do governo de Béla Kun e da repressão anticomunista, antissocialista e antissemita que se lhe seguiu, estabeleceu-se um regime formalmente parlamentar e pluripartidário, mas restrito aos partidos conservadores e de extrema direita, com a particularidade de o partido oficial do regime (a União Nacional), aglutinador das várias direitas, nunca ter sido um partido único. Na realidade, era uma ditadura da oligarquia tradicional, disfarçada sob um parlamentarismo elitista, que entrega a regência perpétua da monarquia restaurada ao almirante Horthy.[60] E onde uma direita conservadora crescentemente radicalizada disputa a hegemonia do poder com uma forte corrente fascista, inicialmente também de génese conservadora, mas, a partir de meados dos anos 30, de clara influência nazi e tutela alemã.

Depois dos anos de governação liberal conservadora do conde Bethlen (1922-1931), os efeitos profundamente disruptivos da Grande Depressão de 1929 levam o coronel Gömbös (1932-1936) — um dos chefes dos batalhões especiais do "terror branco" em 1919/20, pró-fascista adepto de Mussolini, racista antissemita convicto — a tentar impor o seu movimento (MOVE, Partido da Defesa da Raça) como um partido único "a partir de cima" e a orientar o regime no sentido de uma ditadura fascista racializada de que ele seria o chefe infalível. Pouco antes de morrer inesperadamente, em 1936, Gömbös concluíra um acordo secreto de cooperação com Goering, empenhando-se na implantação de um regime hitleriano na Hungria. Aliás, em 1935, o major Ferenc Szálasi, outro militar do "terror branco", conseguira reagrupar vários grupos fascistas e pró-nazis nos "cruzes flechadas", milícia pró-nazi com crescente influência política e na oficialidade militar. Com Mussolini a afastar-se da influência política estratégica danubiana, o fascismo húngaro tornava-se popular e pró-nazi.

Apesar de Horthy não dar seguimento àquele acordo, a fase pós--Gömbös é marcada pela alternância sempre conflitual de chefes de governo de uma direita conservadora hostil e perseguidora dos

---

60 J. Eros, "Hungary". In: S.J. Woolf (org.), *Fascism in Europe*, op. cit., pp. 119 ss.

"cruzes flechadas", mas cada vez mais sujeita aos ditames da Alemanha hitleriana (K. Darányi, 1936/38, ou P. Teleki, 1939/41), e chefes de governo claramente pró-nazis, de estreita colaboração com os "cruzes flechadas" e outros grupos fascistas. Será o caso de Imrédy (1938/39), que renova a política de Gömbös após os acordos de Munique, ou de Bárdossy (1939/42), que reforça o poder dos militares fascistas, permite a matança e deportação de milhares de judeus e "outros indesejáveis" (socialistas, sindicalistas, jornalistas antinazis), as execuções em massa pelo exército e gendarmaria húngaras nos territórios iugoslavos "oferecidos" pelos alemães,[61] e que promove o alinhamento militar com a Alemanha na guerra, fornecendo tropas húngaras para o ataque à URSS em 1941. Tudo perante a complacência do "regente", cuja manutenção no poder Hitler protege, mesmo contra as pretensões dos grupos fascistas germanófilos.

Quando, após as derrotas impostas pelos soviéticos às tropas húngaras a norte de Stalingrado, a sorte da guerra começa a virar, Horthy chama ao governo Miklós Kállay, latifundiário e aristocrata sequaz de Bethlen, para conter os excessos do Exército e negociar secretamente um armistício com os Aliados. A resposta de Hitler, em março de 1944, é a ocupação militar da Hungria e a imposição a Horthy do governo-fantoche do coronel Sztójay e outros grupos fascistas, desencadeando o processo de nazificação e entrega às SS de meio milhão de judeus e outros "racialmente suspeitos" e de opositores políticos com destino a Auschwitz. Em julho, Horthy consegue derrubá-lo, interrompe as deportações e expropriações, e assina, em outubro, um armistício com a URSS. Terminou aqui a complacência de Hitler para com o regente: este é prontamente

---

[61] Em 1938 e em 1939, Hitler vai ao encontro das pretensões irredentistas das direitas húngaras contra o Tratado de Trianon (1920), "oferecendo" à Hungria, respetivamente, parte dos despojos territoriais da ocupação da Checoslováquia e largos territórios retirados à Roménia. Em contrapartida, esperava e receberia a aliança político-militar da Hungria na Segunda Guerra Mundial, designadamente, o apoio de forças militares húngaras nas campanhas de ocupação da Iugoslávia e de ataque à URSS, ambas a partir de 1941.

derrubado e preso por uma operação militar conjunta das tropas alemãs e das milícias dos "cruzes flechadas" de Ferenc Szálasi, colocado por Hitler como chefe do governo. A curta ditadura fascista de Szálasi, apoiado por outros grupos nazis e fortemente escorado na oficialidade do Exército, deixou, todavia, um enorme rasto de violência sanguinária: "Saqueou, pilhou, torturou e assassinou mais de 10 mil pessoas só na área de Budapeste, antes que a chegada dos russos pusesse fim às suas atividades".[62]

Na Roménia, a direita reacionária ligada às classes dominantes tradicionais teve sempre uma relação alternada de cooperação e conflito tempestuoso com o populismo fascista. Este foi tipicamente representado pela Legião do Arcanjo S. Miguel e a sua Guarda de Ferro, fundada em 1927 pelo chefe carismático Corneliu Codreanu, e por ele dirigida.[63] A Legião impôs-se sobre os vários grupúsculos fascistas como movimento fanático, conspirativo, violento, de cunho místico e religioso, cruzadista, fortemente antijudaico e racista, cultivando o secretismo e os rituais mágicos e recrutando na pequena intelectualidade e nas classes intermédias mas de forte influência no mundo rural romeno. Apesar dessa conflitualidade frequentemente sangrenta, a pressão e a influência dos legionários fascistas marcaram profundamente uma direita conservadora claramente fascistizada ao longo dos anos 30.

O rei Carlos II regressara a Bucareste em 1927, tendo sido coroado com o apoio dos partidos conservadores. Inimigo do parlamentarismo e admirador assumido de Mussolini, abre o processo de fascistização do país em 1938: desencadeia um golpe palaciano, dissolve o Parlamento, institui um Estado corporativo inspirado no fascismo italiano, substitui o sistema tradicional de partidos pela sua Frente de Renascimento Nacional. Foi o que alguns autores designaram como

---

62 S.J. Lee, op. cit., p. 310.
63 A Guarda de Ferro, enquanto grupo estudantil prototerrorista e antissemita, fora fundada no início dos anos 20. Tornar-se-á milícia da Legião do Arcanjo S. Miguel.

monarco-fascismo. Inicialmente, Carlos II procurou a aliança com a Legião de Codreanu, uma força em ascensão que obtivera 16% dos votos e sessenta lugares nas eleições de 1937 e que podia fornecer um relevante apoio de massas ao novo regime. Mas o receio dos meios conservadores pelo seu caráter violento e subversivo (entre 1924 e 1937, a Guarda de Ferro assassinara onze pessoas, sobretudo políticos de relevo) levou a uma nova interdição da Legião, bem como de todos os partidos políticos. Codreanu e os dirigentes legionários são presos e o chefe da Legião é julgado por traição e condenado a dez anos de encarceramento. Na prisão, e em circunstâncias obscuras, quatorze líderes legionários, incluindo Codreanu, são enforcados pelos guardas. A Legião retalia, assassinando o primeiro-ministro em setembro de 1939. Em resposta, quatrocentos legionários e as suas famílias são sumariamente executados. Entre abril e dezembro de 1939, o "ano do martírio", cerca de 1200 legionários são presos e exterminados. Mas é precisamente nessa altura que a relação de forças começa a alterar-se: o pacto germano-soviético de agosto de 1939 implicará largas perdas territoriais da Roménia para a URSS (Bucovina e Bessarábia), para a Hungria (a Transilvânia Ocidental) e para a Bulgária (a Dobruja do Sul). Carlos II não consegue resistir a tal humilhação, e o seu ministro da Defesa, o general Antonescu, homem de mão de Hitler, toma o poder.

Ion Antonescu retoma e aprofunda a aliança com a Legião, reorganizada e dirigida por Horia Sima. A Roménia é declarada Estado Nacional Legionário, Antonescu é proclamado seu *conducător*, Sima é designado vice-presidente e os legionários participam com peso no novo governo. A Roménia de Antonescu será aliada de Hitler na guerra e desempenha um relevante papel no ataque à União Soviética, designadamente na frente da Crimeia. Mas a aliança com a Legião foi sol de pouca dura: o *putsch* abortado para derrubar Antonescu, em janeiro de 1941 (à revelia da vontade alemã), levará não só à expulsão dos legionários do governo, como à execução da sua liderança e à eliminação definitiva do movimento.

CAPÍTULO III
O FASCISMO ENQUANTO REGIME. O ESTADO NOVO

> Com motivos de ocasião no eclodir, sem dúvida; com a cor local que lhe dá a especial gravidade dos nossos problemas, certamente; com a modalidade que haviam de imprimir-lhe as circunstâncias da política portuguesa e a nossa maneira de ser e de sentir, a Ditadura [...] é um fenómeno da mesma ordem dos que por esse mundo, nesta hora, com parlamentos ou sem ele, se observam, tentando colocar o Poder em situação de prestígio e de força contra as arremetidas da desordem [...]. Ir mais longe ou mais perto nesta orientação depende de possibilidades nacionais, sobretudo da preparação do espírito público, mas não constitui diferença essencial.
>
> António de Oliveira Salazar, discurso de 30 de julho de 1930[1]

De acordo com o que antes se tratou, os fascismos enquanto regimes resultam historicamente de diferentes tipos de encontros ou de alianças entre setores significativos das direitas políticas e dos interesses crescentemente radicalizados e os movimentos fascistas de base pequeno-burguesa e plebeia. Viu-se igualmente que os distintos tipos de relações de força que essa aliança traduzia deram origem a regimes fascistas de caraterísticas diferenciadas. Mas o facto de em relação ao conjunto deles se poder falar de regimes fascistas ou de tipo fascista significa que têm caraterísticas

---

[1] A.O. Salazar, op. cit., p. 73.

essenciais que lhes são comuns, mesmo que algumas delas, como veremos, possam surgir mais nítidas ou mais atenuadas em certos casos nacionais.

É do propósito de elencar essas marcas distintivas dos fascismos enquanto regimes que trataremos no presente capítulo. Tentando, a propósito de cada um desses itens essenciais, verificar como se compara o Estado Novo português, institucionalizado pelo plebiscito constitucional de abril de 1933, ditatorialmente governado por Oliveira Salazar durante 36 anos,[2] um regime formalmente sobrevivente quer à Segunda Guerra Mundial, quer à morte política do velho ditador em 1968, e finalmente derrubado pelo movimento militar de 25 de abril de 1974 e pela revolução portuguesa de 1974/75 que se lhe seguiu.

O MITO PALINGENÉTICO

Consideremos em primeiro lugar o mito do recomeço, do renascimento das cinzas ou dos escombros do liberalismo decadente e apodrecido, uma espécie de fantasia regeneradora, algo que, para autores como Griffin, estaria no coração da ideologia do fascismo e que, sem dúvida, é uma consequência necessária do corte paradigmático que o fascismo feito regime pretende operar com os regimes pretéritos ou concorrentes. É certo que a novidade anunciada — e largamente associada nos movimentos e nos regimes fascistas ao culto da juventude militarizada e combatente como óbvio suporte da "nova renascença", do "novo" — está quase sempre ligada, afinal, ao culto das glórias passadas, das tradições

---

[2] Salazar foi nomeado presidente do Ministério em julho de 1932, ou seja, ainda antes da instituição plebiscitária do regime, em abril de 1933, onde continua, agora como presidente do Conselho, a chefiar o governo, até ser declarada a sua "incapacidade física permanente", em setembro de 1968, sendo substituído nessas funções por Marcelo Caetano, derrubado pelo movimento militar do 25 de Abril de 1974.

eternas, dos feitos heroicos que alicerçaram a grandeza da nação. A ela se regressava como remédio heroico face aos perigos do presente, resgatando-a das humilhações e do declínio para que a teriam arrastado a "desordem", o demoliberalismo, a agitação subversiva e revolucionária, a "conspiração judaico-bolchevista" ou a sombria conjura maçónica. Mais do que a revolução do "novo", é então a restauração do velho ou, usando a expressão do Integralismo Lusitano, a "atualização da tradição": uma visão grandiosa do antigo tornado mito salvífico, transclassista, e que havia de impor-se qual destino, se necessário pela força, contra todos os inimigos da nação redimida.

O Estado Novo português assumiu como discurso doutrinário e de forma plena a abordagem integralista e maurassiana às causas da "decadência nacional" e às formas de as esconjurar. Discurso ideológico, aliás, explicitamente inspirador dos mitos palingenéticos da retórica propagandística dos movimentos fascistas e que haviam de se incorporar na propaganda oficial dos regimes que lhes sucederam. É essa visão sobre o passado, o presente e o futuro do país, herdada do discurso nacionalista/passadista do Integralismo Lusitano, que enformará, como permanente pano de fundo, o discurso do Secretariado de Propaganda Nacional (SPN), criado logo após a institucionalização do regime.

Afinal, sobre a verdadeira história pátria, a gloriosa gesta de nautas, santos e cavaleiros que com a cruz e a espada haviam "dilatado a fé e o império", abatera-se inopinadamente o século do liberalismo, o século das trevas, uma espécie de maldição a-histórica que negara e exaurira a nação, tanto material como moral e até biologicamente. Precisamente, o novo regime vinha encerrar esse parêntesis negro e retomar o fio interrompido da tradição e da história autêntica da nação exangue. A urgência dessa rutura de paradigma fora associada, na terminologia política da época, ao "novo", desde os discursos organicistas e contrarrevolucionários de finais do século XIX: era a "Vida Nova" de Oliveira Martins, a "República Nova" da premonitória ditadura sidonista de 1918, e seria o Estado Novo em 1933. O regime salazarista não significava, portanto, mais uma escolha política banal sujeita à inconstância ditada pelo voto ou à "fraude da urna" e do sufrágio universal. Expressão de um desígnio providencial muitas vezes invocado, o Estado Novo era a institucionalização da nação renascida. Não se discutia, cumpria-se.

O NACIONALISMO ORGANICISTA

Todos os regimes fascistas repousam na ideia mítica de uma entidade orgânica fundadora da identidade, da raça ou do ser nacional, forjada intemporalmente pela "ordem natural das coisas", magnífica na sua espontânea harmonia, hierarquicamente ordenada na sua grandeza, gloriosa pela sua história e portadora de um superior destino ontológico de domínio ou de suserania imperial a cumprir. Esse corpo racial ou nacionalmente unido, coeso, onde o indivíduo integrado harmoniosamente no seu corpo natural de pertença (a família, a autarquia, a escola, a empresa...) se submetia ao império do interesse nacional, ou da raça, era a "Nação" orgânica do Estado Novo, o *Volksgemeinschaft* (comunidade do povo) da Alemanha nacional-socialista, a "Grande Pátria Danubiano-Carpática" dos fascistas húngaros, o novo Reich católico e pangermânico dos austro-fascistas, a Itália restituída à romanidade imperial pelo Estado fascista, a Espanha "grande, una, libre" da ditadura franquista.

Tratava-se, por isso, para os novos regimes, de resgatar um presente ominoso de "desordem" e decadência, restaurando politicamente a nação de sempre contra a antinação. Ou seja, cabia ao novo Estado ou ao Partido-Estado receber essa entidade orgânica preexistente, organizando-a como poder político. O Estado era, por isso, o intérprete, o organizador e o executor do verdadeiro interesse nacional: ao interesse superior da nação orgânica que o Estado interpretava tudo se havia de submeter; ao Estado, ou ao Partido-Estado noutros casos, e sempre ao "chefe" supremo que em última análise os corporizava.

É claro que este organicismo autoritário implicava uma dupla negação/supressão essencial na configuração de todos os regimes de tipo fascista:

— A negação da conceção iluminista do indivíduo como titular de direitos e liberdades, o "Homem" arrancado ao magma opressivo do organicismo societário do Antigo Regime pelo liberalismo revolucionário do século XVIII. Ou seja, a negação do indivíduo-cidadão e da cidadania (um cidadão/um voto) como génese da soberania popular, e desta como fonte da legitimidade do poder político. O organicismo contrarrevolucionário chocava frontalmente com as aquisições fundamentais da Revolução Francesa e do liberalismo, negava o caráter universal e imprescritível dos direitos humanos e das liberdades fundamentais, opunha-se ao conceito de soberania popular, à democracia parlamentar, ao pluralismo partidário como frutos desse erro fundamental que teria sido arrancar o indivíduo ao seu lugar de pertença natural na hierarquia orgânica da sociedade: "Um lugar para cada um, cada um no seu lugar". E à legitimação do poder pelo voto soberano, ou seja, ao mundo da "política" e dos "políticos", denunciado como corrupto, opunha-se quer a legitimidade decorrente de uma sociedade hierarquicamente organizada — "manda quem pode, obedece quem deve", mandam os que sempre mandaram — quer, noutros casos, essa hierarquia complementada pela sanção plebiscitária do chefe carismático pelas massas.

— Mas, principalmente, o organicismo corporativo decretava ideológica, política e administrativamente o fim da luta de classes. E esse, nos finais do século XIX e inícios do século XX, era o alvo essencial da doutrina contrarrevolucionária glosada por maurassianos da Action Française, carlistas em Espanha, nacionalistas em Itália, integralistas em Portugal ou católicos "sociais" conservadores inspirados pela *Rerum Novarum* de Leão XIII. Tal propósito passará inteiramente para a ideologia dos fascismos-movimento e dos fascismos-regime ao longo dos anos 20 e 30 do século passado. No fundo, tratava-se de criar doutrinariamente a "aberração" antinatural da luta de classes, explicar a sua inquietante realidade como uma sinistra maquinação subversiva de socialistas, comunistas ou anarquistas contra a "ordem natural das coisas", para a poder eliminar política e policialmente. Era quase um novo propósito mítico: resolver administrativamente a famigerada "questão social". Assim sendo, a greve, as liberdades de associação e expressão sindicais, a organização política dos trabalhadores materializavam um comportamento desviante, uma rutura subversiva relativamente à harmonia e à ordem da nação orgânica, em suma, uma patologia social e um crime que deveriam ser tratados como tais. A metáfora do tumor e do bisturi que fere mas extirpa será amplamente glosada pelo publicismo contrarrevolucionário fascista. E passou rapidamente à prática em todas as experiências de fascismos enquanto regime, como antes verificámos.

É à luz desta abordagem organicista que o processo de construção dos novos regimes se vai realizar. Assenta invariavelmente sobre uma dupla destruição prévia: a do movimento operário organizado e a do sistema democrático parlamentar. Afinal, será sobre os destroços da democracia social e política que surgirão os novos regimes fascistas. O organicismo tornado política desaguava no corporativismo, no "Estado forte" e no projeto totalitário.

O CORPORATIVISMO

O corporativismo é a expressão política da "Nação orgânica". E o contexto histórico de crise sistémica e de agitação social a que a organização corporativa é chamada a responder nos países periféricos permite-nos compreender não só a sua boa receção por parte dos interesses dominantes, como também o triplo objetivo que lhe vai subjazer.

Desde logo, tratava-se de ilegalizar e liquidar o movimento operário organizado, e enquadrar política, ideológica e organizacionalmente o mundo do trabalho num colete de forças simultaneamente de intimidação, desmobilização, alienação e repressão que permitisse impor condições de vida e de trabalho viabilizadoras da reposição das taxas de lucro e de acumulação das classes possidentes. Simultaneamente, o corporativismo tenderia a captar o "consenso" da massa trabalhadora através de medidas de fomento do emprego ou de proteção social e salarial, designadamente contra os abusos de um patronato livre do confronto organizado com as classes trabalhadoras. Como acima se viu, não há nenhum regime fascista ou de tipo fascista que não tenha começado a sua implantação político-institucional por aqui, fosse na Itália mussoliniana, na Alemanha nazi, na Áustria de Dolfüss/Schuschnigg, na Espanha do primeiro franquismo ou no Estado Novo salazarista.

E não é surpreendente que assim fosse: nos países periféricos do sistema, como Portugal, com reduzida margem para as políticas de diálogo, reforma ou integração social e política ensaiadas nos países capitalistas desenvolvidos, a destruição do movimento operário organizado e a eliminação drástica da sua capacidade reivindicativa — a "restauração da ordem" — são erigidas em condição central para a recuperação económica das classes dominantes e, portanto, da "renascença nacional". Reduzir os custos, os direitos e as condições de vida da força de trabalho à sua expressão mais simples era a base de partida para todo o resto. Na realidade, e com esse propósito, acabar com a luta de classes seria o consenso genético que haveria de reunir as direitas dos interesses e da política na plataforma viabilizadora dos regimes fascistas em geral e também do Estado Novo. Precisamente porque o corporativismo, enquanto decorrência política do organicismo, legitimava, moral e politicamente, o ataque às organizações e aos direitos do mundo do trabalho.

Em segundo lugar, a organização corporativa pretende-se que funcione como instrumento estatal de regulação económica, numa conjuntura de aguda crise económica e financeira, particularmente nos países periféricos. Ou seja, "o corporativismo como uma resposta distintamente fascista à regulação política do mercado".[3] Na realidade, o segundo perigo a que o corporativismo pretendia dar resposta era o dos graves efeitos desestabilizadores das sucessivas crises económicas e financeiras que, desde finais do século XIX, como referimos, abalaram o capitalismo internacional.

A quebra das exportações, os efeitos destrutivos da "concorrência desregrada" numa situação estrutural de excesso de oferta e subconsumo própria de um mercado interno demasiado estreito, a desproteção dos mercados nacional e colonial face à concorrência estrangeira, as dificuldades de acesso ao crédito, as carências de capital originadas pela fraca propensão para o investimento produtivo, por parte de uma classe dominante ainda marcada pelo forte peso dos seus setores parasitários,[4] o défice crónico das contas públicas, o enorme peso do analfabetismo, da insipiência do ensino a todos os níveis e do escasso desenvolvimento tecnológico (com efeitos pesados na qualidade do que se produzia e na respetiva produtividade), tudo isso exprimia as vulnerabilidades estruturais de economias ainda subindustrializadas nos primeiros trinta anos do século XX, subordinadas ao peso preponderante da ruralidade e fortemente dependentes do exterior (fosse do centro do sistema, fosse da ultraperiferia colonial).

Nesta situação de fundo, as crises originavam uma acumulação de efeitos recessivos que erodiam taxas de lucro e ameaçavam

---

3 D. Woodley, op. cit., p. 143.
4 Fernando Rosas, "O Estado Novo, 1926-1974". In: José Mattoso (dir.), *História de Portugal*. Lisboa: Círculo de Leitores, 1994, vol. 7, pp. 101 ss.

mesmo a continuidade de grandes, médios e pequenos negócios. Exigiam-se respostas drásticas que, aparentemente, a debilidade financeira e a instabilidade política endémica, e até a atitude tradicional de abstenção face à intervenção na economia do velho e corroído Estado liberal, se mostravam incapazes de fornecer. Nem a solução parecia poder encontrar-se no dinamismo da iniciativa privada, condicionado que estava pela natureza social e comportamental das classes dominantes e das suas elites, que preferiam, na dúvida, entesourar a investir.

O perfil sociológico do Portugal dos anos 30 reproduzir-se-ia tendencialmente na maioria dos países da Europa periférica: uma burguesia fragmentada, sem forças intestinas claramente hegemónicas, onde preponderava ainda o peso dos setores rentistas; uma oligarquia desde sempre alimentada e criada à sombra tutelar da proteção multiforme do Estado, educada no medo do risco, da concorrência e da agitação social, substancialmente dividida entre os diversos setores de interesses quanto às estratégias de restauração da sua situação económica, em suma, demasiado fraca e dividida para confiar ao mercado a regulação da resposta à crise.

Sem surpresa, nas economias periféricas, e em Portugal também, as "forças vivas" e as suas elites vão apelar e, depois, confiar a um novo tipo de Estado a tarefa de assumir a direção suprema e a proteção e articulação *super partes* dos seus interesses. Um Estado dotado da autonomia suficiente para interpretar os interesses dominantes como um todo, como um equivalente do "interesse nacional". Um Estado forte, autoritário, estável, imposto sobre a anulação da democracia parlamentar, dos partidos e das liberdades fundamentais. Um Estado dotado de capacidade financeira para intervir, regulando a economia, e investido de autoridade para disciplinar ou anular a concorrência, proteger e articular os interesses e proceder à composição e ao equilíbrio dos vários objetivos e estratégias setoriais em presença.

Um Estado, como já vimos, que impusesse pela força a "disciplina social". Em suma, um Estado de "ordem" — nas finanças, na administração, nas "ruas" — para defender e compor os interesses dominantes face aos perigos que espreitavam. Também para isso serviu a organização corporativa.

Finalmente, como adiante melhor se verá, a organização corporativa funciona como um veículo importante de inculcação ideológica e de enquadramento totalitário do mundo do trabalho, seja especificamente quanto à conceção do que fossem o trabalho "nacional" (englobando latamente toda a atividade patronal e laboral teoricamente geradora de riqueza, por oposição à "plutocracia" especuladora e improdutiva), o seu dever e a sua "disciplina", seja no tocante ao controlo dos tempos livres e dos lazeres regulados pelos organismos estatais corporativos ou do partido único: o Doppo Lavoro na Itália, o Kraft durch Freude (KDF) na Alemanha, a FNAT (Federação Nacional para a Alegria no Trabalho) em Portugal, o Neues Leben austríaco, etc...

Convém salientar que nem em todos os regimes fascistas a expressão política do organicismo social se traduziu no corporativismo. Ou, dito de outra forma, há regimes que pretendem realizar a nação orgânica sem recorrer à organização corporativa. O caso mais evidente é o da Alemanha hitleriana. A "comunidade do povo" é representada e cumprida pelo partido nazi e as relações entre o capital e o trabalho, a sua fusão harmónica ao serviço do Reich é materializada na Frente do Trabalho Alemã (Deutsche Arbeitsfront — DAF), onde se juntam indistintamente empresários e trabalhadores, sendo dirigida em cada empresa pelo patrão ao abrigo do *Führerprinzip*: manda quem chefia a empresa. A DAF terá funções essencialmente consultivas em matéria de condições de trabalho e relações laborais. As políticas neste domínio são diretamente estabelecidas entre os patrões e o Partido/Estado, com o apagamento total de qualquer simulacro de organização sindical, como já antes analisámos.

Deve dizer-se que, mesmo em alguns regimes que adotam a orgânica corporativa, esta solução de fusão indistinta de patrões e assalariados em organismos corporativos comuns, normalmente comandados pelos empresários, os "chefes da empresa", sob tutela do Estado, é igualmente seguida como a que mais puramente realizaria a superação radical da conflitualidade social. É o caso do corporativismo no primeiro franquismo espanhol:

O Fuero del Trabajo de 1938 declarava que, sob a autoridade do "Estado Nacional enquanto instrumento totalitário ao serviço da integridade pátria e sindicalista", os diversos ramos da economia seriam enquadrados em Sindicatos Verticais, definidos como corporações de direito público que integravam todos os elementos do processo económico num sistema "ordenado hierarquicamente sob a direção do Estado".[5]

Em dezembro de 1940, a Lei de Bases da Organização Sindical, desenvolvendo os princípios do Fuero, define os sindicatos como "centrais nacional-sindicalistas", que "reúnem em irmandade cristã e falangista" as diversas categorias sociais de trabalho, a "Comunidade Nacional Sindicalista". A Lei do Contrato de Trabalho de janeiro de 1944, por seu turno, entregará aos patrões o processo de contratação laboral e impede os trabalhadores de se associarem para apresentarem as suas reivindicações, o que só pode ser feito individualmente junto da magistratura do trabalho.[6]

Solução organizativamente distinta, e pioneira, foi a do corporativismo fascista italiano, que tem um processo longo e sinuoso de institucionalização, marcado por um arrastado debate, dentro do regime, entre corporativistas e não corporativistas e, dentro dos primeiros, entre os que resistiam ao corporativismo estatista

---

[5] Glicerio Sánchez Recio, "O corporativismo na ditadura franquista". In: António Costa Pinto; Francisco Martinho (coords.), *A vaga corporativa. Corporativismo e ditaduras na Europa e na América Latina*. Lisboa: Imprensa de Ciências Sociais, 2016, p. 141.
[6] Entre 1946 e 1958, a jurisprudência da magistratura do trabalho era favorável aos patrões em 80 a 85% dos casos. Ibid.

entretanto implantado.[7] Mas os primeiros passos só são iniciados em abril de 1926, com a Lei das Relações Laborais,[8] que decreta a proibição da greve e a unicidade sindical a favor da Confederação Fascista do Trabalho (CFT), única associação do trabalho consentida, atribuindo-lhe personalidade jurídica e capacidade de negociar contratos coletivos de trabalho. O Partido Nacional Fascista passa a deter o monopólio de representação sindical, e os Sindicatos Nacionais são submetidos à tutela do Estado fascista. Aliás, a reestruturação da CFT em 1928 opera, na prática, uma quase extinção do sindicalismo fascista.

De qualquer forma, no quadro das Corporações entretanto criadas, o polo sindical e o polo patronal encontram-se como entidades distintas, ambas harmonizadas pelo enlace da Corporação e sob a indiscutida tutela da autoridade do Estado. De salientar que as verdadeiras Corporações só serão criadas em 1934, como órgãos do Estado sem personalidade jurídica, com funções consultivas e na dependência do Ministério das Corporações. A negação da luta de classes e a unidade corporativa de todos os elementos orgânicos da Nação no seio do Estado que a representa serão consagradas na *Carta del Lavoro* de 1927, documento inspirador do Estatuto do Trabalho Nacional do Estado Novo português, publicado a par da primeira legislação corporativa do regime salazarista, em setembro de 1933, fortemente influenciada pelo corporativismo fascista italiano, como adiante se verá.

Solução idêntica, mas efémera (1933-1938), parece ter sido a do *Ständestaat* (Estado Corporativo) do austro-fascismo, que criou um complexo sistema corporativo assente em sete corporações profissionais, onde patrões e trabalhadores se reuniam

---

7   Goffredo Adinolfi, "O corporativismo na ditadura fascista italiana". In: António Costa Pinto; Francisco Martinho (coords.), *A vaga corporativa. Corporativismo e ditaduras na Europa e na América Latina*. Lisboa: Imprensa de Ciências Sociais, 2016, pp. 41 ss.
8   Como vimos anteriormente, é a lei que proíbe a greve, dissolve a Confederação Geral do Trabalho (CGT) e todos os sindicatos, à exceção da Confederação Fascista do Trabalho (CFT).

numa Confederação de Sindicatos de Trabalhadores e Empregadores (*Gewerkschaftsbund*) que realizava o enlace corporativo das confederações sindicais criadas pelo regime com as confederações patronais, setor a setor, visando a formação das tais sete corporações setoriais, o que nunca chegou a concretizar-se. Mas também aqui a organização corporativa não teria autonomia e vida própria, sempre estreitamente dominada pelos organismos do Estado.[9]

Apesar de a prioridade de disciplinar a questão social ou de a funcionalidade económica se encontrarem na lógica da criação da organização corporativa, a verdade é que o corporativismo fascista teve o claro propósito de ir mais longe: pretendia, através da representação corporativa da Nação orgânica, relegitimar o poder político, restaurar a legitimidade política representativa do Estado em novas bases doutrinárias e evidenciar a superioridade da solução orgânico-corporativa sobre o que considerava serem as decadentes e terminais soluções liberais e democráticas. Para além das suas urgências de intervenção política, havia um elemento de transcendência na organização corporativa: era afinal de um novo Estado, ou de um Estado Novo, que se tratava.

É preciso reconhecer que, neste caminho, nenhum regime fascista-corporativo foi muito longe. Ou seja, nenhuma experiência de regime fascista que tenha adotado o corporativismo superou o nível relativamente incipiente ou parcial do sistema corporativo como orgânica do Estado e, sobretudo, todos eles estiveram longe não só de se aproximarem do corporativismo voluntário e associativo que pregavam os teorizadores originais da matéria, como de criar uma orgânica corporativa com poderes de Estado próprios, ou seja, um Estado de essência corporativa. Por todo o lado, o corporativismo como prática política, o corporativismo feito regime, foi um instrumento subordinado das ditaduras fascistas ou de tipo fascista.

[9] G. Botz, op. cit., pp. 80 ss.

Efetivamente, na Itália, precursora do fascismo corporativo, a edificação da organização corporativa, como antes se referiu, é lenta e conflitual no interior do regime.[10] Apesar de o Ministério das Corporações ser criado em 1926 (mesmo assim, quatro anos após a tomada do poder por Mussolini), as 22 corporações propriamente ditas só surgem em 1934 (dez anos após os sindicatos nacionais e doze anos após a conquista do poder), e são órgãos sem personalidade jurídica, com funções consultivas relativamente aos seus ramos de atividade e dependentes do Ministério das Corporações. Só em janeiro de 1939 a Câmara dos Deputados (formalmente ainda em vigor)[11] aprova, em sua substituição, e após longo debate nas instâncias dirigentes do regime, a criação da Câmara dos Fáscios e das Corporações, que agrupa os conselheiros dos órgãos dirigentes do Partido Fascista e do Conselho Nacional das Corporações, mas só com poderes meramente consultivos. O que formalmente restava da assembleia legislativa desapareceu com a nova Câmara: o governo fascista detém a partir daqui o exclusivo do poder legislativo. O corporativismo italiano cristaliza-se num quadro de absoluta subordinação ao Estado.

Não é muito diferente a curta experiência do *Ständestaat* austríaco: a complexa Constituição corporativa aprovada em 1934 também se propunha reorganizar o sistema político do país de acordo com os princípios básicos do corporativismo. No entanto, segundo Gerhard Botz, a maioria das corporações sociais, base do edifício, não se chegam a constituir. Os organismos criados eram dominados pelos funcionários do Estado ou pelos representantes dos patrões, não havia uma "autoadministração corporativa",

---

10 G. Adinolfi, op. cit., pp. 41 ss.
11 Desde 1926, com a proibição de todos os partidos e com o PNF como partido único, a Câmara dos Deputados é monopartidária. Com a reforma de 1928, os deputados são votados plebiscitariamente, a partir de uma lista única apresentada pelo Grande Conselho do Fascismo, sob proposta das Confederações Nacionais dos Sindicatos. O direito de voto era concedido aos homens que pagassem contribuição sindical.

uma vez que as organizações eram tuteladas pelos ministérios e no órgão de topo da pirâmide corporativa, o Bundestag, grande parte dos conselheiros eram de nomeação presidencial e os poderes sobre a governação, muito limitados. Segundo o autor, dominava "um rígido e variado poder autoritário", na realidade nas mãos do chanceler,[12] ou seja, uma "ditadura de chefe de governo" semelhante à que haveria em Portugal a partir de 1932/33.

Também na Espanha franquista só tardiamente, em fins de 1942, o regime cria as Cortes, câmaras de representação orgânica dos municípios e províncias, dos sindicatos verticais, da administração pública, do Exército e da Igreja Católica. A sua maioria é de deputados nomeados pelo Estado e pela Falange, ou com lugares por inerência, e os seus poderes são, também aqui, meramente consultivos. Saliente-se que os presidentes dos municípios são de nomeação governamental e, até 1948, todos os cargos municipais também, escolhidos entre "os maiores contribuintes", com exclusão dos que tivessem pertencido a organizações da Frente Popular.[13] A ditadura franquista, especialmente o setor radical da Falange, tutelava ferreamente a organização corporativa.

O ESTADO NOVO CORPORATIVO EM PORTUGAL

Salazar proclamou solenemente a adesão do novo regime ao organicismo corporativo, ainda antes de ele próprio assumir a chefia do governo e de o regime ser institucionalizado pelo plebiscito constitucional de 1933. Foi num dos seus programaticamente mais importantes "discursos fundadores", a 30 de julho de 1930, sintomaticamente intitulado "Princípios fundamentais da Revolução Política", proferido quando da apresentação pública da União Nacional, que viria a ser o partido único do regime. Já nessa altura,

---

12 G. Botz, op. cit., pp. 80 ss.
13 G.S. Recio, op. cit., pp. 129 ss.

apesar de ser ministro das Finanças e de a chefia do Ministério pertencer ao general Domingues de Oliveira, ele era a figura política de referência da Ditadura Nacional, em processo de transição para o Estado Novo.[14] Já nessa altura, ele resumia o caminho a seguir pela "Revolução Nacional" da seguinte forma:

> Em suma: pretende-se construir o Estado social e corporativo em estreita correspondência com a constituição natural da sociedade. As famílias, as freguesias, os municípios, as corporações onde se encontram os cidadãos, com as suas liberdades jurídicas fundamentais, são os organismos componentes da Nação, e devem ter, como tais, intervenção directa na constituição dos corpos supremos do Estado: eis uma expressão, mais fiel que qualquer outra, do sistema representativo.[15]

Mais tarde, noutra importante intervenção pública, a 9 de dezembro de 1934, a propósito das primeiras eleições para a Assembleia Nacional, radiodifundida para todo o país a partir da União Nacional em Lisboa, o então chefe do governo considerava que:

> O maior problema político da nossa era há-de ser constituído pela necessidade de organizar a Nação, o mais possível no seu plano natural, quer dizer, respeitados os agrupamentos espontâneos dos homens à volta dos seus interesses ou actividades para enquadrar no Estado, de modo que este quase não seja senão a representação daquela com órgãos próprios para se realizarem os fins colectivos. É este problema que dá transcendência política à organização corporativa.[16]

---

14 F. Rosas, *Salazar e o poder*, pp. 49 ss.
15 A.O. Salazar, op. cit., p. 87.
16 Ibid.

Pode compreender-se a urgente prioridade para as classes dominantes da pretendida reforma corporativa do Estado, num país periférico, a viver na primeira metade dos anos 30 os efeitos da Grande Depressão de 1929, as últimas ofensivas revolucionárias dos reviralhistas e um certo recrudescer da agitação operária que culminaria na frustrada greve geral de 18 de janeiro de 1934.

Reduzir os custos de trabalho baixando os salários (em termos reais e nominais), retirando regalias, mantendo ou aumentando as jornadas de trabalho, foi propósito que o patronato, de uma forma geral, associou ao advento da Ditadura Militar e do Estado Novo. E essa constituiu, como sabemos, uma das principais matérias consensuais entre as "forças vivas": a base sobre a qual deveria assentar a recuperação económica e a resposta à crise.

O novo regime, quanto ao essencial, não desiludiu esse propósito. Culminando a ação preparatória e ainda hesitante da Ditadura Militar, o Estado Novo, com a legislação de setembro de 1933, suprime os sindicatos livres e proíbe a greve, reprime as lutas operárias, prende e deporta os seus dirigentes — numa palavra, desarticula o movimento operário organizado, com isso anulando ou diminuindo drasticamente a capacidade negocial e reivindicativa dos assalariados, uma vez que essa função é praticamente inviabilizada nos novos Sindicatos Nacionais corporativos.

Efetivamente, o regime vai criar, com o pacote legislativo-corporativo pioneiro de setembro de 1933, os *organismos primários* da "pirâmide corporativa", destinados à regulação das relações do capital com o trabalho: os Sindicatos Nacionais para enquadrar operários industriais e empregados dos serviços privados (aos funcionários públicos era vedado o direito de associação sindical), os Grémios patronais da indústria, do comércio e da lavoura, as Casas do Povo e as Casas dos Pescadores, respetivamente, para o conjunto de patrões e trabalhadores do mundo rural e das pescas. Sobre o conjunto, tutelava política e ideologicamente o todo-poderoso Instituto Nacional do Trabalho e Previdência (INTP), pertencente ao Subsecretariado de Estado das Corporações, também criado nesse ano primeiro do regime corporativo. Era o supremo garante da "disciplina social".

Os sindicatos nacionais, tendencialmente de inscrição obrigatória,[17] quase sempre de base distrital e profissional, eram verdadeiros coletes de forças da atividade sindical, estreitamente policiados pelo governo através do INTP. As suas direções, geralmente "cozinhadas" pelo mesmo INTP, estavam sujeitas a homologação governamental prévia, podendo ser total ou parcialmente demitidas por livre decisão do governo, tal como o próprio sindicato dissolvido. Praticamente sem capacidade financeira, não lhes era reconhecida liberdade de se federarem setorial, regional ou nacionalmente, dependendo tal iniciativa da prévia autorização do governo. Proibido constitucionalmente o direito à greve, os sindicatos nacionais seriam historicamente um "não parceiro" nesta decretada harmonia corporativa entre o capital e o trabalho.

Mais eficazes, ainda, nesta função administrativamente redutora da conflitualidade social se podem considerar as Casas do Povo e as Casas dos Pescadores, estruturadas com maior "pureza corporativa", isto é, realizando elas próprias os enlaces orgânicos, tanto de assalariados como de patrões, da agricultura e da pesca, respetivamente, com proibição da constituição de sindicatos de assalariados destes setores. Estatutariamente entregue a sua direção aos grandes proprietários, ou às autoridades portuárias, e sob estrito controlo do INTP, umas e outras funcionariam essencialmente como instrumentos da política salarial e laboral do patronato, de enquadramento político-ideológico da

---

17 A regra teórica nos sindicatos nacionais era a liberdade de inscrição. Mas o governo tinha a faculdade, a que recorrerá muito frequentemente, de obrigar os profissionais do ramo não inscritos a pagar quotas para o sindicato (cf. decreto-lei n. 29 931, de 5 set. 1939), sendo que os acordos ou contratos coletivos de trabalho por ele subscritos eram de aplicação vinculativa a todos os trabalhadores do ramo, mesmo que não sindicalizados.

massa rural e piscatória, e de uma embrionária e paternalística assistência social para os seus associados.

Os Grémios, elementos primários da organização corporativa do lado patronal, têm a sua origem diretamente ligada à necessidade de cartelização patronal para responder a situações setoriais de crise. A legislação criadora dos Grémios será também publicada em setembro de 1933. Esta caraterística genética marcará a natureza essencial da organização gremial: órgãos de intervenção económica, dotados de latos poderes reguladores nos respetivos setores, fortemente tutelados pelo Estado (através do INTP ou dos organismos de coordenação económica setoriais). Os primeiros e principais Grémios, de comércio e indústria ou produtos agrícolas, são de inscrição obrigatória. Ou seja, são criados pelo governo, sendo a sua área de atuação e funções determinados pelo Estado, que designa administrativamente os respetivos corpos gerentes. Funcionam, na prática, como "quase institutos públicos". Mas mesmo os Grémios de inscrição facultativa, permitidos para o comércio e indústria, em 1934, e para a lavoura, em 1937, não fugirão a tal lógica de subordinação ao Estado: não só porque se transformarão frequentemente em Grémios obrigatórios,[18] mas porque todos os aspetos da sua gestão (desde a constituição, eleição das direções, área de atuação, definição de funções até à possibilidade de federação) deveriam ser previamente autorizados pelo governo, que igualmente vigia e orienta a sua atividade através do INTP e dos organismos de coordenação económica competentes.

É claro que, durante todo o período que se estende desde antes do advento do Estado Novo até ao pós-Segunda Guerra Mundial, a repressão política e policial sobre toda e qualquer forma de protesto social está no centro da resposta corporativa. É normalmente

---

[18] A legislação gremial permitia a transformação dos grémios, por via administrativa, de facultativos em obrigatórios, e vice-versa, ainda que esta segunda modalidade fosse de concretização mais rara.

esquecida, ao tratar-se da "paz social" destes anos 30, a excecional vaga de repressão que varre ininterruptamente o movimento operário organizado entre 1934 (tentativa de greve geral contra a "fascização dos sindicatos", em 18 de janeiro) e 1939 (os anos terríveis da Guerra Civil de Espanha, entre 1936 e 1939). Nesses seis anos, é praticamente liquidada a organização libertária, quase destruída a organização clandestina do PCP, morrem no campo de concentração do Tarrafal, e noutras cadeias, vários dos seus militantes e dirigentes históricos (entre os quais, Mário Castelhano e Bento Gonçalves), e são presas por razões políticas cerca de 10 mil pessoas, 57% das quais operários e outros trabalhadores.[19]

Não obstante, seria redutor limitar a intervenção do Estado Novo, na conflitualidade social deste período, à repressão. Os trabalhos de Fátima Patriarca vieram enfatizar o especial papel da prevenção dos excessos que o Estado, através do INTP, vai desempenhar neste "triângulo corporativo" (capital/trabalho/Estado) em que os trabalhadores se encontram praticamente desarmados (privados dos seus sindicatos e do direito à greve), face a uma renovada agressividade patronal, escorada na situação de crise e num ambiente politicamente favorável.

Dito isto, duas observações me parecem pertinentes.

Mesmo no seu enunciado teórico-programático (intervenções do chefe do governo ou em textos legais), é bem visível a ameaça estatista e totalizante no discurso do corporativismo português. Nem a pureza associativa das intenções é assim tão imaculada, como geralmente se aponta, nem a traição da prática é tão escandalosa, como já na época alguns dos doutrinadores — com destaque para Marcelo Caetano — lamentavam.

Na realidade, e já antes a isto aludimos, preexistindo a Nação orgânica ao Estado, fruto que era da disposição natural das sociedades,

---

[19] *Presos políticos no regime fascista (1936-1939)*. Lisboa: Comissão do Livro Negro sobre o Regime Fascista, 1982-1987. vol. 1-2.

do "instinto" associativo dos seus corpos harmónica e espontaneamente constituídos — as famílias, as freguesias, os municípios, as corporações morais e económicas —, o cerne da "revolução corporativa" consistia em integrar a Nação orgânica, essa "constituição natural da sociedade", no Estado. O Estado social e corporativo constituía-se, assim, em estreita correspondência com a Nação orgânica, organizando-a corporativamente, conferindo direitos políticos e administrativos a essa organização corporativa, e criando, dessa forma, "uma expressão, mais fiel do que qualquer outra, do sistema representativo".[20] Na boa ortodoxia do corporativismo de associação, essa receção da "Nação pelo Estado" — cuja expressão institucional é a organização corporativa como fundamento legitimador do próprio Estado — realizar-se-ia respeitando e consagrando o espontâneo e livre associativismo, a organicidade social imanente aos corpos construtivos da Nação, sem outra intervenção do Estado que não fosse a título supletivo das carências da iniciativa privada. Não obstante, Nação e Estado coordenam-se mas não se confundem, como repetidamente salientará Salazar nos seus discursos: "sobre a unidade económica — Nação — move-se o Estado", um "Estado que deve tomar sobre si a protecção e a direcção superior da economia nacional",[21] o que, aliás, será consagrado constitucionalmente.

Por isso, todo este discurso ideológico, onde num prato da balança repousa a conceção da Nação orgânica e corporativista demarcada do estatismo totalizante, e no outro o Estado, como intérprete e árbitro supremo do interesse nacional, é permanentemente atravessado por uma ambiguidade essencial: sempre debitando a obediência ao princípio da não "divinização do Estado", deixa-se adivinhar que em nome do "realismo", em nome "da razão e da História" ou "dos mais sagrados interesses da Nação", "nós

20 A.O. Salazar, op. cit., p. 87.
21 Ibid., pp. 205 e 207.

temos de realizar o Estado forte... temos de dar à engrenagem do Estado a possibilidade de direção firme, de deliberação rápida, de execução perfeita".[22] E isso fazia-se, dizia o chefe do governo, coordenando "as corporações, federações e confederações económicas de carácter patronal ou operário [...] e sujeitando todas as actividades e interesses às necessidades e interesses superiores da Nação",[23] obviamente interpretados pelo Estado.

Nem se pode dizer que, logo em 1933, ao referir positivamente as novas tendências políticas do pós-Primeira Guerra, Salazar não tenha sido bastante claro relativamente à dimensão centralizadora, totalizante e estatista do projeto corporativista em gestação:

> Tudo se pretende que obedeça a uma direcção única, a um único espírito, e — à falta de um estado de consciência colectivo que espontaneamente se encaminhe para esse resultado — é o Estado quem se arroga determiná-los, como representante e guarda do interesse geral. Aparece assim quási como um axioma que o Estado deve dirigir a economia da Nação.[24]

Ou seja, também o corporativismo português seria um instrumento social e económico ferreamente submetido à tutela e à direção do Estado.

O facto é que, no debate constitucional de 1932/33 que precedeu o plebiscito de abril de 1933, a direita civil e militar republicana e conservadora conseguiu impor que o projeto de Constituição oficial deixasse cair a escolha de metade dos deputados da futura Assembleia Nacional por sufrágio corporativo. Por outro lado, Salazar discordava — e di-lo-á publicamente — de uma câmara das corporações com poderes legislativos, pois que

---

22 Ibid., p. 285.
23 Ibid., p. 89.
24 Ibid., p. 287.

nela faltaria sempre "a representação de interesses nacionais" que não poderiam ficar à mercê de "possíveis entendimentos dos demais interesses organizados".[25] Assim sendo, a Câmara das Corporações do Estado Novo que inicia funções em 1935 (muito antes de as Corporações propriamente ditas serem criadas, no início dos anos 50) é meramente consultiva e com uma larga componente de lugares por inerência ou de procuradores designados pela administração pública. Com uma orgânica corporativa arrastadamente criada e largamente tutelada pelos ministérios ou pelos órgãos estaduais que neles estavam encarregados dessa tarefa de coordenação setorial, e com a Câmara Corporativa meramente consultiva, estava-se muito longe da Nação orgânica politicamente organizada no Estado.

FASCISMO, CORPORATIVISMO E ECONOMIA

Do ponto de vista da teoria económica, o discurso do fascismo, corporativo ou não, é algo vago e até contraditório. Desde logo, ele não propõe constituir-se como alternativa ao capitalismo, mas proceder a uma espécie de moralização do sistema através de um novo tipo de regulação económica inspirada numa visão ideológica romantizada de uma mítica "comunidade operária nacional", baseada na colaboração de classe e na produção de valores de uso concreto: uma "comunidade primordial embrionária"[26] de harmonia rácica e nacional a que se pretendia regressar. Ou seja, o corporativismo fascista, tendo uma orientação ideológica antiliberal e antimarxista, não se declarava anticapitalista. Distinguia, sim, o capitalismo "saudável", o capitalismo produtivo de patrões e trabalhadores organicamente solidários no corpo político ou rácico da nação, do capitalismo parasitário e improdutivo, próprio do

25 Ibid., p. 383.
26 D. Woodley, op. cit., p. 142.

liberalismo decadente. O corporativismo não significou, portanto, um assalto ao capitalismo, ao mercado ou à concorrência, mas a pretensão de levar a cabo uma restruturação moralizante da sociedade operada por um "Estado forte", a partir de critérios antidemocráticos e, na prática, como assinalará Poulantzas, sem nunca abdicar de uma ligação de raiz com a hegemonia dos interesses dominantes.[27]

Significa isto que, com a sua visão mítica e a-histórica das relações económicas, a sua conceção de um anticapitalismo romantizado, ou a sua miragem passadista de um comunalismo social estático, o fascismo mistura contraditoriamente dois registos diferentes. Por um lado, um discurso arcaizante e reacionário, que representava não só interesses conservadores tradicionais, mas a insegurança e o medo das classes intermédias; por outro, o discurso do "novo", da "terceira via", do culto da competência, do progresso técnico e industrial, do imperialismo moderno e poderoso, que exprime a estratégia de setores importantes do poder económico mais voltados para os desafios do presente e do futuro do que para as nostalgias regressistas. Mas precisamente isso revelava a natureza sincrética dos regimes fascistas, nascidos da aliança contrarrevolucionária de movimentos de natureza social distinta, e que assumem enquanto poder político uma autonomia relativa no tocante à sua base social de apoio em ordem a poderem cumprir a sua função, designadamente no plano económico e social, de árbitros, reguladores e direção superior. Ou seja, o Estado fascista vai regular e arbitrar as estratégias contraditórias dos vários setores da oligarquia dominante e as suas relações com as classes subordinadas da pirâmide social em nome de uma certa representação do "interesse nacional" que ele interpreta. E é seguro que esse exercício, praticamente desde a implantação dos regimes, vai fazer coincidir a defesa do "interesse nacional" com a salvaguarda dos interesses das classes possidentes no seu conjunto.

---

[27] Nicos Poulantzas, *Fascism and Dictatorship*. Londres: New Left, 1974, pp. 240 ss.

A acumulação privada das empresas individualmente consideradas é subordinada "à regulação, controlo e disciplina do Estado que as abriga, protege, defende e encoraja".[28] Esse papel arbitral e dirigista do Estado fascista nas economias é historicamente determinado pelas conjunturas fortemente ameaçadoras para as burguesias dos países periféricos no pós-Primeira Guerra: as grandes recessões económicas, as economias de guerra na Segunda Guerra Mundial, tudo isso obriga-os a superar as abordagens da vertente económica do corporativismo e dos regimes fascistas restritas ao seu romantizado e mítico discurso ideológico. Por isso, é essencial olhar para a política económica dos regimes fascistas.

Deve dizer-se que as políticas económicas dos fascismos enquanto regimes não só se vão alterando ao longo das conjunturas políticas e económicas que eles atravessam como, em si mesmas, não são particularmente originais relativamente a outros regimes capitalistas liberais, que reagem de forma idêntica a situações idênticas. Proteger os mercados nacionais e coloniais, fomentar a substituição de importações, cartelizar e concentrar a produção e distribuição de bens e matérias-primas, tabelar preços da produção ao consumidor, promover a autossuficiência agrícola e alimentar, controlar a circulação da moeda, financiar direta ou indiretamente as empresas ou os bancos em dificuldades, promover obras públicas para absorver o desemprego, investir no rearmamento para a guerra que se avizinhava, alternar políticas inicialmente deflacionárias e de equilíbrio orçamental para responder à crise e depois corrigi-las com medidas contracíclicas de reanimação da procura, tudo isto foram iniciativas de política económica tomadas quer por regimes fascistas, quer por governos liberais para responder, nos anos 30 e durante o conflito mundial, a conjunturas críticas de recessão económica ou de economia de guerra. É claro que com um forte acento ideológico no nacionalismo

---

28 G. Tassarini, "Fascist economy". In: D. Woodley, op. cit., p. 147.

económico e na autarcia por parte dos regimes fascistas, mesmo dos que estavam mais dependentes do comércio internacional para se abastecerem de bens de equipamento, de matérias-primas estratégicas e bens alimentares ou para escoar as exportações e angariar divisas fortes, como era o caso de Portugal.

Mas o que distingue especificamente a lógica económica dos fascismos no poder é o que decorre da sua natureza social e política:

— Desde logo, por ser um processo decisório desenvolvido num contexto de ditadura, à margem de qualquer debate público ou parlamentar ou de qualquer arremedo de concertação social, deliberado por centros de decisão no Estado ou no partido após, frequentemente, complexos processos de arbitragem e articulação de interesses quase sempre mantidos longe do escrutínio do geral da população destinatária das medidas. Por isso, ou as decisões se decretavam discretamente sem alarde, ou eram anunciadas com fortes e intimidatórias campanhas de propaganda que não deixavam margem a nenhuma espécie de apreciação pública. Tanto na Itália mussoliniana, como depois, na Alemanha hitleriana, a propaganda começou a fazer parte da política económica e social. A autocracia económica era a outra face da ditadura política.

— Depois, apesar de o protecionismo, a autarcia, a substituição de importações, as obras públicas, a cartelização empresarial, o controlo dos preços e do valor da moeda, a maximização da produção agrícola e industrial, a profunda endogamia entre o dirigismo económico estatal e os grandes interesses, e a subordinação do mundo do trabalho ao capital serem geralmente caraterísticas marcantes das economias dos regimes fascistas neste período histórico, constata-se, com a possível exceção da Alemanha nazi a partir de 1936 (a preparação da guerra), que as medidas de política económica são aparentemente incoerentes e contraditórias, como que balançando entre o arcaísmo ruralista dos interesses tradicionais e a modernidade económica capitalista.

Na realidade, a Campanha do Trigo (em Itália e em Portugal), maximizando a produção e o lucro da grande propriedade fundiária através do protecionismo cerealífero e dos preços protegidos, reproduzia o mundo latifundiário mas inflacionava o preço do pão e, consequentemente, o custo dos salários industriais a montante, prejudicando o fomento industrial. E a compensação deste (subsidiando o preço do pão para os trabalhadores e impondo salários abaixo do custo da reprodução da mão-de-obra, como no caso português) introduzia fatores de irracionalidade económica estrutural no sistema.

A construção de autoestradas, símbolo da modernidade na Alemanha nacional-socialista, era feita à base de trabalho manual — pá e picareta, bem como a drenagem dos solos —, o que permitia absorver o desemprego e realizar o desígnio ideológico da "comunhão nacional" pelo trabalho, mas adiava uma decidida mecanização e racionalização das obras públicas e do mundo agrícola. A reorientação da economia alemã para a produção militar massiva a partir de 1936, como forma de preparar a guerra de expansão, realizava os desígnios dos colossos da indústria pesada de armamento (Krupp, Rheinmetall, Siemens, Gutehoffnungshütte): uma economia fechada, trabalho intensivo, de menor produtividade, em prejuízo dos setores mais modernos e produtivos da eletricidade e das químicas de base, ou até da produção agroalimentar, tudo sacrificado em favor do armamento e de outras despesas improdutivas complementares.[29]

Em Portugal, os industriais da têxtil algodoeira foram obrigados, a partir dos anos 30, e em nome da "unidade do Império", a utilizar o algodão em rama colonial, considerado o mais caro e de pior qualidade do mundo, recebendo uma indemnização compensatória por cada tonelada de rama colonial importada que lhes era distribuída pela mesma entidade que os indemnizava![30]

---

29 N. Frei, op. cit., pp. 105 ss.
30 F. Rosas, *O Estado Novo nos anos trinta*, pp. 143 ss.

A coerência global desta aparente incoerência de políticas económicas é preciso buscá-la ao nível do político, ou seja, da coerência superior ditada pela interpretação do que fosse o interesse geral das classes dirigentes e da sua necessária sobreposição aos interesses setoriais particulares, sobretudo se estes não tivessem capacidade para hegemonizar essa arbitragem. Os industriais do norte de Itália podiam resistir às políticas de proteção cerealífera ou de cartelização corporativa obrigatória, ou sentir-se intimidados pelo caso Matteotti em 1924, mas sabiam que a queda de Mussolini significava o regresso à conflitualidade social. Por isso, apoiaram as "leis fascistíssimas" que em 1926 e posteriormente criaram cartéis obrigatórios mas desmantelaram o movimento operário organizado e, como salienta Sarti,[31] conferiram à Confederazione Generale dell'Industria Italiana (a principal organização patronal) a "autonomia administrativa de uma organização privada e a autoridade jurídica de uma instituição pública". Os industrialistas reconheciam a nova ordem, mas adquiriam um estatuto formal na administração do Estado fascista, reforçando dessa forma o controlo privado sobre a direção das políticas públicas. Com o regime de Mussolini e a sua política de sossegar a grande burguesia industrial, "o equilíbrio entre o capital e o trabalho pendeu para o lado do capital".[32] Parece poder concluir-se, segundo P.J. Williamson, que "o corporativismo italiano tinha claramente como objetivo principal controlar e disciplinar o trabalho".[33]

Na Alemanha, tal como os industriais da metalurgia e da metalomecânica pesada aderentes à Frente de Harzburg em 1931, também a IG Farben entendeu que era preciso juntar à economia uma nova política para assegurar a sobrevivência e expansão

---

[31] R. Sarti, *Fascism and Industrial Leadership in Italy: 1919-1940*. Berkeley: University of California Press, 1971, pp. 66-67.
[32] D. Woodley, op. cit., p. 151.
[33] P.J. Williamson, *Varieties of Corporatism: A Conceptual Discussion*. Cambridge: Cambridge University Press, 1985, pp. 96-97.

quer dos produtores de ferro e aço, quer dos setores da química e eletricidade. Ou seja, assinala Sohn-Rethel, o conflito entre os dois setores só podia ser resolvido forjando uma nova plataforma baseada na "concentração de todos os elementos decisivos do capital monopolista alemão", viabilizando dessa forma "um governo que representasse um poder real na Alemanha e que pudesse impulsionar e mobilizar recursos suficientes para o esperado expansionismo imperialista".[34] Por isso mesmo, a burguesia industrial aceitará a cartelização compulsiva e a eliminação da concorrência, que dá, aliás, ao patronato novos poderes. A 9 de setembro de 1936, no Congresso de Honra do Partido, em Nuremberg, Hitler anunciou o plano quadrienal, ao qual subjazia o duplo objetivo do armamento em força e da autarcia, para a economia estar "pronta para a guerra" e a Wehrmacht, "pronta para a ação". O partido e os seus quadros, com a nomeação de Goering como "representante do Reich para o plano quadrienal", parecem ganhar hegemonia na condução económica sobre o ministro da Economia Hjalmas Schacht e os "especialistas conservadores". Na realidade, assinala Norbert Frei, nos anos seguintes instala-se "uma mistura de economia estatal e cogestão privada". Não se tocou na propriedade privada e, uma vez que os dirigentes da indústria se encontravam na sede do governo, não se mexeu muito no poder de decisão das empresas, mesmo quando se tratava de objetivos essenciais à política de guerra e à autarcia económica.[35]

Da mesma forma, os industriais nortenhos da têxtil algodoeira portuguesa, apesar das queixas relativas ao preço e qualidade da matéria-prima colonial, sabiam bem que o Estado fascista e os seus órgãos de coordenação económica não só os compensavam financeiramente, como sobretudo lhes asseguravam poder pagar salários

---

34 Alfred Sohn-Rethel, *Economy and Class Structure of German Fascism*. Londres: Free Association, 1973, p. 89.
35 N. Frei, op. cit., p. 107.

miseráveis e ter "paz social", ou lhes garantiam acesso exclusivo ao mercado colonial protegido para os seus "panos para o preto", invendáveis em termos de qualidade e preço em qualquer mercado concorrencial. Isto proporcionava-lhes lucros substanciosos frequentemente gastos, de acordo com os relatórios dos delegados do Instituto Nacional do Trabalho e Previdência, em luxos suntuários (quintas de recreio, automóveis caros, plásticas para as esposas na Suíça...) que os zelosos funcionários corporativos denunciavam como suscetíveis de provocar escândalo público: era o "comunismo branco", tão perigoso, lembravam eles, como o "vermelho".

No fundo, os diversos tipos de situações contraditórias eram arbitrados por uma superior lógica política comum: assegurar a estabilidade e durabilidade da ditadura oligárquica nuns casos, equilibrar e subordinar diferenças de estratégia à estratégia comum da guerra imperialista, no outro.

CORPORATIVISMO E REGULAÇÃO ECONÓMICA NO CASO PORTUGUÊS: A POLÍTICA NO COMANDO

Não parece possível entender a lógica funcional da organização corporativa, pré-corporativa ou paracorporativa (estatal) enquanto instrumento central de regulação económica por parte do Estado Novo português sem ter presente a natureza social do novo regime que emergia no alvor dos anos 30.

Na realidade, o salazarismo impôs-se como um regime do conjunto da oligarquia com o apoio inicial de importantes setores das classes médias, em torno, como vimos, de uma plataforma mínima muito clara no plano económico e social: um consenso sobre o equilíbrio orçamental, a estabilidade política de um "Estado forte" e antiparlamentar, a liquidação da liberdade sindical e do direito à greve, e a necessidade — e consequente capacidade política e financeira — da sua intervenção protetora e arbitral na economia em crise. Sob tal programa essencial se abrigaram distintas camadas sociais, diferentes estratégias económicas de preservação e de otimização de interesses, visões ideológicas contraditórias sobre a modernização económica e social ou sobre a conservação à outrance das economias e sociabilidades tradicionais. Como se o multiforme Portugal dos interesses, desde logo dos grandes, mas também de muitos dos médios e até dos mais pequenos, castigados desde 1921 por sucessivas crises económicas, se colocasse, ainda antes do rescaldo da Grande Depressão, sob a tutela protetora e arbitral de um Estado forte e dotado de uma autoridade tanto maior quanto mais autónoma, relativamente ao mundo de que, todavia, emergia.

A particular relação do Estado Novo com esse universo de "coisas" económica e socialmente contraditórias, com as tensões pró-fomento, com as forças da conservação, entre os grandes, e entre estes e os mais pequenos, não foi essencialmente económica, mas política: satisfazer e compor, de acordo com o critério básico de não provocar ruturas subversivas; equilibrar compensatoriamente interesses contraditórios; arbitrar autoritariamente dissídios e partilhas de vantagens, quase sempre sem um claro critério económico de conduta, mas sempre sob o imperativo político da durabilidade do regime, da manutenção dos equilíbrios estruturantes do tecido económico e social, com a obsessiva preocupação da estabilidade garantidora do "viver habitualmente". Em certo sentido, nos anos 30 e 40, não se pode falar com rigor numa política económica do regime, mas em medidas e intervenções económicas avulsas, aparentemente incoerentes, cujo sentido último era determinado por uma política de valorização absoluta da estabilidade. Preocupação de fundo que não desaparece nos anos posteriores.

Estamos, assim, perante o primado indiscutível do político sobre o económico, mesmo quando de economia se trata. Porque, mesmo quando dela se trata, é a estratégia política do salazarismo para a conservação e durabilidade do regime que define e determina as lógicas economicamente erráticas de atuação do Estado. Para Salazar, e para os salazaristas, nunca se tratou genuinamente de adaptar o regime a novas circunstâncias, designadamente durante o segundo conflito mundial e no pós-guerra, modernizando-o. Tratou-se sempre de o aguentar, mesmo à custa de ter de o modernizar. Ou seja, de ter de admitir esforços, mais ou menos relevantes, de fomento industrial, de melhoria de infraestruturas ou de reforma educacional.

É precisamente com base neste equilíbrio instável em torno da "ordem" (e das políticas indispensáveis à sua manutenção), subscrito pelos diversos setores da oligarquia, com distintas estratégias de defesa dos respetivos interesses, e pelas classes intermédias ameaçadas pela crise económica, que o salazarismo vai gerir a economia do país: fazendo o equilíbrio durar, adaptando-o às diversas circunstâncias, arbitrando compensatoriamente dissídios, tudo subordinado à prioridade absoluta da durabilidade do regime. Se há algo de discernível, em termos de lógica, na cuidadosa tessitura de equilíbrios que rege a intervenção económica do Estado Novo e da organização corporativa ao longo dos anos, é a referência à estabilidade como valor em si mesma. É a preocupação central de não originar ruturas, de compor contradições em função dos interesses instalados e do prolongamento de situações preexistentes. Permitir a prosperidade industrial possível, desde que isso não faça perigar a salvaguarda do velho mundo rural dos senhores do "pão e do vinho"; ou desde que a inovação e o crescimento dos "grandes" não ameace a continuidade do mundo de coisas económica e socialmente pequenas, que era a âncora de estabilidade e conservação da nova ordem; proteger a "produção nacional", mas nos limites necessários a atender às pretensões dos interesses coloniais ou do comércio internacional, em nome da "unidade do império" ou da imprescindibilidade do abastecimento externo.

Noutra ocasião, chamámos a esta delicada engenharia económico-social, suportada pelos andaimes da organização corporativa, um "triplo equilíbrio económico-social",[36] uma espécie de

---

36   F. Rosas, *O Estado Novo nos anos trinta*, pp. 115 ss.

empirismo regulador recriado face a cada situação concreta à luz de um princípio geral de conservação da ordem.

Estamos assim, creio, em medida de propor alguma inteligibilidade para a crescente, dispersiva e tentacular intervenção económica da organização corporativa, nascida da urgência da resposta ao impacto da Grande Depressão de 1929 e drasticamente alargada na conjuntura da Segunda Guerra Mundial.[37]

A premência da intervenção reguladora do Estado nos mais importantes setores do comércio externo e interno, e da produção agrícola e industrial, levará à constituição, na segunda metade dos anos 30, e durante o segundo conflito mundial, de uma importante rede de organismos de coordenação económica, verdadeiros organismos de Estado, dotados de poderes de direção superior e vinculativa, sobre a atividade económica de todos os organismos corporativos (primários ou intermédios) integrados nos setores ou nos subsetores por eles tutelados. Funcionando, efetivamente, como agências governamentais, os todo-poderosos organismos de coordenação económica serão sempre mal digeridos pela ortodoxia doutrinária corporativa: considerados órgãos "pré-corporativos" (isto é, de existência provisória, visando criar condições para a edificação das corporações e de um verdadeiro corporativismo de associação), tais organismos subsistirão, mesmo após a constituição das corporações setoriais, continuando, na prática, a dirigir as respetivas atividades.

Através dos organismos de coordenação económica ou dos grémios obrigatórios, o Estado regulava tudo, ou quase tudo: dimensão mínima das empresas, cotas de produção, normas de produção, cotas de consumo de matérias-primas, preços desde o produtor ao consumidor, circuitos de distribuição, autorizações de importação, preços de exportação. O regime do condicionamento industrial e a manipulação das pautas aduaneiras estavam ao serviço do

---

37 Id., *Portugal entre a paz e a guerra (1939-1945)*. Lisboa: Estampa, 1990.

crescente dirigismo corporativo. Pouco ficava para a "autodireção" pelos interessados. Nem eles — os empresários contemplados com a organização corporativa — inicialmente o desejavam: era exatamente nos setores onde falhara a "autodireção", o cartel privado, que era reclamada a intervenção corporativa do Estado, isto é, a cartelização e disciplina obrigatória. Na conjuntura de crise, na primeira metade dos anos 30, a maioria dos industriais e os grandes agrários reclamavam não por "autonomia", mas pela autoridade do Estado, pela força que impusesse os remédios e as arbitragens que eles, por si só, pelo livre jogo da concorrência, não estavam em medida de aplicar, quer contra o movimento operário, quer entre si.

Apesar de sucessivas vagas de críticas à organização corporativa em 1938,[38] retomadas com redobrada intensidade no fim da Segunda Guerra Mundial,[39] o sistema, agora ainda mais hipertrofiado, não só não conhece alterações como se alarga com a criação do Ministério das Corporações em 1950 e, a partir de 1957, com o serôdio lançamento da cúpula da organização, as corporações por grandes setores económicos. Mesmo com estes passos, ou com os primórdios da aproximação económica à Europa, a adesão à EFTA, no início dos anos 60, nada de essencial mudará na tutela estatista da economia e no seu bunker corporativo.

UM CORPORATIVISMO NÃO FASCISTA?

Mais recentemente, um setor da investigação histórica ou, sobretudo, da politologia, tem vindo a abordar a questão do corporativismo no século passado como uma corrente ideológica e

---

38 Id., *O Estado Novo nos anos trinta*, pp. 272 ss.
39 Id., *Portugal entre a paz e a guerra (1939-1945)*, pp. 291 ss.; e Maria Fernanda Rollo, "Demandas da organização corporativa e reencontros do corporativismo no rescaldo da II Guerra. O inquérito à organização corporativa de 1947". In: Fernando Rosas; Álvaro Garrido (coords.), *Corporativismo, fascismos, Estado Novo*. Coimbra: Almedina, 2012, pp. 191-227.

política autónoma dos regimes fascistas, baseados na distinção proposta por Philippe Schmitter entre "corporativismo social" e "corporativismo político".[40] O primeiro, de influência católica, consagrado pela encíclica *Rerum Novarum* do papa Leão XIII, concebido como "terceira via" relativamente ao capitalismo e ao socialismo, mas de caráter associativo, não estatista, recuperado de alguma forma pelas "práticas neocorporativas das democracias do pós-guerra" e pelos usos recentes da "ciência política" e, por isso mesmo, distinto do "corporativismo político". Este, de génese "orgânico-estatista", de caráter antidemocrático e antiparlamentar, caraterístico das ditaduras fascistas. Os autores entendem que a experiência histórica do corporativismo, no entanto, não esteve confinada às ditaduras, e que nas democracias liberais, tanto antes como paralelamente aos regimes fascistas, se registam "tendências implícitas" para a adoção de estruturas corporativas, designadamente através da criação de "complementos de representação profissional" à representação do tipo parlamentar.[41] Por seu turno, G.S. Recio refere que o "corporativismo se encontrou no caminho do fascismo sem que necessariamente desembocasse nele", lembrando que existiram formas de corporativismo "que defenderam a sua autonomia frente às pretensões totalitárias do fascismo".[42]

É verdade. Mais do que isso: toda a retórica doutrinária do corporativismo faz a apologia daquilo a que Mihail Manoilescu chamava o "corporativismo de associação", ou seja, a associação livre, espontânea e harmónica de trabalhadores e patrões nas empresas, de chefes de família nos municípios, de professores e alunos nas escolas. Nesse livre associativismo primário, realizado quase instintivamente nos órgãos naturais da Nação e recebido pelo Estado,

---

40 A.C. Pinto; F. Martinho (coords.), op. cit., pp. 27 ss.
41 A.C. Pinto, "Corporativismo, ditaduras e representação política autoritária". In: Ibid., pp. 31-33.
42 G.S. Recio, op. cit., pp. 129 ss.

repousaria a organização corporativa da mesma enquanto institucionalização política da organicidade naturalmente estruturante das sociedades. O corporativismo social advogado pelo catolicismo conservador como solução alternativa pretendia ser isso mesmo. Em rigor, o corporativismo a que estes autores chamam "político", ou seja, estatista, autoritário, totalizante e repressivo, não é geralmente admitido teoricamente senão como exceção temporária imposta pelas circunstâncias, como forma necessária de transição para o verdadeiro corporativismo associativo, "social" ou "não totalitário".

Não é portanto, em rigor, uma corrente alternativa do corporativismo, é a exceção provisória, todavia, feita regra sempre que o corporativismo tentou passar da teoria à prática. O "corporativismo social" feito regime foi sempre, e em todo o lado, o fascismo corporativo, o eufemístico "corporativismo político". É natural que assim fosse, pois o organicismo político, a que o corporativismo enquanto organização dava expressão institucional, era em si mesmo totalizante, antidemocrático e antissocialista: como vimos, a "Nação orgânica" era, enquanto conceito, a negação do individualismo liberal, da democracia parlamentar e da luta de classes, que eram vistos como a "antinação", os grandes obstáculos disruptores da harmonia natural, as causas da decadência nacional, os inimigos da redenção anunciada pelos novos regimes de cunho fascista.

O "corporativismo social", mesmo como retórica doutrinal, era assumidamente antidemocrático e antissocialista. A sua prática como regime era o que prometia ser: um instrumento político das ditaduras de tipo fascista para liquidar administrativamente a conflitualidade social contra o mundo do trabalho, e um braço do Estado para a regulação económica e a arbitragem de interesses dominantes das economias capitalistas periféricas em crise. Historicamente, era a esse duplo desafio — a ameaça revolucionária da massificação da política e os efeitos da crise económica do capitalismo — que as teorias organicistas e os regimes fascistas que lhes deram expressão procuravam responder. É a existência histórica nas periferias europeias (e não só) desse tipo de ameaças que desperta por parte das classes possidentes ou das classes intermédias desses países a adesão a soluções corporativas e fascizantes, e não propriamente um fenómeno de mimetismo abstrato ou de "hibridação" intelectual e ideológica. Parece portanto constituir um exercício de idealismo algo falacioso falar de uma "vaga corporativa" nos anos 30 do século XX, desligando-a dos regimes fascistas ou de tipo fascista de que aquela foi, na maioria dos casos, o principal instrumento de controlo social e de regulação económica. Se não nos contentarmos com o nível de enunciação retórica e propagandística do corporativismo sobre si mesmo, e pretendermos compreender o que ele foi enquanto regime, poderemos dizer que, se nem todos os regimes fascistas optaram pelo corporativismo como instrumento político e social, todas as experiências práticas de corporativismo enquanto regime estão ligadas à sua instrumentalização por ditaduras fascistas ou de tipo fascista.

Nem se diga que houve regimes liberais onde se verificaram ou se verificam "tendências implícitas" de organização corporativa ou "complementos de organização profissional". É certo que se verificaram casos de experiências protocorporativas no regime sidonista (o projetado Senado semicorporativo), ou na ditadura riverista em Espanha (os comités paritários de patrões e trabalhadores). Mas essas são experiências pontuais e insignificantes pela sua marginalidade em ensaios ditatoriais que, todavia, nunca declararam o fim administrativo da luta de classes, a proibição dos sindicatos ou dos partidos políticos ou do direito à greve: eram ditaduras ainda sobre regimes liberais que perseguiram greves e sindicatos, mas também procuraram negociar com eles. São ditaduras premonitórias das ditaduras modernas, mas não são experiências corporativas com relevância.

Tal como no ambiente neoliberal do capitalismo dos dias de hoje, há aflorações retóricas da harmonia interclassista sem que se possa falar de um neocorporativismo no sentido rigoroso do termo: a conflitualidade social é admitida enquanto tal no geral dos países de capitalismo liberal, bem como se reconhece a liberdade de associação, de expressão e de greve ao movimento sindical organizado. O que se tenta é superar os conflitos, ou seja, a luta de classes, não a suprimindo política e policialmente, mas pela organização da negociação entre interesses contraditórios, ou seja, pela "concertação social" entre representantes de classes antagonistas aceitando negociar em regime de liberdade de associação e de intervenção. Está-se, seja qual for a hipotética nostalgia aliada ao fenómeno, muito longe do organicismo corporativo e autoritário. O regime corporativo é filosófica e politicamente incompatível com a democracia política, porque é a expressão política de um organicismo de índole totalitária que fundamentalmente a rejeita. No quadro da democracia atual ele pode ressurgir, mas fundamentalmente como caricatura do passado.

O "ESTADO FORTE"

O "Estado forte" é o eufemismo salazarista para a ditadura. Todas as coligações de interesses que politicamente desaguam nos regimes fascistas colocam no centro da contrarrevolução política a força, e a expressão institucional desta é a ditadura. Na realidade, como destaca E. Traverso, no período de "guerra civil europeia" que se vivia após o primeiro conflito mundial, era de um novo tipo de ditadura que se tratava, claramente distinta do sentido que o conceito tivera desde a Antiguidade até ao século XIX, então considerado como corolário excecional e transitório da democracia, distinta do poder despótico, arbitrário ou ilegal.

Pelo contrário, as ditaduras de novo tipo próprias da "época dos fascismos" surgiram como ruturas subversivas da legalidade, "estado de exceção" tornado definitivo, "ditaduras soberanas" que já não são emanação temporária de um poder constituído, mas um poder constituinte criador de uma ordem nova de caráter permanente.[43] Só isso permitiria enfrentar com eficácia "a tempestade revolucionária que agita o mundo", à qual se somou, a partir de 1929, a tormenta económica e financeira. Só um poder centralizado e tendencialmente apto a ir até onde fosse preciso — isto é, não tendo por limites senão os que em cada circunstância podia impor a si próprio — estava apto a esmagar a subversão social e as organizações políticas e sindicais do mundo do trabalho, ou a desmantelar os parlamentos, proibir os partidos, impor a censura a todas as formas de comunicação, silenciar, discriminar, encarcerar e liquidar os opositores políticos ou os racialmente impuros, impor e vigiar totalitariamente atitudes e comportamentos a todos os níveis da sociabilidade e a regular a economia em proveito do restabelecimento oligárquico ou a prepará-la para a guerra de expansão.

Ainda que as novas ditaduras fascistas configurem sempre situações de "estado de exceção" conducente à absolutização do Poder Executivo, à anulação das garantias e liberdades individuais, à diluição do princípio da separação dos poderes, à liquidação dos parlamentos e das competências legislativas, ao fim da independência dos tribunais, à proibição do pluralismo partidário, da liberdade sindical e da liberdade de expressão em geral, o limite a que a subversão do Estado de Direito preexistente foi levado variou consoante o contexto histórico da emergência dos diversos regimes e o reequilíbrio de forças internas que eles exprimiam.

Naquilo que alguns autores designaram como "formas mais ténues de fascismo", e que aqui considero como regimes fascistas de hegemonia conservadora ou com maior peso das direitas conservadoras fascistizadas no quadro do regime — são os casos da Itália, de Portugal, da Áustria de Dolfüss, da Grécia de Metaxás, etc. —,

---

43 E. Traverso, *À Feu et à sang*, pp. 119-121.

apesar de tudo subsiste um Estado normativo reorganizado ditatorialmente de acordo com as prioridades do regime. A ditadura fascista tem a lei que ela própria decretou e aceita.

Em rigor, não é uma heterolimitação ao poder desses regimes. Por exemplo, quando Salazar falava de um Estado Novo "limitado pela moral e pelo direito", não estava a aceitar um sistema de heterolimitação do poder, estava a falar da "moral" que o regime perfilhava como forma de estar e livremente interpretava, e do direito que tinha o poder praticamente discricionário de produzir para si próprio. Efetivamente, o que limitava o salazarismo não era este tipo de retórica declarativa. Eram os equilíbrios internos dentro do regime e as relações de força na sociedade. Mas, dentro deste quadro, o poder do Estado era praticamente todo aquele que entendesse, em cada momento, dever ter. Em nada de essencial se distinguia do "absolutismo estatista" que apontava ao fascismo italiano, provavelmente com fatores de limitação mais pesados por parte dos poderes tradicionais da coroa, das Forças Armadas e das oligarquias — apesar da sua indiscutível adesão ao fascismo. De qualquer forma, as ditaduras fascistas com este tipo de equilíbrio interno configuram regimes de exceção no contexto de Estados normativos baseados em alguma racionalidade legal e governativa garantidora de uma certa ordem jurídica administrativa.

Mas na Alemanha hitleriana a relação de forças interna ao regime nazi criou condições para uma subversão mais profunda: a substituição da racionalidade legal e governativa pelo poder arbitrário, ou seja, um "Estado prerrogativo" que minou, sem propriamente destruir, o "Estado normativo" baseado no sistema jurídico de "Direito e Administração". Um "Estado dual", combinando elementos do Estado normativo e do Estado prerrogativo, configurando este um sistema de governação discricionária que descarta a ordem legal e as suas restrições, que pretende representar a justiça material (o interesse da comunidade racial e a vontade do *Führer*), e portanto pode prescindir da justiça formal.[44] Na prática, o sistema legal torna-se um instrumento do Estado prerrogativo, uma arma política de livre exercício pelo partido/Estado, geradora de um poder policrático e caótico que alimentava o mito do *Führer* como supremo árbitro e decisor.

Podemos então dizer que os regimes fascistas, de acordo com o caldo de cultura política e social em que emergiram, ou se organizaram em ditaduras no quadro de Estados normativos preexistentes ou por eles reformados ou reinstituídos, ou deram lugar a "Estados duais" em que o Estado normativo, sem desaparecer, se sujeita ao "Estado prerrogativo" de poder discricionário desvinculado da ordem jurídica formal, como foi o caso principal da Alemanha nacional-socialista e também de alguns regimes-fantoche por ela gerados: a Croácia de Ante Pavelić em 1941, o regime dos "cruzes flechadas" de Szálasi na Hungria em 1944, ou a República Social Italiana instalada em Saló, em 1943, após a queda e libertação de Mussolini pelos alemães. Mas, como referimos anteriormente, todos estes são, na realidade, Estados tutelados, criados pelo ocupante militar, sem soberania própria e de curta duração, que funcionam sobretudo como apêndices político-militares da expansão imperial da Alemanha nazi.

Todavia, e do ponto de vista das medidas políticas sucessivamente adotadas pelo processo de implantação destes regimes tomados no seu conjunto, podemos encontrar procedimentos comuns a todos eles.

Desde logo, o encerramento ou a neutralização das assembleias parlamentares com funções legislativas. A Itália mussoliniana é um dos casos de mais demorada transição para o regime fascista. Só a 24 de dezembro de 1925 (Mussolini fora nomeado chefe do governo em 1922), o *capo del governo* deixa de depender do voto parlamentar e o governo assume competência legislativa

---

44 D. Woodley, op. cit., pp. 96-97.

própria, sendo que a Câmara de Deputados é pluripartidária até novembro de 1926, data em que todos os partidos são dissolvidos, à exceção do PNF. Em 1928, como já sabemos, o que restava da Câmara passa a ser escolhido plebiscitariamente a partir de uma lista nacional única proposta pelo Grande Conselho do Fascismo. E só em 1939 o ex-Parlamento, agora câmara de partido único, é substituído pela Câmara dos Fáscios e das Corporações, onde se cruzam os representantes do PNF e da organização corporativa.

Como vimos antes, a transição é bem mais rápida e fulminante na Alemanha. Desde fevereiro de 1933, o governo dirigido por Hitler proíbe o Partido Comunista e silencia os socialistas. Nas últimas eleições para o Reichstag, a 5 de março de 1933, realizadas sob o terror das SA e já com o KPD proibido, mesmo assim o partido nazi não obtém maioria absoluta (alcança 43,9% dos votos). O novo Parlamento dobra-se à vontade dos nacional-socialistas e, reunido em Potsdam, a 23 de março, vota a "lei dos plenos poderes" para o governo com a única oposição dos deputados socialistas ainda presentes. O governo hitleriano fica com poderes para legislar sem entraves e alterar a Constituição de Weimar, o que nunca chega a fazer. O Bundestag permanecerá formalmente, daí em diante, como uma assembleia monopolizada pelos nacional-socialistas. Em maio são encerrados os sindicatos, e em junho, como vimos, o SPD é dissolvido e os demais partidos do centro e da direita autodissolvem-se. Em julho desse ano o NSDAP é declarado por lei como partido único.

Também na Áustria de Dolfüss, como acima se referiu, o Parlamento é encerrado em março de 1933, e o chanceler passa a governar por decretos de emergência. Em abril do ano seguinte, a nova Constituição estabelece o Estado Corporativo e cria um *Bundestag* de génese corporativa e com escassos poderes face ao regime autoritário que tutela.

Em vários regimes de tipo fascista hegemonizados por forças conservadoras, as ditaduras de facto são compatibilizadas com a subsistência de assembleias políticas dominadas pelo partido único ou pelo partido dominante, neste caso com a possível representação de outras fações de direita não hostis. Esta segunda situação existe na Hungria de Horthy até à ocupação alemã. A primeira verificou-se com o Estado Novo salazarista, como adiante se verá.

Verifica-se então que, com a liquidação das assembleias parlamentares, as novas ditaduras decretam invariavelmente outro tipo de medidas, imediata ou sucessivamente: assumem "plenos poderes" no polo do Executivo ou até, formal ou informalmente, na pessoa do seu chefe e chefe do regime, violando assumidamente o princípio liberal da divisão de poderes, também nas relações com o poder judicial, claramente instrumentalizado; eliminam, em nome de um sempre existente "estado de emergência", as liberdades fundamentais; proíbem os partidos políticos, os sindicatos e as greves; impõem o partido único como exclusivo representante político do interesse nacional, ainda que esse papel frequentemente fosse mais desempenhado pelo Estado do que pelo partido, mesmo quando ele é o único consentido. Note-se que a ditadura política e a unicidade ideológica não são recursos excecionais de momentos de crise, antes são considerados como a própria solução da crise, decorrências institucionais permanentes do organicismo totalitário que subjaz aos regimes fascistas.

Finalmente, a força para impor tudo o mais, ou seja, a violência tendencialmente irrestrita como caraterística essencial dos regimes fascistas: quer a violência preventiva, intimidatória, sociabilizadora do medo e organizadora do "consenso", quer a violência repressiva, punidora do "desvio" relativamente à norma estabelecida e que tinha no seu centro, como órgão especializado, as polícias políticas. Mas disso trataremos adiante mais detalhadamente.

No tocante a Portugal, o Parlamento republicano foi logo fechado pela GNR dois dias depois do golpe militar de 28 de maio de 1926, e os deputados e senadores foram expulsos das suas instalações. A partir daí, governou-se em Ditadura Militar, crismada de

"Nacional" quando, a partir de janeiro de 1930, com o governo do general Domingos de Oliveira, Salazar passa a deter a hegemonia política dentro da Ditadura. Para o futuro chefe do governo do Estado Novo, já o referimos, a questão que estava no cerne do regime era a integração da Nação autêntica, "os agrupamentos espontâneos dos homens à volta dos seus interesses ou atividades", no Estado. Esse era o grande desígnio, o Estado social e corporativo, organizador e representante da nação orgânica, sua fonte de legitimação autêntica e raiz da "ordem" e da estabilidade a reencontrar. "O primeiro dever dos governantes é o reconhecimento, é o sentimento profundo da realidade objectiva da nação portuguesa."[45]

Mas, logo a seguir, como condição primeira da edificação do regime corporativo, colocava-se a questão do "Estado forte". Ou seja, o novo Estado que recebia, organizava corporativamente e tutelava sob o império do interesse geral a nação de sempre havia de recuperar a força e o prestígio perdidos para cumprir a sua missão: "Deve o Estado ser tão forte que não precise de ser violento". E não havia Estado forte "onde o poder Executivo não é".[46] Salazar dedicará largo espaço público, a partir do citado discurso de 1930, a defender o drástico reforço, a independência, a estabilidade e o prestígio do poder executivo, ou mais precisamente do governo, designadamente em relação às assembleias legislativas e de natureza parlamentar. Dirá mesmo, levado pelos ardores vitoriosos da época dos fascismos e pelo ambiente ideológico de "fim da História" que, de algum modo, se anunciava, que "as Ditaduras não me parecem ser hoje parêntesis dum regime, mas elas próprias um regime", profetizando, após a morte que declarava já consumada da "economia liberal", que "a democracia parlamentar não

---

45 A.O. Salazar, op. cit., vol. 4, p. 381.
46 Ibid., vol. 1, p. 81. Mais tarde, discursando na abertura da campanha eleitoral da União Nacional para a escolha de deputados à Assembleia Nacional, em 9 de dezembro de 1934, Salazar alterará substancialmente a expressão para chegar onde queria: "Não há Estado forte onde o Governo o não é". Ibid., p. 380.

tardaria a ter a mesma sorte", o mesmo indo acontecer na Europa às assembleias legislativas.[47]

É certo que a Assembleia Nacional (AN) saída do "compromisso constitucional" de 1933, eleita por sufrágio direto e com competência legislativa, "se ressente até certo ponto duma espécie de transigência com ideias correntes, ainda ao tempo com certo prestígio nascido mais de hábitos mentais que do seu valor próprio". Mas o seu lugar no sistema constitucional estado-novista é, desde o início, de clara subalternidade face ao Executivo: carece de real legitimidade representativa, pois é fruto de atos eleitorais forjados e não livres; só funciona três meses por ano (e, mesmo quando funciona, o governo pode legislar); só aprova as "bases gerais dos regimes jurídicos" (a atividade legislativa e regulamentar normal caberá sempre ao Executivo); não pode derrubar o governo (que é da exclusiva confiança do presidente da República e não responde perante a câmara), e o chefe do Estado tem o poder discricionário de dissolver a AN. Como garantia Salazar, "mesmo com a câmara eletiva não haverá já para nós parlamentarismo, isto é, discussões estéreis, grupos, partidos, lutas pela posse do poder na Assembleia Nacional".[48]

É certo ser a AN o órgão constitucional que, por virtude da sua génese compromissória, parece ao chefe do governo, em dezembro de 1934, estar "ainda sujeito a mais profundas modificações",[49] que nunca se darão na História do regime. Nem Salazar as pretendia tão decisivas como outros setores que desejavam passar para a Câmara Corporativa as funções legislativas da AN. O ambiente democratizante do pós-Segunda Guerra Mundial travou esses intentos das correntes ultramontanas do regime.[50] Mas a ideia a

---

47 Ibid., vol. 1, pp. 345-346 e 381.
48 Ibid., vol. 1, pp. 345-346 e 344.
49 Ibid.
50 Rita Carvalho, *A Assembleia Nacional no pós-guerra (1945-1949)*. Lisboa: Assembleia da República; Afrontamento, 2002, p. 17.

que o presidente do Conselho várias vezes aludirá é a progressiva transformação da AN numa assembleia puramente política de representação e de fiscalização, perdendo a favor do governo as suas competências legislativas. Na realidade, perdia mais do que isso: de acordo com o que Salazar ambicionava, a AN deixaria de ser órgão de soberania para se tornar numa espécie de Grande Conselho coadjuvante do regime, passando "a legítima representação nacional [a estar] destinada aos governos, assistidos pelos seus funcionários" e com a colaboração da Câmara Corporativa na feitura das leis.[51] É certo que a AN nunca chegará a perder o seu estatuto de órgão de soberania com poder de legislar, mas, na prática, ela assumirá sobretudo essa função de grande assembleia do regime, onde se faziam representar e articulavam as várias sensibilidades políticas e de interesses, e onde reclamavam do governo as suas pretensões, sempre respeitando rigorosamente o que era indiscutível: as grandes linhas da governação, os fundamentos políticos e ideológicos do Estado Novo e a fidelidade ao seu chefe.

No tocante aos partidos políticos, a questão fora publicamente talhada ainda antes do plebiscito constitucional, num dos discursos emblemáticos do já então presidente do Ministério, em novembro de 1932, quando anuncia a interdição de todos os partidos no futuro regime e convida as várias direitas da direita e os convertidos do republicanismo (os "portugueses de boa vontade") a aderirem à União Nacional, apresentada não como partido mas como uma associação patriótica de apoio ao regime. Na realidade, no Portugal do Estado Novo, nunca haverá formalmente um diploma legal proibindo ou dissolvendo os partidos políticos. Ao abrigo da disposição constitucional que previa a regulamentação pelo governo do exercício dos direitos e liberdades (formalmente consagrados na Constituição

---

51 "Lição de Salazar para Reunião dos Governadores Civis. Sala de Conselho de Estado no Palácio de S. Bento às 17 horas do dia 8-X-1942. Segundo os apontamentos do Governador Civil de Vila Real". In: Ibid., p. 287.

de 1933), estabeleceu-se que cabia ao governo (a função seria exercida pelo Ministério do Interior) autorizar a constituição de qualquer tipo de associação não comercial (cívica, cultural, desportiva, política) ou de dissolver as que entendesse desviarem-se dos seus fins. Esse poder inteiramente discricionário impediria todo e qualquer tipo de associativismo, partidário ou não, que o regime tivesse por inconveniente. Não foram só os partidos que, naturalmente, desapareceram, foi todo o direito de associação que ficou sob a mais estrita tutela e vigilância do governo e da polícia política.

Depois, nas semanas e nos meses imediatamente após a promulgação da nova Constituição, em abril de 1933, veio todo o resto: a criação da polícia política, a PVDE (Polícia de Vigilância e Defesa do Estado), fruto da centralização de vários serviços policiais já existentes; o reforço político e ideológico da Censura Prévia à imprensa e a todos os tipos de espetáculo; os serviços de propaganda do Estado (o SPN, Secretariado de Propaganda Nacional) e o primeiro "pacote" legislativo da organização corporativa que, como sabemos, entre várias outras coisas, liquidava a liberdade sindical e proibia a greve.

Determinada a natureza do poder político e o sistema de governo em harmonia com tais "critérios de política superior", percebe-se um regime que, desde o seu início, está essencialmente dependente do apoio das Forças Armadas para "manter a ordem" — e para durar. Esse regime funciona assente numa administração altamente concentrada e hierarquizada, onde tudo o que é importante se decide no topo, de acordo com o "princípio ditatorial" de que "muitos preparem, um só resolva e faça executar com meios bastantes".[52] Uma típica "ditadura de chefe de governo", como lhes chamarão os atuais constitucionalistas.

Não nos esqueçamos que Salazar, em tempo de menos peso da máquina burocrática, no vigor da idade e talvez pouco crente

---

52 A.O. Salazar, op. cit., vol. 1, p. 371.

nas capacidades dos seus homens de maior confiança, entre 1936 e 1940 (Guerra Civil de Espanha e início da Segunda Guerra Mundial), além da Presidência do Conselho, acumulará as pastas ministeriais da Guerra, dos Negócios Estrangeiros e das Finanças. Além disso, despachava regular e pessoalmente com o diretor da polícia política. Nada, fosse grande ou mais pequeno, lhe escapava da vida do regime, da administração e do país.

A VIOLÊNCIA

Convém ter presente que a violência, tomada em si mesma, não individualiza os regimes fascistas. É sabido que eles radicalizam e alargam a violência já subjacente ao Estado liberal e sobretudo retomam, como antes vimos, as formas extremas de violência militarista que caraterizavam a expansão do colonialismo europeu em África, na Ásia e na América. Mas há, na violência fascista, dimensões específicas que é importante salientar, ainda que se verifiquem com diferentes graus de intensidade nos vários tipos de regimes a que o fascismo deu origem.

Em primeiro lugar, haverá de começar-se pela necessária inscrição da violência no paradigma teórico do próprio organicismo político autoritário que subjaz à ideologia fascista. Isto é, a violência está inscrita no código genético dos regimes fascistas. Assentes doutrinariamente na negação da herança da Revolução Francesa, na recusa das conceções da soberania popular enquanto fonte de legitimação e, portanto, do "demoliberalismo" em geral, os teóricos da "revolução contrarrevolucionária" preocupavam-se pouco com o sentimento ou a vontade das maiorias quando se tratava de cumprir a missão ontológica de salvar e regenerar a "nação" ou a comunidade racial. Autorrepresentando-se como elites, ou como "chefes" depositários de uma missão salvífica transcendental, considerando-se os intérpretes da "nação autêntica" e eterna e pretendendo reencontrá-la e resgatá-la das desordens do presente, as direitas tornadas revolucionárias propunham-se "curar" a pátria enferma para a "reerguer", para reatar o fio do verdadeiro destino nacional, interrompido pelo parêntesis a-histórico e antinacional do liberalismo, ou pervertido pela "lepra" socialista ou comunizante.

Essa "cura" da nação contaminada ideológica e moralmente pela "antinação" (o bolchevismo, o judaísmo, a maçonaria...), essa imposição da "verdade" contra a maioria da pátria doente e decaída, havia de se fazer, necessariamente, pela violência esclarecida das gerações depositárias da missão de resgate, pela força, como uma cruzada, como um golpe de bisturi extirpa o tumor, como um missionário que contraria, castiga ou corrige o bárbaro da barbárie. Tratava-se, afinal, de regenerar a alma da nação, se necessário contra ela própria.

E bem se compreendia que tão ingente tarefa não pudesse dispensar a violência como elemento centralmente constitutivo da própria ação de resgate. Tratava-se, e já a isso nos referimos, de desencadear processos tendentes a suprimir as liberdades fundamentais de associação e de expressão, de proibir os partidos e fechar os parlamentos, de decretar o fim da luta de classes em favor do enlace corporativo, de acabar com o direito à greve e a liberdade sindical, de silenciar sem contemplações os restos recalcitrantes da "traição" e da "subversão".

Só a força podia operar a "limpeza" sobre que se ergueriam os "novos" Estados. Mas não era exatamente a violência em si mesma, ínsita na natureza dos novos regimes e nas suas tarefas, que os individualizava relativamente aos velhos liberalismos, onde também ela estava presente como essência de suporte do seu caráter oligárquico. O que distinguia a violência fascista ou protofascista era o facto de ser potencial e teoricamente irrestrita, exercida em nome de uma suprema razão nacional, racial ou providencial, face à qual não havia razões legítimas. Uma razão suprema que na sua tarefa purificadora e reconstrutora a tudo se impunha tendencialmente sem limites ou que, na realidade, só reconhecia as regras com que a si mesma, e pelas suas próprias razões e circunstâncias, se autolimitasse.

Numa época de crise política, económica e social do capitalismo, sucessivamente abalado pelos impactos da Grande Guerra e da Grande Depressão de 1929, para boa parte das classes dominantes da Europa mais atrasada ou mais debilitada pelos efeitos acumulados desses choques e pelas ameaças reais ou imaginárias da revolução social ou da massificação da política, esse era o caminho para a reposição das taxas de lucro e da "ordem" perdida. O parlamentarismo e o liberalismo oligárquico que institucionalizavam a velha dominação política e social mostravam-se inadequados e até prejudiciais perante a profundidade da crise e das ameaças, sobretudo nos países da semiperiferia ou para ela empurrados pelas circunstâncias históricas da guerra e do pós-guerra. Nesse caldo económico-social e cultural, floresceram as várias reações e ditaduras de novo tipo, juntando em diferentes equilíbrios as velhas teorias elitistas da contrarrevolução com o jovem nacionalismo radical e plebeu dos movimentos fascistas do pós-guerra. Desse pacto, dessa combinatória diversamente experimentada, nasceram os fascismos enquanto regimes.

Mesmo quando os partidos fascistas chegam ao poder nos termos da legalidade do Estado liberal, pelas portas que lhes abrem a rendição/cumplicidade dos partidos tradicionais da oligarquia, a violência mais ou menos discricionária é um elemento fundamental para a imposição da "nova ordem" no plano político e da dominação social. Destruir, ou reformar, ou neutralizar o velho Estado burguês, em nenhum caso dispensará a ação regeneradora da violência, considerada em diferentes graus pelos diferentes regimes deste tipo como necessidade indispensável, até como virtude de culto, em qualquer caso não sujeita a quaisquer limites que não fossem os ditados pelas próprias prioridades e conveniências do novo poder. Mesmo quando, no caso português, o regime entendia dar uma pseudolegitimidade jurídica formal ao arbítrio.

Não é crível, portanto, que possamos inventar um "violenciómetro", uma espécie de medida para os graus de violência que funcione como critério e distinção dos regimes que são fascistas dos que não são. A violência, essa violência potencialmente irrestrita, é a essência comum ao conjunto dos regimes de tipo fascista enquanto forma de negação e superação do Estado liberal e de radicalização da dominação política e social por parte das diferentes coligações de setores dominantes que eles exprimem.

O grau e a extensão do uso dessa violência variaram de acordo com as distintas caraterísticas que esses regimes assumiram em cada formação social concreta e de acordo com as circunstâncias históricas e o caldo de cultura específico que condicionaram a sua evolução. De qualquer forma, tal violência não é o que diferencia, mas sim o que fundamentalmente identifica os regimes de tipo fascista. Mussolini falava por todos: "A violência, para nós, está muito longe de ser um desporto ou um divertimento. Ela é, como a guerra, uma dura necessidade de certas horas históricas".[53]

Em segundo lugar, há que ter em conta que, no quadro da guerra civil que varre a Europa de entre as guerras do século passado, a violência fascista assume uma carga simbólica, ritual, estetizada, que transcende a pura instrumentalização e se transforma num fim em si mesmo,[54] ou, no dizer de Woodley, constitui "uma forma ritualizada de ação política, distinta de uma conceção reflexiva sobre o seu próprio fim".[55] Assim sendo, a violência fascista não pretende só vencer fisicamente o inimigo, pretende representar o espetáculo público da sua humilhação e derrota; pretende projetar uma imagem de força invencível e vitoriosa de ordem, de intimidação; pretende celebrar a união e a solidariedade combatente dos quadros e milicianos envolvidos na ação violenta, ela própria

---

53   A. Ferro, op. cit., p. 51.
54   E. Traverso, *À Feu et à sang*, p. 109.
55   D. Woodley, op. cit., p. 121.

glorificada como "exaltação transgressora"; pretende cultivar um "terror mítico", sustentado por um "incestuoso fascínio pela morte" e pela guerra como indispensável higiene das raças e dos povos.

É por isso que aos falangistas ou aos legionários, na Guerra Civil de Espanha, não chegava derrotar militarmente os combatentes republicanos, havia que os fuzilar em público nas praças de touros ou nos largos das igrejas à saída da missa, para gáudio dos agrários andaluzes em festa ou perante o terror mudo dos demais. Assim, não bastava, no final dos anos 30, na Alemanha, deitar fogo às sinagogas ou encerrar e destruir os estabelecimentos dos judeus: havia que organizar o espetáculo da sua humilhação pública, pondo-os a esfregar o chão das praças com escovas de dentes ou cortando à tesourada as barbas dos velhos rabinos. Esse culto sinistro da morte, que ecoa, já a isso aludimos, no célebre grito de Milan Astray, *Viva la muerte!*, desafiando Unamuno em Salamanca, ou presente na caveira do emblema dos SS, toma precisamente aspetos de assassinato ritualizado no cerimonial de execução dos inimigos pelos legionários da Guarda de Ferro romena que celebravam a honra de ter cumprido esse dever com cantos e danças rituais.

Em terceiro lugar, a violência dos regimes fascistas desdobrou-se, geralmente, em dois níveis essenciais: a violência preventiva e a violência punitiva. A estas, no caso particular da Alemanha hitleriana, poderíamos acrescentar a violência exterminatória praticada contra os judeus e os ciganos, mas igualmente contra as populações e os prisioneiros de guerra soviéticos e polacos durante a Segunda Guerra Mundial.

A *violência preventiva* era a forma mais constante, mais omnipresente, mas mais "silenciosa" e "invisível" da violência. Simultaneamente, seria a mais eficaz. Era apontada à padronização unilateral e vinculativa dos comportamentos a todos os níveis de sociabilidade (na família, na escola, no trabalho, no lazer, na cultura...), organizava a dissuasão, a intimidação, a socialização do medo, ou seja, a contenção e a vigilância permanente através de órgãos específicos de inculcação ideológica e de prevenção policial. A propaganda do regime, transmitida por órgãos oficiais ou partidários de enquadramento político e ideológico para os diferentes setores da sociedade (os jovens, as mulheres, os trabalhadores...), ou para os vários ramos de atividade (a fábrica, o mundo rural, a escola, os serviços...), era secundada pela vigilância do partido ou do Estado sobre o quotidiano (as polícias, os informadores, a delação, a violação da correspondência, as escutas telefónicas...) e, naturalmente, pela censura prévia a todas as formas de comunicação social ou de expressão artística.

Esta imensa máquina burocrática e policial impunha modelos de pensamento e comportamentais, ao mesmo tempo que explícita ou implicitamente traçava os seus limites admissíveis. A violação dessa fronteira constituía um comportamento desviante e contra ele, contra a minoria que ousava desafiar a ordem preventiva (o protesto, a greve, a conspiração, a resistência, a "perversão sexual", a cultura proibida), atuava a *violência punitiva* das polícias criminais e políticas. Nesta violência de prevenção pela inculcação ideológica unívoca, pela vigilância permanente e pretendidamente sobre tudo e sobre todos, adivinha-se um triplo objetivo: assegurar a acatação e a obediência à ordem estabelecida, organizar episodicamente mobilizações de massa ratificatórias das principais decisões do regime e fabricar o "consenso" em torno do poder e do seu chefe.

Só depois do círculo da prevenção agia a *violência punitiva*, a violência da repressão direta contra o número sempre relativamente escasso (salvo nos períodos, também circunscritos, de grandes mobilizações de massas) dos que ousavam desafiar a "ordem estabelecida". Ou seja, dos que pisavam o tal risco delimitador do primeiro círculo de segurança, militando ou apoiando organizações clandestinas de luta contra o regime, conspirando ou participando em atividades revolucionárias, ou simplesmente aderindo a uma greve, firmando um abaixo-assinado de protesto, comparecendo numa manifestação, solidarizando-se com presos políticos, ou frequentando iniciativas culturais ou recreativas proibidas, tudo atividades automaticamente passíveis de repressão policial com efeitos mais ou menos graves na liberdade, na integridade física e na vida dos prevaricadores.

O domínio da repressão era o campo por excelência das polícias políticas especialmente criadas ou reorganizadas pelas novas ditaduras, das polícias criminais, das milícias armadas do Partido ou do Estado, das forças policiais complementares de ordem pública. E, em último caso, das Forças Armadas, a verdadeira espinha dorsal da segurança do Estado. Em todos estes regimes, com variação de intensidade e alcance, este foi o campo do abuso atrabiliário, da violação sistemática dos direitos e liberdades individuais, da tortura, da prisão arbitrária e por tempo indeterminado, do assassinato, dos campos de concentração, das deportações, da ausência total de garantias para quem caía nas malhas da repressão.

É certo que a violência da punição repressiva fora um recurso sistemático e massivo dos fascismos no assalto ao poder e na implantação dos regimes. E tornará a sê-lo, juntamente com a violência exterminatória do nazismo, durante a Segunda Guerra Mundial, quer nos vários países ocupados pela Alemanha ou pela Itália, quer no rescaldo sangrento da derrota republicana na Guerra Civil de Espanha. Mas a "normalização" ou estabilização duradoura dos regimes fascistas na década de 30, antes do conflito, ou até depois dele (no caso da Espanha franquista e do Portugal salazarista), fez da violência repressiva, com todo o seu rol de brutalidade e de crime, uma intervenção sobretudo de recurso para os casos em que a violência preventiva se demonstrava ineficaz. A história dos regimes fascistas parece demonstrar que a sua durabilidade se deve principalmente à conjugação eficaz dessas duas formas de violência: a da prevenção e enquadramento ideológico autoritário e unívoco, e a da multímoda repressão policial. Uma particular combinatória de hegemonia e opressão que está na essência de todos os regimes totalitários.

SALAZARISMO E VIOLÊNCIA

No caso do Estado Novo, Salazar tem desde muito cedo ideias assentes sobre o papel da violência no regime nascente. Confidencia-as a António Ferro nas entrevistas que lhe concede em 1932, e proclama-as, nesse mesmo ano, num dos seus discursos emblemáticos, proferido a 28 de maio de 1932, nas vésperas de ascender à presidência do ministério.[56]

O ditador concordava com Mussolini em que a violência pudesse "ter vantagens, efetivamente, em certas horas históricas", compreendia até aqueles apoiantes da ditadura que reclamavam "fazer-se mais largo apelo e maior uso da violência" face à "grandeza dos males, das resistências e dos perigos", e considerava, à luz da sua "reflexão e experiência", "que a força é absolutamente indispensável na reconstrução de Portugal".

Mas havia que atender às caraterísticas da "nossa raça" e dos "nossos hábitos", ao "doentio sentimentalismo do povo português", tão "deseducado ou tão defeituosamente educado" que não comportava sequer o rigor da justiça. "E, sendo assim, como se pede para ele a violência?" O "processo revolucionário da violência" estaria, pois, "contraindicado entre nós", e havia que obter "os mesmos fins por outros meios mais harmónicos com o nosso temperamento e as condições da vida portuguesa". De contrário, tudo podia ser deitado a perder. A força "indispensável" teria então de "ser usada com a serenidade e a prudência capazes de assegurar a continuação da obra e de desviar as complicações que a prejudiquem ou a tornem impossível". A nova organização do Estado e a "reforma da sociedade portuguesa" não se poderiam levar a cabo "sob rajadas de temporal desencadeado por nossas próprias mãos".[57]

---

56 A.O. Salazar, "O Exército e a Revolução Nacional". In: Id., op. cit., vol. 1, pp. 142 ss.
57 Ibid., pp. 142-145.

É claro que esta aparente conformação com os "brandos costumes" convivia, sem excesso de estados de alma, um pouco mais adiante na entrevista que acima citámos, com a conhecida apologia dos "safanões a tempo" por parte das polícias contra os "temíveis bombistas que se recusavam a confessar",[58] metáfora corrente para legitimar abusos e violências arbitrárias contra qualquer forma de resistência ao regime.

Na realidade, aquilo de que Salazar falava não era em nada parecido com a renúncia à violência ou à força (que o ditador considerava "indispensável" à tarefa reconstrutora), mas antes uma sua gestão politicamente racional, de acordo com as circunstâncias do meio social sobre que atuava e que visava subjugar e controlar. Uma oligarquia dominada pela preponderância dos setores rentistas, ruralistas e parasitários, ideologicamente mais tradicionalistas e conservadores, e uma sociedade onde o peso da ruralidade cercava e, em parte, neutralizava as ameaças reviralhistas ou grevistas de Lisboa (e da sua Margem Sul) e do Porto parecia não privilegiar a radicalidade da mobilização da massa ou da violência miliciana de outras experiências fascistas coevas. As classes dominantes e as suas elites, agrupadas sob o chapéu do Estado Novo e da chefia do salazarismo, nutriam uma genuína e essencial desconfiança da rua, dos grupos milicianos, das "revoluções", de tudo o que se furtava à tutela tradicional do Estado, das Forças Armadas ou da Igreja Católica, mesmo que fosse para agir em nome da "ordem". Não dispensavam, sem dúvida, essa nova radicalidade e o seu culto da violência discricionária. Mas subordinavam-nos a outras formas de violência, de sujeição e de enquadramento menos obviamente disruptoras e mais adequadas aos métodos de dominação tradicionais na sociedade portuguesa. A violência política e social também se preferia a funcionar "habitualmente".

---

58 A. Ferro, op. cit., p. 54.

Era uma espécie de gestão a dois tempos entre a *violência preventiva*, "invisível" e quotidiana, e a *violência punitiva* e mais seletiva da repressão direta. Da sua conveniente articulação resultaram, a prazo, maior eficácia dissuasora (ou pontualmente mobilizadora), uma conveniente "economia do terror", para usar a expressão de Hermínio Martins,[59] um "coeficiente ótimo de terror", sem excesso de vítimas ou de custos, e, sobretudo, a criação de condições garantidoras da durabilidade do regime. É esta dupla face da violência que marca a essência política e ideológica do Estado Novo.

Também no Estado Novo português, a violência tomou, portanto, dois caminhos, no seu afã de enquadrar a massa, moldar os espíritos e reprimir os prevaricadores e resistentes à "ordem nova".

Em primeiro lugar, a *violência preventiva*, a que já acima nos referimos: a forma mais constante e omnipresente da violência. A que era apontada à dissuasão, à intimidação, privilegiando a contenção e a vigilância permanente dos comportamentos. Nela desempenhava um papel de fundo, no Portugal ainda essencialmente rural dos anos 30 aos anos 50, a ação da Igreja Católica na legitimação ideológica do regime e no controlo dos espíritos.

A violência preventiva era sustentada por três tipos de órgãos do aparelho de Estado. Desde logo, os especializados na vigilância e na ação preventiva — a censura prévia aos órgãos de informação e espetáculos, as escutas telefónicas e interceções da correspondência por parte da polícia política, a delação e os informadores, o controlo seletivo que a polícia política fora incumbida de exercer sobre os candidatos à função pública, desde 1935/1936, à organização corporativa e ao emprego também em muitas empresas privadas. A mensagem subliminar era clara: "Porta-te bem, alguém está a vigiar o teu comportamento".

O outro pilar da violência preventiva era o "sistema de ordem pública" sucessivamente reorganizado, concentrado, rearmado e

---

59 Hermínio Martins, "Portugal". In: Id., *Classe, status e poder*. Lisboa: ICS, 1998.

modernizado pelo regime salazarista desde 1933.[60] Assentava, no essencial, na Polícia de Segurança Pública (PSP) e na Guarda Nacional Republicana (GNR), às ordens do Ministério do Interior. Terminada a Guerra Civil de Espanha, após abril de 1939, o regime define o que virá a ser duradouramente o padrão da distribuição de tarefas da "ordem pública": "tarefas preventivas e de repressão inicial", da competência da PSP nos centros urbanos, e missões de "choque" para a GNR, que, no entanto, volta a ocupar-se do policiamento rural.[61]

Mas, além dos órgãos de vigilância e do "sistema de ordem pública", atuavam os aparelhos oficiais de inculcação ideológica, isto é, os poderosos organismos que tinham como missão, na família, na escola, nos locais de trabalho (no mundo urbano ou rural) e nos lazeres vigiar o quotidiano e inculcar unívoca e autoritariamente os valores do "homem novo" salazarista e da mulher a renascer como fada do lar e repouso do guerreiro, vinculada à missão de o servir e à família como esteio da "nova ordem".[62] Estamos a falar principalmente de dois tipos de aparelhos. Por um lado, o do Ministério da Educação Nacional (MEN): as organizações da juventude, a Mocidade Portuguesa (MP) (e a MP Feminina, surgidas em 1936 e 1937, respetivamente), a Organização das Mães para a Educação Nacional (OMEN), e toda a tentacular ação de vigilância e saneamento ideológico operados através dos inspetores do MEN, dos professores devidamente selecionados, dos currículos, dos livros únicos, das atividades escolares e "circum-escolares", das famílias dos alunos, etc.

---

60 Diego Palacios Cerezales, *Portugal à coronhada: Protesto popular e ordem pública nos séculos XIX e XX*. Lisboa: Tinta-da-china, 2011, pp. 261 ss.
61 Ibid., p. 277.
62 Cf. Helena Neves e Maria Calado, *O Estado Novo e as mulheres: O género como investimento ideológico e de mobilização*. Lisboa: Câmara Municipal de Lisboa, 2001; e Irene F. Pimentel, *História das organizações femininas do Estado Novo*. Lisboa: Temas e Debates, 2001.

Por outro lado, o vasto aparelho da organização corporativa: a tutela política e ideológica ao nível das relações laborais e das empresas a cargo do Instituto Nacional do Trabalho e Previdência (INTP), criado em 1933, ou o controlo dos tempos livres e dos lazeres através da Federação Nacional para a Alegria no Trabalho (FNAT), fundada em 1935, para as empresas e os organismos oficiais nas cidades, e da Junta Central das Casas do Povo, que aparece em 1949, para o controlo das almas nas Casas do Povo e no mundo rural.

Toda esta imensa panóplia burocrática (do Estado e da organização corporativa), com a sua ação tutelar no dia-a-dia e o clima de intimidação e de abstenção cívica que alimentava, visava instalar, através de uma surda socialização do medo, um clima geral de acatamento e submissão: a política devia deixar-se para quem podia mandar, e a política dos que obedeciam era o trabalho. Assim se traçava uma linha divisória invisível, um primeiro círculo de segurança que toda a gente que não quisesse correr sérios riscos ou arranjar problemas graves interiorizava não poder pisar. Era, afinal, a fronteira do "viver habitualmente" que o salazarismo instalara como quotidiano das pessoas comuns, e que vigiava minuciosamente, preventivamente, para que se cumprisse sem sobressalto. A violência preventiva era um esteio essencial da segurança e da durabilidade do regime. Na desmobilização, na interiorização da obediência, numa sociedade onde o peso social e cultural da ruralidade se prolongou bem para além do seu peso económico, ou seja, na eficácia real dessa violência preventiva assentou em larga medida o "saber durar" salazarista.

Quem rompia a norma implícita ou explícita do comportamento social e político admissível — e em Portugal, como nos outros países submetidos a ditaduras deste tipo, seria normalmente uma minoria política, sindical ou cultural mais ativa e consciente dos seus direitos — depara com a *violência punitiva*. É neste domínio da repressão punitiva que atua o sistema da justiça política do regime cujo centro nevrálgico era a polícia política, servida sempre fielmente pela PSP, pela GNR, pela milícia da Legião Portuguesa (LP), pelos tribunais especiais às suas ordens, pela rede de prisões políticas e campos de concentração, e por uma legislação penal e processual penal que legalizava praticamente toda a espécie de violência e arbítrios contra os suspeitos da prática de "crimes contra a segurança do Estado", desde o recurso sistemático à tortura e à prisão sem culpa formada, por tempo indeterminado, até ao cumprimento indefinido de penas de prisão, mesmo sem sentença condenatória ou muito para além dela. A violência repressiva da polícia política mostrou ser capaz de tudo o que fosse necessário para atingir os fins do regime — incluindo o recurso ao assassinato pela tortura nas cadeias ou por liquidação física dos resistentes em emboscadas ou operações policiais de rua —, mas, normalmente, só em casos restritos recorrendo aos métodos extremos de assassinato, pelo menos no combate às oposições em Portugal. Nas colónias, antes e sobretudo durante a guerra colonial, já assim não foi.

A tortura do sono, a "estátua", os espancamentos com vários tipos de instrumentos de agressão, o isolamento prolongado, a chantagem e a humilhação dos presos, a prisão arbitrária sem culpa formada nem condenação judicial foram métodos constantemente usados pela polícia política a que o regime procurará dar uma fachada de legalidade, sobretudo após a Segunda Guerra Mundial. Isto emprestava a este "fascismo de toga" uma permanente duplicidade entre um formalismo jurídico, por vezes quase surrealista, e o recurso pelo Estado, a sua polícia política e os seus tribunais, a toda a espécie de arbitrariedades.

É claro que a violência punitiva contra os movimentos de libertação das ex-colónias e as populações africanas, antes e durante a guerra colonial, deve merecer consideração específica, tema que só agora começa a ser abordado na bibliografia académica.[63] Aqui,

---

63 Dalila Cabrita Mateus, *A PIDE/DGS na Guerra Colonial, 1961-1974*. Lisboa: Terramar, 2004.

a polícia política e as suas forças paramilitares especiais, em colaboração estreita com as Forças Armadas, recorreram a formas extremas de violência massiva contra as populações e as guerrilhas (prisões em massa, designadamente em campos de concentração, massacres, torturas, execuções sumárias, etc.). Dessa relação da violência colonial com o "outro" africano, especialmente quando ele ousa pegar em armas, a partir de 1961, não se tratará aqui. Mas é essencial ter presente que a PIDE dos crimes de massa em África, a polícia instrumento central da violência e das guerras coloniais, é a mesma que atua na sociedade portuguesa, ainda que com outros métodos impostos pelas maiores capacidades de defesa e de denúncia das oposições portuguesas, e pela improbabilidade dos benefícios para o regime da aplicação de tais processos em Portugal, fora de contextos extremos de conflitualidade. Mas essa possibilidade de violência extrema existia, existiam a técnica, os quadros e o precedente, bastava a oportunidade, se ou quando ela surgisse. Afinal, essa era a natureza profunda do Estado e da polícia política, convocáveis em caso de necessidade e quando as relações de força o consentissem ou impusessem.

A PSP e a GNR desempenhavam, também, um papel central no domínio especificamente repressivo da defesa do regime. Em tudo o que respeitou à "ordem pública", em geral, e à "segurança do Estado", em particular, para além da vertente preventiva de que já se falou, elas foram o braço armado do regime e da polícia política na resposta punitiva contra a ação pública das forças sociais e políticas que se lhes opunham. Protestos sociais, manifestações populares espontâneas, mobilizações políticas, greves — sempre que a resistência saía à rua, desafiava as proibições ou vinha à luz do dia, era a PSP e a GNR (mais secundariamente, a Legião Portuguesa, até à Segunda Guerra Mundial) que encontravam pela frente.

Cabe dizer que as Forças Armadas, verdadeiro esteio da segurança e da violência legal do Estado, por isso, sempre, o último e decisivo rácio da durabilidade do regime, apesar da sua autonomia funcional e da sua superioridade simbólica, política e institucional face à polícia política (e as demais "forças da ordem"), nunca deixaram de lhe prestar uma ativa colaboração e até de agir em conformidade com as prioridades de segurança do Estado, que a própria polícia política definia e o governo fazia aplicar. Convém não esquecer que as Forças Armadas sempre desempenharam, na história político-militar contemporânea portuguesa, funções de ordem interna, de defesa do poder político das ameaças originadas intramuros, e esse papel não foi senão reforçado com as reformas militares de 1937/38, que, operando uma significativa "limpeza" política nos comandos, inauguraram um longo período de sujeição política da hierarquia das Forças Armadas ao Estado Novo.

Nestes termos, quando se coloca a questão de conhecer o papel da violência política entre os fatores da longa duração do regime, do seu "saber durar", é talvez demasiado simplista responder com a polícia política, apesar do seu papel fulcral. No que respeita ao uso da violência, o regime durou porque foi eficaz, precisamente, na combinação dos dois tipos de violência de que falámos — a violência preventiva e a violência punitiva —, na contenção, desmobilização e repressão da larga maioria dos trabalhadores assalariados e das resistências sociais e políticas mais ativas.

O TOTALITARISMO

O totalitarismo tendencial, no sentido que lhe damos no Capítulo I deste livro, foi uma caraterística essencial dos regimes de tipo fascista. Compreende-se porquê à luz do que temos vindo a dizer sobre a natureza destes regimes. Na realidade, para os seus ideólogos, as novas ditaduras instaladas não eram formas de governação transitórias, recursos excecionais em tempo de crise, mudanças de turno governativo, como era caraterístico dos regimes liberais. As ditaduras de novo tipo eram a solução para a crise, representavam a institucionalização da "Nação" eterna e a sua gloriosa renascença, o reencontro do país ou da comunidade racial que era a sua essência com a sua verdadeira história, a materialização política de um destino ontológico ou providencial.

A "Nação" ou a identidade racial resgatadas não se discutiam, muito menos estavam sujeitas a escrutínio parlamentar: elas cumpriam-se e faziam-se durar. E por isso os regimes fascistas vão criar instrumentos políticos e ideológicos inéditos e absolutamente estranhos aos sistemas demoliberais de assegurar a durabilidade do poder, organismos estaduais e do partido único, com a dupla função de vigiar a privacidade da vida quotidiana e de, simultaneamente, cuidar da educação e fabricação do "homem novo", o esteio político do presente e do futuro do regime. Aparelhos do Estado e do partido único, a que já antes fizemos referência, que não só procedessem à enunciação permanente dos valores ideológicos fundamentais da "ordem nova", como os inculcassem unívoca e autoritariamente na vida quotidiana da família, no ensino em sala de aula, em cada oficina das fábricas, em cada local de trabalho e até na ocupação dos tempos livres, através de uma rede de organismos de enquadramento setorialmente especializados. Vigiar e formar. A violência preventiva andava de mãos dadas com a formação do "homem novo".

Convém referir que, de uma forma geral, estes organismos de propaganda, enquadramento e doutrinação correspondiam a formas modernas de comunicação, mobilização e integração, praticadas nos países capitalistas mais avançados, que os regimes fascistas, em parte pela influência dos intelectuais do fascismo plebeu e modernista, importam inovadoramente para a ação política (tal como fará o regime soviético na URSS). O cinema, a rádio e o cartaz — trilogia da propaganda moderna na época dos fascismos — vão cruzar, por vezes quase paradoxalmente, uma estética inovadora e moderna com os valores do nacionalismo conservador, do belicismo militarista ou da exaltação racista. Mas, no terreno da mobilização e integração social, os regimes fascistas adaptam eficazmente as práticas do capitalismo avançado no tocante ao controlo ideológico dos lazeres através da organização estatal dos tempos livres dos trabalhadores: os cruzeiros da KDF na Alemanha, as excursões da Doppo Lavoro italiana, ou, mais prosaicamente, os "serões para os trabalhadores" da FNAT, onde se prevenia a insidiosa perversão subversiva dos lazeres através de entretenimentos seguros e edificantes.

Duas observações parecem pertinentes a propósito do totalitarismo e do "homem novo". A primeira, para lembrar que o paradigma daquilo que haveria de ser essa nova criatura-tipo, o seguro da durabilidade dos regimes fascistas, variava, por vezes radicalmente, de acordo com o caldo de cultura historicamente diferenciado de cada um deles. Entre o guerreiro teutónico de raça ariana dos senhores, o herói clássico da Roma imperial, o seguidor fanático do Arcanjo S. Miguel da Guarda de Ferro romena ou o caseiro modesto, honrado e respeitador da propaganda salazarista dos anos 30 e 40 há óbvias diferenças de sociedade e cultura, embora haja uma funcionalidade comum do projeto totalizante de fabricar política e ideologicamente, através de mecanismos autoritários de inculcação, essa espécie de clone perpetuador do regime.

A segunda, para realçar o caráter tendencial do projeto totalitário dos regimes fascistas. Era impossível que a eficácia dos aparelhos de enquadramento da ditadura pudesse preencher todos os espaços de privacidade ou de criatividade ou de resistência de uma sociedade por eles tutelada. Em alguns casos, nos países da periferia mais atrasados, porque o peso do analfabetismo, da falta de comunicações, do isolamento, da pobreza extrema dificultava essa tarefa de aculturação ideológica massiva por parte do Estado ou do partido. Noutras situações, como foi o caso da Alemanha hitleriana, por prudência ou conveniência própria do poder: "Um regime que visava uma abrangente mobilização da sociedade deveria respeitar uma grande parte da sua tradição e cultura, se não queria comprometer o seu sucesso e afastar de si próprio a grande maioria dos alemães". No domínio da cultura, "a renúncia à infiltração e ao controlo absolutamente sistemático da vida cultural era, portanto, funcionalmente necessária e não dependia da vontade do regime". O que leva Norbert Frei a considerar pretensiosamente exagerada a afirmação de Robert Ley, o dirigente da Arbeitsfront (Frente do Trabalho), de que "apenas o sono continuava a ser um assunto privado". Segundo aquele autor, a afirmação confundia as intenções com a realidade: "Mesmo a coberto, muitas vezes, de uma retórica ideológica, a esfera exterior à política continuou a existir, e era especialmente aí que as correntes da época continuavam a evoluir".[64]

O ESTADO NOVO E O "RESGATE DAS ALMAS"

Salazar, durante os anos 30 e 40, por mais de uma vez, em intervenções públicas, procurou demarcar o Estado Novo do totalitarismo estatista, argumentando que se tratava de um regime "limitado pela moral e pelo direito". Parece que tanto bastou para que uma parte da historiografia mais crédula tenha aceitado como boa a interpretação do chefe do regime sobre o regime que chefiava, declarando como ponto assente que a questão do totalitarismo não se colocava a propósito do Estado Novo. Contra-argumentando num dos seus mais interessantes ensaios sobre a natureza política e ideológica do Estado Novo, Luís Reis Torgal[65] demonstrou, pelo contrário, que para a quase totalidade dos ideólogos do regime neste período — Mário Figueiredo, Manuel Rodrigues, Carneiro Pacheco, Gustavo Cordeiro Ramos e vários outros — o totalitarismo era explicitamente reivindicado como uma caraterística essencial, ainda que, para alguns deles, o estatismo que já o impregnava houvesse de ser considerado como pecha transitória de um sistema em início de construção.

64 N. Frei, op. cit., p. 129.
65 L.R. Torgal, op. cit., pp. 249 ss.

Na realidade, tenho sustentado o ponto de vista de que o sistema de valores, a axiologia, as grandes bases do discurso ideológico do Estado Novo nos anos 30 e 40 — as "verdades indiscutíveis" proclamadas no Ano X da "Revolução Nacional" —, pela sua própria natureza propositiva, pela mundivisão totalizante que transportava, exigiu e criou um aparelho de inculcação ideológica autoritária, estatista, mergulhado no quotidiano das pessoas com o propósito de criar esse particular "homem novo" do salazarismo.

Ou seja, o salazarismo, neste período da sua história, assente numa certa ideia mítica de nação e de interesse nacional, tentou, também ele, "resgatar as almas" dos portugueses, integrá-los, sob a orientação unívoca de organismos estatais de orientação ideológica, "no pensamento moral que dirige a Nação", "educar politicamente o povo português", num contexto de rigorosa unicidade ideológica e política, definida e aplicada pelos aparelhos de propaganda e inculcação do regime, e de acordo com o ideário da "Revolução Nacional". Neste contexto, o Estado Novo, à semelhança de outros regimes fascistas ou fascizantes da Europa, alimentou e procurou executar, a partir de órgãos do Estado especialmente criados para o efeito, um projeto totalitário de reeducação dos "espíritos", de criação de um novo tipo de portuguesas e de portugueses, regenerados pelo ideário genuinamente nacional de que o regime se considerava portador.

Ideal que, longe de se limitar a ser proclamado, ou de se restringir à formação do "escol", foi levado autoritariamente ao espaço e às sociabilidades privadas da massa, procurando modificar de raiz, e em extensão, os comportamentos, as atitudes e as condições sociais e mentais da sua gestação. É neste sentido que se falará da apetência totalitária do regime nos anos 30 e 40, sem prejuízo da deteção das especificidades e diferenças, por vezes substanciais, que, no tocante ao perfil, ao conteúdo ideológico deste peculiar "homem novo" estado-novista, seguramente o distinguem de outras propostas de regimes do mesmo género.

O filtro das particulares realidades culturais, políticas, sociais, económicas e mentais de onde emergira o regime português tornava-o um fenómeno de natureza historicamente idêntica, mas de expressão nacionalmente diferenciada, relativamente ao movimento genérico dos fascismos europeus desse período. E isso refletia-se nas especificidades ideológicas do seu projeto regenerador e do novo tipo de "homem" que, a partir dele, se pretendeu moldar.

O discurso ideológico e propagandístico do regime pode considerar-se estavelmente fixado até ao pós-guerra, a partir de meados dos anos 30. Realizará então um peculiar casamento dos valores nacionalistas de matriz integralista e católica conservadora com as influências radicais e fascizantes recebidas do nacional-sindicalismo, da Guerra Civil de Espanha e do triunfal ascenso dos fascismos e do hitlerismo na Europa. Parece oportuno realçar, a propósito da linha dominante deste discurso, o seu caráter essencialista. Ele respeitava à essência da nação, ao domínio do direito natural, e por isso não o aceitar, bem como à mitologia que arrastava, era resvalar para o domínio da "antinação". Nesse sentido, os mitos fundadores constituíam — e assim, como veremos, os proclamará Salazar, em 1936 — verdades insuscetíveis de discussão. Eram o paradigma ideológico vinculatório das atitudes e dos comportamentos que os órgãos de inculcação autoritária, nele inspirados, tratariam de procurar impor à sociedade. Pela porta do essencialismo entrou, naturalmente, o projeto totalitário. Salazar resumiria esta axiologia ao proclamar, no célebre discurso do Ano X, durante as comemorações do 10º aniversário do 28 de Maio, em Braga, as "verdades indiscutíveis" da revolução nacional. "Não discutimos", dirá ele, "Deus e a virtude", não discutimos a "Pátria e a sua História", não discutimos a "Autoridade e o seu prestígio", "a Família e a sua moral", "o trabalho e o seu dever."[66]

---

66 A.O. Salazar, op. cit., vol. 2, p. 130.

Convirá salientar que os "valores de Braga" não eram uma simples plataforma de unidade político-ideológica no quadro do Estado Novo, ou uma moral abstrata e genericamente informadora dos comportamentos em sociedade. Significavam uma moral de (re)educação, de regeneração coletiva e individual, da qual resultaria, pela ação do Estado nos vários níveis das sociabilidades públicas e privadas, o moldar desse especial "homem novo" do salazarismo, capaz de interpretar e cumprir a alma e o destino ontológico da nação que o antecedia e se lhe sobrepunha, vinculando-lhe atitudes, pensamentos e modos de vida, redefinindo e subordinando o particular ao império do "interesse nacional". Não só, nem principalmente, como sujeição do individual ao coletivo, mas como padronização tendencial dos espíritos e dos "modos de estar" de acordo com os "valores portugueses" de sempre, que o regime definia, representava e tinha como missão fazer aplicar.

Esse ser renovado, expurgado dos vícios do liberalismo, do racionalismo e da contaminação marxista, esse ser reintegrado, por ação tutelar e condutora do Estado, no verdadeiro "espírito da Nação", haveria de ser temente a Deus, respeitador da ordem estabelecida e das hierarquias sociais e políticas como decorrências do organicismo natural e imutável das sociedades, pronto a servir a pátria e o império, cumpridor dos seus deveres na família e no trabalho, destituído de "ambições doentias" e "antinaturais", e satisfeito com a sua honrada modéstia. Tais eram as "virtudes da raça", expressão mesma desse referencial essencial da ruralidade, dessa terra regada pelo suor dos que sobre ela labutavam, mãe da riqueza, da temperança e da ordem. Tal era o "homem novo" do salazarismo.

Desta essência ontológica da nação e do regime decorria, portanto, a sua apetência totalizante. Como diria Salazar, em 1934, "não reconhecemos liberdade contra a Nação, contra o bem comum, contra a família, contra a moral".[67] Para não negar a própria nação,

---

67 A.O. Salazar, op. cit., vol. 2, p. 309.

o Estado Novo havia de assumir como missão essencial reconduzir os portugueses à "nova ordem moral", que a redimia e realizava. É por isso que, no Portugal salazarista, à semelhança do que se passava com outras ditaduras coevas de natureza fascista e portadoras de um projeto totalitário, o discurso ideológico não se limitou a um simples enunciado, mesmo que exclusivo e unívoco. Constituiu-se como um duplo guia para a ação: uma orientação para a política, em geral, mas, de forma muito particular, uma espécie de catecismo para o "resgate das almas", levado à prática por organismos de propaganda e inculcação ideológica expressamente criados para esse efeito. Como salienta Jorge do Ó, "a ideologia não mais seria enunciado programático: deveria obstinadamente procurar a realidade, saindo de si e impregnando as práticas".[68]

É certo que o projeto totalizante que o Estado Novo parece assumir a partir de meados dos anos 30 ultrapassa substancialmente as prudências tipicamente elitistas e conservadoras dos primeiros passos do salazarismo no poder. Na realidade, o contexto da "guerra civil europeia" radicalizava posições e arrastava nesse processo de fascistização das direitas conservadoras.

Sob o efeito da afirmação do fascismo italiano, do nacional--socialismo e dos "regimes de ordem" em toda a Europa, sobretudo sob o tremendo impacto da Guerra Civil de Espanha e da proclamada "ameaça vermelha" não só ao regime, mas à própria soberania nacional e à "civilização cristã ocidental", a pressão fascizante a partir do interior do próprio regime, e com alguma base social, ultrapassou, sob muitos aspetos, o ponto de vista conservador elitista dominante na oligarquia do regime, radicalizando-o. E, nessa situação, iria criar-se, contra os seus receios e reservas, uma dinâmica fascizante que se manifesta, desde logo, no aparecimento, "a partir de baixo", de organizações de mobilização e

---

68 Jorge Ramos do Ó, *Os anos de ferro. O dispositivo cultural durante a "Política do Espírito": 1933-1949*. Lisboa: Estampa, 1999, p. 50.

inculcação ideológica que o Estado Novo acabará por promover, sempre procurando controlá-las e sujeitá-las à sua tutela.

É a "pressão social e política de base" dos vários grupos da direita radical que Luís Nuno Rodrigues deteta como "determinante" no aparecimento da Legião Portuguesa, no verão de 1936. Ou a iniciativa motora do núcleo duro e militante do sindicalismo corporativo, boa parte dele de origem nacional-sindicalista, no lançamento, com o decisivo apoio de Pedro Teotónio Pereira, da Federação Nacional para a Alegria no Trabalho, em 1935, marcado por uma explícita influência "doppolavorista", ou, mais ainda, no aspeto orgânico, da Kraft durch Freude alemã, e que em muito ultrapassava os iniciais e modestos propósitos de Salazar quanto a uma "obra" de "valorização do trabalho nacional".[69] Mas também ao nível de certos setores do Estado, como o da "educação nacional", se verifica, num processo controversamente amadurecido no seio do regime desde anos antes mas só resolvido em 1936, uma inflexão radical, e de sentido totalizante, no tocante às políticas de ensino e de enquadramento da juventude e das mulheres.

No quadro desta dinâmica, as novas organizações criadas, bem como a reorientação e reforma de outras já existentes, propuseram-se cuidar do "caráter", do "gosto", da "cultura", do ideário dos portugueses num duplo sentido. Por um lado, criando ou reeducando as elites, mas tomando esta tarefa num âmbito alargado que ultrapassava largamente a simples reprodução do escol tradicional da oligarquia. Tratava-se de formar as elites sindicais, as elites das organizações corporativas rurais, os educadores primários, os novos agentes culturais e artísticos, isto é, os quadros de enquadramento e orientação das organizações de massa e do gosto e dos lazeres das massas.

---

69 José Carlos Valente, *Estado Novo e alegria no trabalho: Uma história política da FNAT (1935-1958)*. Lisboa: Colibri; INATEL, 1999, pp. 39 ss.

Deve, aliás, dizer-se que este propósito totalizante era clara e publicamente assumido por vários dos hierarcas do regime. Gustavo Cordeiro Ramos, ex-ministro da Instrução dos primeiros governos de Salazar e inspirador das reformas educativas de 1936, assumido apoiante do nazismo, falando naquele ano perante o Centro de Estudos Corporativos da União Nacional, lembrava que "nos Estados renovados há uma conceção unitária da vida e do homem, um princípio de totalidade que se traduz na política e economia, na ciência, cultura e educação". E citava Francesco Vito para defender que "procurar fazer uma revolução económica, sem a espiritual do indivíduo e da sociedade, é mera utopia".[70]

Precisamente, Carneiro Pacheco, o ministro fundador da "educação nacional" em 1936, entendia que, em Portugal, a "restauração nacional", tão auspiciosa nos campos financeiro, económico e social, "está muito atrasada ainda nos do espírito". Verificava-se um "défice de mentalidade", uma "insuficiência moral", uma "indisciplina mental da mocidade" que o levavam a concluir: "O País não acompanha espiritualmente o ritmo do Estado Novo". Havia que tratar disso, e desde logo a partir do Estado, uma vez que este "tem o direito, mais que o direito, o dever de seleccionar todos os agentes do desenvolvimento da inteligência e da formação espiritual".[71]

E o regime assim fará, a partir de 1933, com a criação do SPN, mas sobretudo desde meados dessa década, montando e orientando um vasto e diversificado sistema de propaganda e inculcação ideológica autoritária e monolítica, assente no Estado, e desdobrando-se diversamente sobre o quotidiano das pessoas, na família, nas escolas, no trabalho ou nas "horas livres". Foram quatro os pilares principais desse dispositivo policêntrico e multifacetado.

---

70 Gustavo Cordeiro Ramos, *Os fundamentos éticos da escola no Estado Novo*. Lisboa: União Nacional, 1937, p. 364.
71 António Carneiro Pacheco, "Declarações de Sua Excelência o Ministro da Instrução Pública no acto de posse". *Escola Portuguesa*, ano II, n. 69, pp. 1-2, fev. 1936.

Dois deles integravam aquilo a que poderemos chamar o *sistema de enunciação*, isto é, de organização, padronização e divulgação da informação selecionada, mas também das crenças, dos valores, da cultura, dos artefactos do "espírito" em geral: antes de mais, o SPN, centro unificador do discurso ideológico para o conjunto do dispositivo, diretamente dependente da Presidência do Conselho; mas com função idêntica no campo específico da fixação e difusão da ideologia colonial (tanto na metrópole como nas colónias do "império") encontramos a Agência Geral das Colónias, organismo do Ministério das Colónias (de que aqui não trataremos). Em ambos os casos se cruzava o exercício de um "poder de influência", o de condicionar e disciplinar as condutas em nome de princípios declarados comuns, com o seu reverso, o exercício de um "poder de injunção", o de, pela ameaça, pela punição e pela censura prévia, proibir e silenciar os comportamentos e valores considerados desviantes.[72]

Os outros dois pilares eram a espinha dorsal do *sistema de inculcação* ideológica, de organização do consenso e da ordem: o vasto aparelho da educação nacional, assente no Ministério crismado com esse nome por Carneiro Pacheco, em 1936, quando procede à "reforma nacionalista" da velha "instrução pública", e desdobrado pela Mocidade Portuguesa e pela Obra das Mães para Educação Nacional, da qual dependia a Mocidade Portuguesa Feminina; e o aparelho corporativo, todo ele por definição eivado de um acentuado "espírito de missão", de caráter ideológico-formativo (desde o Instituto Nacional do Trabalho e Previdência aos grémios, sindicatos nacionais, Casas do Povo e Casas dos Pescadores). Destes, destacam-se, no domínio da "educação dos espíritos" e da "cultura popular", dois organismos principais: a FNAT, surgida, como vimos, em 1935, e a JCCP (Junta Central das Casas do Povo),

---

72 Jorge Ramos do Ó, *O lugar de Salazar*, pp. 39 ss.

superstrutura dirigente das Casas do Povo, criada em 1945, e que filtrava as funções da FNAT para o mundo rural e piscatório.[73]

A CHEFIA CARISMÁTICA

Já vimos no capítulo anterior que a unidade das direitas conservadoras fascistizadas com os movimentos fascistas plebeus constituiu uma pré-condição essencial para a tomada do poder por parte das coligações contrarrevolucionárias e a instalação de regimes fascistas. A constituição de partidos unificadores dessas correntes e a afirmação de chefes que as conduzissem com aceitação geral foram, por isso, elementos essenciais deste processo.

No campo das direitas fascizantes vai surgir, no quadro do grande confronto em curso, um novo tipo de chefe providencial, salvador supremo, dotado de qualidades ímpares, condutor de massas, situação que levará Max Weber a reformular o conceito de "dominação carismática" para compreender tal tipo de liderança.[74] As novas ditaduras e os seus chefes providenciais reivindicam-se agora de uma legitimidade que transcende quer o direito consuetudinário, quer o quadro moderno de fundamentação do poder na racionalidade da lei.

Na realidade, a chefia carismática contrariava as formas correntes de legitimação das chefias. Distanciava-se da legitimação aristocrática pelo sangue, própria das monarquias hereditárias; também do "manda quem pode", caraterístico do elitismo conservador autoritário, onde o mando se sustentava nas hierarquias imutáveis decorrentes da "ordem natural das coisas"; obviamente, desafiava a legitimação democrática assente no voto cidadão, herança do liberalismo da Revolução Francesa. O chefe carismático

---

73 J.C. Valente, op. cit., pp. 180-181.
74 E. Traverso, op. cit., p. 122.

era o que se mostrava capaz de o ser, saído da multidão e impondo-se a ela; era aquele que interpretava o sentimento difuso dos interesses da raça ou da nação, concitando o consenso em seu redor, pela sua força, o seu estilo, pela sua capacidade de liderança. Não eram o sangue, a autoridade institucional ou a urna que o escolhiam, era a sua emergência dirigente e triunfante do seio da massa e do movimento. E podia ser qualquer um a impor-se como tal, à margem dos critérios tradicionais de escolha. Até um obscuro cabo combatente nas trincheiras alemãs da guerra.

Nas sociedades onde os movimentos fascistas se apoiavam em fortes e ameaçadores movimentos de massa, como foi o caso da Itália e da Alemanha, eles lograram impor as suas chefias e boa parte das lógicas políticas e ideológicas dos seus partidos às elites e às direitas tradicionais no quadro dos novos regimes. Ainda que, como já antes se referiu, esses processos nunca tenham deixado de implicar conflitos e, sobretudo, compromissos substanciais face aos interesses dominantes.

Mas nem todos os líderes dos movimentos fascistas que chegam ao poder se transformam em chefes dos novos regimes instalados, apesar de neles poderem ter uma participação muito relevante. Nos países onde as elites tradicionais e os seus aparelhos militares e policiais entendiam poder hegemonizar em proveito próprio o radicalismo fascista no novo Estado, os movimentos fascistas foram colocados em posição de subordinação e essas alianças, por vezes, alternaram com períodos de dura disputa pela hegemonia do regime e a perseguição e repressão dos fascismos radicais e dos seus chefes.

No austro-fascismo, os dirigentes da Heimwehr, apesar de ocuparem lugares-chave no regime de Dolfüss/Schuschnigg, nunca conseguiram disputar-lhes a liderança. Na ditadura franquista, a hegemonia do falangismo fascista entre 1937 e 1942 nunca foi de molde a desafiar o poder político do *caudillo*. Na Roménia, o "monarco-fascismo" de Carlos II acabou a perseguir e liquidar fisicamente os legionários da Guarda de Ferro e o próprio Codreanu, com os quais começara por se aliar. E mesmo quando, em 1940, se instalou o "Estado legionário" e Horia Sima, novo líder da Guarda de Ferro, se tornou o segundo homem do *conducător* Antonescu, pouco tempo mediou para a liquidação definitiva dos legionários e do seu chefe, após novo golpe de mão falhado dos legionários, não apoiado pela Alemanha, que apostaria na defesa do ditador até ao fim. Também na Hungria o chefe dos "cruzes flechadas", Ferenc Szálasi, oscilará, a partir de meados dos anos 30, entre períodos de aliança com os governos de direita fascizante que Horthy chama sucessivamente ao poder e graves conflitos com eles que o levarão à prisão, até Hitler, em 1944, finalmente o impor como substituto de regente deposto.

Já para não falar de muitos pequenos chefes fascistas que nunca chegam ao poder ou sequer conseguem unificar os grupos em que se dispersa o movimento fascista. Na Hungria, o campo fascista nunca logra encontrar uma chefia unificada, dividido entre a ala direita do partido governamental, a conspiração dos comandos militares e os novos partidos fascistas plebeus surgidos na segunda metade dos anos 30 (os grupos de Imrédy, de Baky e Szálasi, sendo os "cruzes flechadas" o mais relevante), que até ao fim disputam a simpatia e o apoio da Alemanha hitleriana. Na Áustria, o fascismo dividir-se-ia em dois partidos antagónicos: o do novo Reich católico numa *Mitteleuropa* fascista, representada pela Heimwehr e pelo regime de Dolfüss, e o do nacional-socialismo, que considerava a Áustria parte integrante do *Volk* alemão e do seu Reich. Mesmo antes do *Anschluss*, é esta corrente que vai minar e influenciar dominantemente o regime herdado por Schuschnigg.

Em Portugal, o nacional-sindicalismo de Rolão Preto, como acima referimos, é a expressão do fascismo plebeu. Ele terá o seu *momentum* de mobilização e glória nos anos de 1932, quando se funda o Movimento, e 1933. Para o nacional-sindicalismo, 1933 será, de facto, o ano da vertigem. O rápido sucesso alcançado pelo MNS nos meios mais ativos da direita civil e militar — especialmente por contraposição à modorra caciquista dos "diretórios partidários à antiga", evidenciada pela União Nacional — e a vitória de Hitler e do nacional-socialismo na Alemanha fazem os seus dirigentes sonhar com a possibilidade de o Movimento se transformar na força hegemónica da "Ditadura Nacional". Em 1934, Salazar, após a adoção de várias medidas de encerramento de sedes e jornais, opera uma cisão pró-salazarista no Movimento, interdita o MNS, prende e manda para o exílio espanhol os seus chefes mais notórios e integra a maioria no partido único. Durante cerca de dois anos, os nacional-sindicalistas, com as "camisas azuis", de cinturão, talabarte e cruz de Cristo na braçadeira, fazem os seus desfiles, jantares e comícios com a saudação romana, hostilizando os "burgueses e maçons" da União Nacional e, fatal ousadia, desafiando a "ditadura catedrática" e fradesca do chefe do governo, à qual contrapõem a figura do seu chefe, Rolão Preto, de bigodinho à Hitler e madeixa sobre a testa a imitar o *Führer*.

Salazar não permitiu que se implantasse uma chefia carismática populista concorrente com a sua liderança do regime. Pode portanto dizer-se que o movimento fascista plebeu é subordinadamente integrado num Estado Novo onde predominam as forças da direita antiliberal e do republicanismo civil e militar conservador, suportadas pela oligarquia económica, pelo Exército e pela Igreja. As direitas tradicionais do Estado Novo conhecem, ao longo dos anos 30, um processo endógeno de fascistização acelerada, para o qual concorre a integração dos ex-"camisas azuis" nos setores mais modernos e dinâmicos desse processo: os sindicatos nacionais, a propaganda, a "alegria no trabalho",[75] a formação das milícias fascistas da Mocidade Portuguesa e da Legião. Mas é uma integração no novo regime que passa, em 1934, como referimos, pela dissolução do Movimento Nacional-Sindicalista, pela prisão

---

75   Referência à FNAT, criada em 1935 e destinada a controlar ideologicamente os tempos de lazer dos trabalhadores. Cf. J.C. Valente, op. cit.

e exílio do seu chefe e pela absorção no partido único, a União Nacional, do grosso dos seus militantes e ativistas.[76]

No I Congresso da União Nacional, comemorando o 28 de Maio em 1934, Salazar é finalmente consagrado como chefe incontestado do regime e do seu partido único, que adota como palavra de ordem central o lema "unidade, coesão, homogeneidade". Depois da turbulência discreta dos anos de transição para o Estado Novo, acabavam-se as fantasias e as divisões internas. A ditadura afirmava-se como regime e tinha um chefe indiscutível e unificador.

Isto explica que, na chefia carismática de Salazar no Estado Novo, até finais da Segunda Guerra Mundial, se cruzem dois discursos legitimadores. Um tradicionalista predominante — paternalista, elitista, assente nos valores da autoridade catedrática do lente de Coimbra, na competência técnica do "mago das finanças", na valorização institucional do cargo de presidente do Conselho ou até, para a hierarquia católica, na graça concedida pela Providência divina à "nação fidelíssima", presenteando-a com um governante como Salazar. Mas com este estilo de chefia conservadora tradicional concorre o registo da direita radical do regime, exaltando a figura de um chefe viril, oriundo das profundezas da nação para que a reerguesse da decadência do século de trevas do demoliberalismo, livre de constrangimentos institucionais ou outros, e tendo o avanço da "Revolução Nacional" como supremo propósito. O que se traduzia no grito de guerra das concentrações legionárias nos anos 30 e 40: "Portugueses! Quem manda? Salazar! Salazar! Salazar!". Ou em muita da propaganda emitida pelos aparelhos de enquadramento ideológico na "educação nacional", na organização corporativa, nas organizações milicianas, quando, na segunda metade dos anos 30 e no início da guerra, o "chefe" pode ser visto a fazer a saudação romana nas paradas da Legião ou da Mocidade Portuguesa. Mas este é um discurso que, naturalmente,

---

76 A.C. Pinto, op. cit., pp. 267 ss.; pp. 277 ss.

definha com a derrota do nazifascismo em 1944/45 e com as mudanças cosméticas operadas pelo ditador no regime.

No pós-guerra, o que ficará do carisma salazarista, sempre cultivado nesse sentido desde as entrevistas com António Ferro, em 1932,[77] é a figura do pai e zelador supremo dessa nação infantilizada e pouco responsável, patriarca bondoso mas severo, velando noite fora enquanto os demais dormem o sono da inconsciência, corrigindo com mão firme os defeitos, as ingenuidades, a inconstância dessa gente sofrida, fiel e obediente, mas sempre carecendo de quem a conduzisse pelos caminhos do verdadeiro interesse nacional.

De qualquer forma, a existência estável de um chefe carismático consensual nos novos regimes, viesse ele do campo conservador ou dos movimentos fascistas, contribuía decisivamente para uma das pré-condições essenciais para a sua implantação: a unidade de todas as direitas da direita fascizante sob um comando único e inquestionável. O primeiro passo para atingir tal propósito era a criação do partido único, de uma direção político-ideológica unificada e única, reunindo as várias correntes da direita e submetendo-as a uma orientação comum que materializasse o verdadeiro interesse da nação. O chefe carismático era a expressão dessa coesão férrea em torno dos desígnios que ele próprio definia para o país. Sem essa unidade construída, nenhum regime fascista estava apto a durar.

O PARTIDO ÚNICO

Se fosse correta a teoria que defende que só se pode falar de fascismo em relação a movimentos ou partidos radicais de mobilização de massa, milicianos e de assalto ao poder, provavelmente só poderíamos considerar naquela categoria o partido nacional-socialista alemão e o partido fascista italiano (mesmo este, com

---

[77] A. Ferro, op. cit.

reservas). Já antes a isso aludimos: afinal, o fascismo quase não existia, restrito a processos muito particulares de tomada de poder por partidos fascistas plebeus que depois hegemonizavam o novo regime, como no caso da Alemanha hitleriana.

A questão reside em saber o que define o partido único do fascismo enquanto regime. E a resposta dificilmente pode ser outra: é o que realiza a unidade de todas as direitas da direita em torno do projeto de tomar o poder e instalar uma ditadura de novo tipo. É o que logra agrupar as forças dispersas das direitas conservadoras atraídas pelo fascismo como solução para a crise do sistema liberal e as põe em convergência com o fascismo pequeno-burguês e plebeu, que fornece a tal coligação a base de massas e a violência ilegal indispensáveis para a dobrar e liquidar os seus inimigos: os judeus, o bolchevismo, os socialistas, a maçonaria, o demoliberalismo.

Vimos atrás que esse único partido de toda a contrarrevolução, tornado poder, se transformava em partido único do novo regime. E que o equilíbrio interno entre os seus componentes originava vários tipos de regimes fascistas, de acordo com essa correlação de forças, e igualmente vários tipos de partido único. Situação de predomínio e hegemonia do partido fascista plebeu no novo regime, em que o compromisso com as forças da oligarquia económica se realiza no quadro da hegemonia do partido, o caso típico da Alemanha nazi. Situações em que a força do partido fascista plebeu tem de se articular com as direitas políticas e os interesses tradicionais no quadro do Estado, com relativa subalternização do partido, como no caso da Itália mussoliniana. Situações em que a ditadura instalada é hegemonizada pelas forças conservadoras fascistizadas com integração subordinada do movimento fascista plebeu, como acontece no Estado Novo português, no regime franquista, em Espanha, a partir da viragem pró-aliada da Segunda Guerra Mundial, ou no austro-fascismo de Dolfüss e Schuschnigg entre 1933 e 1938. Finalmente, é o caso de regimes claramente fascistizados mas em que as rivalidades e os conflitos pela hegemonia entre as forças conservadoras e os movimentos fascistas plebeus impedem a criação ou o funcionamento efetivo de partidos únicos, mesmo quando eles são transitoriamente proclamados. Na Roménia, a Frente do Renascimento Nacional, proclamada como partido único pelo "monarco-fascismo" de Carlos II em 1938, nunca conseguirá domar a Guarda de Ferro, e quando esta, derrubado o rei em 1940, parece impor-se como força liderante do "Estado Legionário" do *conducător* Antonescu, será na verdade varrida por Antonescu no ano seguinte, quando tenta derrubá-lo. Na Hungria, o partido oficial dominante do regente Horty não é um partido único, nem no seu seio, nem na vida política, onde compete com outros partidos conservadores e com vários grupos nazifascistas que, até ao fim, disputarão entre si a primazia do apoio da Alemanha hitleriana.

Como acontecia nos regimes fascistas de hegemonia conservadora, o partido único do salazarismo tinha caraterísticas claramente distintas dos partidos fascistas plebeus, milicianos e de mobilização. É certo que, entre os intelectuais do regime e no calor dos sucessos da "época dos fascismos", houve quem tentasse dar ao partido único, no quadro do organicismo corporativo, a dignidade e centralidade da "corporação da política". Marcelo Caetano, escrevendo em 1938,[78] defendia que:

> A função política, à qual compete a orientação espiritual da Nação para os seus destinos, deve pertencer a um escol de cidadãos seleccionados pelo sacrifício, pelo espírito de renúncia e pela devoção ao bem comum, em cujas almas impere "o sentido ascético e militar da vida". Esse escol, colocando acima da consciência dos seus direitos o cumprimento dos deveres para com a Pátria, animado pela mística do interesse nacional, e suprimindo divergências acidentais para só acentuar a comunhão dos princípios

---

78 Marcelo Caetano, *O sistema corporativo*. Lisboa: [s.e.], 1938, pp. 51-52.

na unidade dos fins, forma o *partido único*. Assim caracterizado funcionalmente, pode dizer-se que o *partido único é a corporação nacional da política*.

Ao partido único deve pertencer a indicação da assembleia legislativa e do Chefe do Estado, quando este não seja hereditário. É no partido único que o Chefe do Estado deve procurar o grupo de homens que hão-de constituir o Governo, órgão superior de direcção de todas as actividades nacionais, gestor supremo dos serviços públicos.

É bem sabido que a realidade foi substancialmente diferente. O partido único do Estado Novo nunca foi um centro político relevante. Vários destacados ministros dos governos salazaristas não estavam filiados na União Nacional. E sendo certo que à sua Comissão Executiva cabia a iniciativa de apresentar propostas para os lugares de deputados à Assembleia Nacional ou até para a presidência da República, a verdade é que a decisão para tais lugares coube sempre, com minucioso cuidado e atenção, ao próprio Salazar, como mostram trabalhos recentes sobre os atos eleitorais.[79]

Efetivamente, a União Nacional, fundada em 1930, seria a plataforma de organização desse consenso das direitas da direita portuguesa sob a autoridade tutelar do "chefe". Não sendo um partido de assalto ao poder, funcionando até como uma espécie de repartição do Ministério do Interior, afirmando-se no discurso oficial como um não partido e mesmo como um antipartido, ela será a especial modalidade de partido único do regime português. No quadro remansoso de uma elite política e de uma oligarquia sobretudo preocupadas com a ordem, a estabilidade, a disciplina e a obediência, caber-lhe-á estruturar, a nível local e a nível nacional, a integração, o equilíbrio e a arbitragem entre os diferentes setores

---

[79] José Reis Santos, *Salazar e as eleições: Um estudo sobre as eleições gerais de 1942*. Lisboa: Assembleia da República, 2011.

políticos e sociais que constituem a base de apoio do regime. Mais do que a mobilização, sempre episódica e difícil, cabe-lhe gerir o consenso oligárquico que assegurará a durabilidade do Estado Novo. Mas Salazar nunca lhe dará grande importância na condução dos negócios do Estado, preferindo frequentemente tomar conselho em decisões importantes junto do círculo de personalidades com quem mantinha estreita ligação política, mas que não desempenhavam funções dirigentes na UN ou, quando desempenhavam, não era a esse título que eram consultadas.

O IMPERIALISMO

Vimos, no Capítulo I, que um dos fatores de crise dos sistemas liberais do Ocidente foi a rutura do desenvolvimento relativamente pacífico do capitalismo que se estabelecera a partir do fim da Guerra Franco-Prussiana, em 1871. Foi a crise da paz, resultante da competição pelo domínio estratégico à escala global entre as principais potências imperiais. Esse conflito deu lugar à hecatombe da Primeira Guerra Mundial, mas iria revelar-se incompletamente resolvido.

A vitória militar do império marítimo e colonial da Grã-Bretanha e dos seus aliados sobre os "impérios centrais" do Continente, sob hegemonia germânica, mostrar-se-ia historicamente provisória. A urgência de salvar o capitalismo alemão ameaçado pela revolução conselhista dos operários e soldados afasta a tentação de uma punição que o poderia aniquilar como força contrarrevolucionária eficaz. Defender o sistema capitalista do avanço da revolução para a Alemanha, mesmo à custa de algumas cedências significativas, é a absoluta prioridade. O que levará os políticos e banqueiros ingleses e norte-americanos a engendrar ambiciosos planos de financiamento maciço da economia alemã, gravemente atingida também pela hiperinflação no início dos anos 20. Pretendia-se assegurar simultaneamente a recuperação económica, a estabilização monetária, a criação de condições para o pagamento da dívida de guerra e, como resultado disso tudo, o controlo da agitação política e social. A estabilização da República de Weimar.

É certo que o *crack* da bolsa de Nova York, em outubro de 1929, e a Grande Depressão que lhe sucedeu romperam brutalmente a continuidade dessa política. Mas o Plano Dawes, de 1924, tinha contribuído substancialmente para a reconstituição dos poderosos setores da indústria pesada ou das mais modernas indústrias químicas e elétricas, bem como restaurara a posição dos junkers da aristocracia rural e militar prussiana na sociedade germânica. Toda essa poderosa estrutura de classe, tal como o essencial da elite militar, tinham saído incólumes dos sucessivos abalos da revolução alemã, entre 1918 e 1923, graças à proteção da ala direita do socialismo alemão, que está no poder desde novembro de 1918. O SPD aliara-se aos chefes do Exército para derrotar o insurrecionalismo espartaquista e socialista de esquerda em 1919, e lograra adiar *sine die* as propostas de nacionalização de alguns setores estratégicos da economia. Por outro lado, o crucial apoio financeiro americano-britânico tinha dado uma ajuda preciosa à reconstituição económica do capitalismo alemão, sob a égide do mesmo tipo de interesses que tinha conduzido o esforço de guerra germânico entre 1914 e 1918.

Em 1931, sob os efeitos devastadores da Grande Depressão, o governo de Berlim suspende unilateralmente o pagamento da dívida de guerra e, por essa altura, setores significativos dos principais barões da indústria alemã e das elites militares começam a levar a sério as reivindicações de "espaço vital", e os planos de expansão para leste propostos por Hitler no *Mein Kampf*. Na realidade, já o referimos, eles representavam o retomar dos velhos planos de expansão para leste alimentados desde finais do século XIX pelos círculos imperiais germânicos.

É fácil entender que a almejada tutela sobre a *Mitteleuropa* e a ofensiva na frente oriental significavam um desafio direto não só à nova ordem internacional saída do Tratado de Versalhes, como aos interesses estratégicos britânicos na Europa Central e de Leste. Quando a coligação de grandes industriais, chefes militares e líderes políticos alemães permite o acesso de Hitler e dos nazis ao topo da governação, eles têm em vista um objetivo múltiplo: esmagar de vez os "vermelhos", relançar a economia abalada pela crise e prepará-la e ao país para a expansão militar e imperial do Reich em busca do seu "espaço vital" na Polónia, na Ucrânia, nos Estados bálticos, na Bielorrússia, no Cáucaso. Explorando, aliás, a fraqueza e a hesitação dos *appeasers* em Londres e Paris, e a impotência cúmplice da Sociedade das Nações. O que, para a Alemanha nazi, era a expressão da "decadência" de uma Grã-Bretanha e de uma França minadas política e moralmente pela "podridão demoliberal".

Estava aberta uma segunda fase da redivisão imperial dos espaços de domínio na Europa e no mundo. A primeira fora provisoriamente ganha a favor do polo anglo-francês na Primeira Guerra Mundial. Para o recomposto imperialismo alemão a que o regime nazi dava expressão no Terceiro Reich, isso devera-se a uma insidiosa "punhalada nas costas" da nação alemã, desferida em novembro de 1918 pela "revolução vermelha" e pela conspiração judaica internacional. Chegara agora o tempo da desforra, ou seja, da resolução da guerra interrompida em 1918. Como é sabido, a Alemanha do Terceiro Reich recusa o *Diktat* de Versalhes, pondo explicitamente em causa os tratados que dele decorriam, as novas fronteiras que estabeleciam e a ordem internacional dos vencedores que consagravam. Logo em 1935 e 1936, violando impunemente o Tratado de Versalhes, a Alemanha reintroduzira o serviço militar obrigatório e reocupara militarmente a Renânia. O Terceiro Reich reclama o direito ao "espaço vital" para instalar a "raça de senhores", e não escondia os seus propósitos irredentistas. O império continental voltava a desafiar a hegemonia europeia e mundial do império marítimo e colonial.

Na realidade, a Alemanha nazi abria uma caixa de Pandora. Todos os países com capital de queixa contra as fronteiras da Europa reconstruída pelos tratados de paz ou contra a partilha colonial que deles decorrera virão a colocar em causa tais decisões e, com elas, a nova ordem internacional e a própria Sociedade das Nações. Praticamente todos os regimes de tipo fascista que emergem neste hiato temporal entre as duas guerras — precisamente, o fascismo é um fenómeno potenciado por esse descontentamento — formulam ambições ardentes de reparação territorial ou ostentam sonhos nacional-irredentistas, geralmente à sombra do revisionismo alemão.

A Itália mussoliniana antecipa-se a ele, com os seus protestos contra a "vitória mutilada".[80] E desenvolve ela própria planos estratégicos de conquista de influência política e territorial nos Bálcãs e no espaço danubiano (ocupará militarmente a Albânia em 1939, considerada seu "protetorado"). Mas a Itália fascista vê-se obrigada a sacrificar os seus propósitos de influência na Europa danubiana e balcânica à crescente afirmação imperial da Alemanha nazi nessa área. Desde os inícios dos anos 30, Mussolini lança-se na expansão colonial em África e para lá direciona as suas pretensões imperiais: após a sangrenta "pacificação da Líbia, em 1935, a Itália ataca, ocupa e subjuga a Etiópia", um dos dois únicos Estados independentes em África[81] e membro da Sociedade das Nações. O *duce* torna-se o glorioso "fundador do Império italiano", mesmo à custa de desrespeitar o acordo tácito de não violar as fronteiras coloniais pelo recurso à força e de se sujeitar a sanções económicas por parte da SDN por agressão a um Estado-membro. O governo de Lisboa, apesar da proximidade política com o regime italiano, vê nesta agressão um perigoso precedente relativamente ao que

---

80 Apesar de figurar como potência vencedora da Grande Guerra, a Itália não consegue ver satisfeitas as suas ambições de expansão territorial nos Bálcãs: a anexação da Dalmácia e de Fiume.
81 O outro era a Libéria.

possa vir a acontecer com as colónias portuguesas por iniciativa de outras potências, decididas a recorrer à força para rever o *status quo* colonial. Talvez por isso, o ministro dos Negócios Estrangeiros, Armindo Monteiro (aparentemente, sem prévio acordo de Salazar), aceita o convite britânico para Portugal presidir à comissão de sanções contra a Itália.

Mas também a Espanha franquista ostenta projetos de expansão de um ressuscitado "império espanhol" (onde a propaganda falangista incluía Portugal...). No célebre encontro de Hendaya entre Franco e Hitler, em outubro de 1940, o *caudillo* terá aceitado entrar na guerra ao lado das potências do Eixo, exigindo como contrapartida a satisfação das suas pretensões territoriais no Norte de África, designadamente à custa das colónias francesas na região.

Deve dizer-se que, apesar de aparentemente isso não aparecer nunca formulado como reivindicação oficial, a anexação de Portugal parece ter feito parte dos planos de expansão da Espanha franquista. Não só na sua propaganda a Falange formula esse propósito no quadro do "Império" renascido e o representa graficamente,[82] como são conhecidos os relatos das entrevistas de Serrano Súñer (ministro dos Assuntos Exteriores) com Ribbentrop (seu homólogo em Berlim), em que o "cunhadíssimo" do *caudillo* levanta explicitamente a questão da sobrevivência de Portugal como Estado independente na "nova ordem" europeia: "geograficamente falando, Portugal, na realidade, não tinha direito a existir", explica ele a Ribbentrop em setembro de 1940, presumivelmente autorizado por Franco para o fazer.

Aliás, existe hoje evidência documental de que o Alto Estado-Maior de Espanha elaborou, na segunda metade de 1940, um

---

82 O embaixador português em Madri entre 1937 e 1945, Pedro Teotónio Pereira, dá disso conta a Salazar nos seus relatórios para Portugal. Cf. *Correspondência de Pedro Teotónio Pereira para Salazar*. Lisboa: Comissão do Livro Negro sobre o Regime Fascista, 1982-1987. vol. 1-4.

minucioso plano de invasão e ocupação militar de Portugal, apresentado a Franco e por ele assinado a 18 de dezembro de 1940.[83] O plano (que estudava todas as anteriores operações militares de forças espanholas em Portugal) devia ser concretizado no contexto do ataque da Espanha a Gibraltar, e visava prevenir e neutralizar uma eventual resposta britânica com desembarque em costas portuguesas. Que as pretensões anexionistas relativamente a Portugal estavam largamente difundidas entre a massa dos combatentes franquistas, revela-nos a letra de uma canção muito popular entre os militares da Divisão Azul,[84] que rezava assim:

> Sólo esperamos la orden
> Que nos dé nuestro General,
> Para borrar la frontera
> De España con Portugal.[85]

Também na Áustria de Dolfüss se alimentava o sonho imperial de um novo Reich católico, numa *Mitteleuropa* fascista sustentada pelo eixo Roma-Viena-Budapeste, em jeito de regresso à tradição supranacional da Áustria dos Habsburgos e do Império Austro-Húngaro. E na Hungria do fascismo conservador de Gombös e Imrédy ou dos "cruzes flechadas" de Szálasi reclamava-se pelo regresso às fronteiras de 1918, com o fito estratégico de concretizar a aspiração nacional-magiar de uma "Grande Pátria Danubiana-Caspática".

Em Portugal, o "império" era uma herança colonial do passado a preservar. O Ato Colonial decretado em 1930, sendo Salazar

---

83 Esta documentação foi encontrada pelo historiador Manuel Ros Agudo, que a apresenta na obra *La gran tentación: Franco, el imperio colonial y los planes de intervención en la Segunda Guerra Mundial*. Madri: Styria, 2008, pp. 269 ss. O plano aqui revelado permaneceu oculto durante 67 anos.
84 Corpo de "voluntários" enviado por Franco para combater com as tropas da Alemanha nazi na frente leste.
85 Cit. in: M.R. Agudo, op. cit., p. 280.

MAPA 2

ministro interino das Colónias, restaurara com pompa e circunstância o "Império colonial", um ente orgânico que tinha a metrópole como cabeça pensante e centro absoluto do Poder Executivo e Legislativo, e as colónias como membros servidores. Um "império", explicará o seu principal ideólogo, o ministro das Colónias Armindo Monteiro (entre 1931 e 1934), como entidade mítica que sobrepujava o simples somatório das colónias e concretizava um destino providencial atribuído especialmente ao homem branco português.

Como estatui o artigo 2º do Ato Colonial, "é da essência orgânica da Nação Portuguesa desempenhar a função histórica de possuir e colonizar domínios ultramarinos e de civilizar as populações indígenas".

Se, de acordo com a ideologia do darwinismo social corrente na época como legitimadora do colonialismo, esse era "o fardo do homem branco", para o colonialismo lusitano dos anos 30 essa era uma missão que a Providência entregara especialmente ao homem

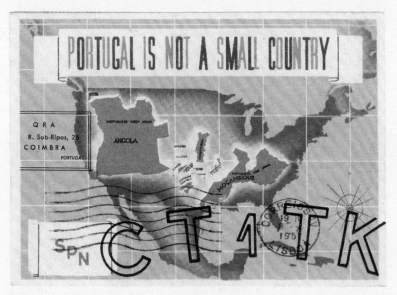

MAPA 3

branco português, assim retomando o fio interrompido de uma história gloriosa de expansão e evangelização.

"Portugal não é um país pequeno", bradava a propaganda colonial dos anos 30, mostrando que os territórios do "império" equivaliam geograficamente a toda a Europa (ver Mapa 2) ou quase até aos EUA (ver Mapa 3). Nesta fase "imperial" do colonialismo salazarista, que se prolonga até ao fim da Segunda Guerra Mundial, a propaganda e a retórica vão muito além do investimento público nas colónias: as despesas do Estado Novo com as colónias, entre 1936 e 1939, rondam os 0,7% do total do investimento do Estado na Defesa ou nos vários setores do fomento.[86] Apesar de os negócios privados prosperarem nas colónias a partir dos anos 30 (algodão, cacau, café, açúcar, oleaginosas), e sobretudo com o *boom* da Segunda Guerra Mundial a partir de 1941/42, o investimento direto do Estado (designadamente em

---

86 F. Rosas, *O Estado Novo nos anos trinta*, 197 ss.

infraestruturas, comunicações ou energia) é muito limitado até ao rescaldo da Guerra. Em contrapartida, a propaganda é pletórica: multiplicam-se as reuniões do Congresso Colonial Nacional, do Conselho Superior das Colónias, as Conferências Económicas do Império, as Semanas Coloniais da Sociedade de Geografia, as visitas ao "império" da MP, o cinema de propaganda imperial e sobretudo as grandes exposições: a Exposição Colonial do Porto, em 1934 (dirigida por Henrique Galvão), a Exposição Histórica da Ocupação, em 1937, em Lisboa, ou a Secção Colonial da Exposição do Mundo Português, em 1940, onde, a par do pavilhão central, das conferências e mostras de produtos, no Jardim Colonial de Belém se encena a "realidade africana", expondo os indígenas nos seus trajes e atividades "tradicionais" à embasbacada plebe urbana da capital do "império".

Todavia, e ao contrário do imperialismo africano da Itália fascista, agressivo e expansionista, a política colonial estado-novista era essencialmente defensiva e assim se manteria. Até ao pós-Segunda Guerra Mundial, defendia-se o património colonial — e o que sobrara do asiático — dos conluios e apetites das principais potências imperiais. Desde a aventura do Mapa Cor-de-Rosa e da humilhação do Ultimato britânico de 1890, o Estado Novo português aprendera que o aventureirismo expansionista de uma pequena potência colonial periférica se pagava caro. É certo que a Grã-Bretanha acabara por conceder ao anémico colonialismo lusitano uma presença territorial em Angola e Moçambique muito superior à sua capacidade real de ocupação efetiva desses territórios. Fizera-o para bloquear a expansão da Alemanha nessas áreas através da presença de um aliado fiel, dependente e à mercê do poder naval britânico sobre as rotas do Atlântico para aceder às suas possessões que, no cone sul-africano, estavam cercadas pelos domínios britânicos.

A aliança luso-britânica constituiu-se no grande pilar desta estratégia defensiva: o Império Britânico, pelo Tratado de Windsor de 1899, assumiu o compromisso de defender a integridade do património colonial português contra eventuais ataques de terceiros. Mas manifestamente a Aliança não tinha a mesma importância estratégica para ambos os aliados: nas vésperas da Primeira e da Segunda Guerras Mundiais, a Grã-Bretanha estará no cerne da intriga com a Alemanha guilhermina e, depois, com a Alemanha hitleriana, com vista à eventual disposição de parte das colónias portuguesas como moeda de troca de possíveis entendimentos entre as duas potências.

Já em março de 1933, em duas notas oficiosas, Salazar desmentia boatos sobre uma alegada proposta de Mussolini ao governo britânico sugerindo a partilha das colónias portuguesas entre a Itália e a Alemanha. Em janeiro de 1937, há nova nota oficiosa do governo português desmentindo os boatos de negociações entre Portugal e a Alemanha para o arrendamento de Angola. Isto valeu um feroz ataque do velho monárquico e "centurião" colonial Paiva Couceiro a Salazar, por esse alegado gesto de "traição nacional", no que foi enfaticamente secundado pela imprensa clandestina do PCP, também ele cioso da integridade do património colonial português. E são hoje bem conhecidos os termos da negociação entretida por Halifax, em nome do governo britânico, e Hitler, entre fins de 1937 e março de 1938, com vista a satisfazer a Alemanha, restituindo--lhe parte das suas antigas colónias e, eventualmente, territórios coloniais belgas e portugueses na bacia convencional do Zaire.[87]

Em matéria de defesa do "império" durante a Segunda Guerra Mundial, a questão colocou-se sobretudo no longínquo território de Timor, na Oceânia. Primeiramente investido pelos australianos, em 17 de dezembro de 1941, à revelia do governo de Lisboa, para prevenir o avanço japonês em direção à Austrália; depois, invadido e ocupado pelos japoneses a 19 de fevereiro de 1942, e libertado em setembro de 1945 pela tropa australiana, que aceita

---

87 Marcelo Caetano, *Portugal e a internacionalização dos problemas africanos*. Lisboa: Ática, 1965, pp. 208 ss.

a rendição japonesa, não era certo que a Austrália estivesse disponível para devolver Timor à soberania colonial portuguesa, nem que a Grã-Bretanha tivesse capacidade para pressionar nesse sentido. Serão os EUA a garantir o regresso do território, mediante a cedência de facilidades militares nos Açores por parte do governo de Lisboa em outubro de 1944.

Até ao pós-guerra, o regime salazarista conseguiu preservar com sucesso a integralidade do "império", defendendo-o das pretensões das potências coloniais mais poderosas através de uma gestão habilidosa da incerta aliança com a Grã-Bretanha. Depois, foi a desesperada e arrastada tentativa de o defender dos inelutáveis ventos da descolonização, que desemboca, a partir de 1961, numa guerra colonial que se estenderá durante treze longos anos a Angola, a Moçambique e à Guiné. O "império", crismado em 1951 como "Ultramar", cairá às mãos da mais improvável das alianças: a da luta armada dos povos colonizados com a recusa em continuar a guerra contra ela por parte da "infantaria" do exército colonial.

CAPÍTULO IV
O ESTADO NOVO DE SALAZAR. ALGUMAS CONCLUSÕES

> Na Europa do Sul [Portugal, Espanha, Grécia], a forma de despotismo reacionário que pode ser definida como fascismo ou que adotou formas variadas de "corporativismo fascista" foi essencialmente uma modalidade de dominação de classe levada a cabo por uma coligação de direitas. Os regimes que seguiram este padrão reivindicam invariavelmente representar os interesses de toda a gente [...], mas desde o início estavam comprometidos com a preservação dos interesses da coligação reacionária. Normalmente preparam o terreno para nova acumulação de capital, de acordo com os propósitos das classes dominantes.
>
> Salvador Giner, 1982[1]

A conclusão genérica do que até aqui se escreveu no tocante ao fascismo enquanto regime, de uma forma global, e ao Estado Novo salazarista, em particular, é de que este se pode considerar como a modalidade específica de que aquele regime se revestiu em Portugal: a modalidade portuguesa do fascismo.

O Estado Novo configurou um fascismo conservador, resultante da unificação das direitas autoritárias e antiliberais e das direitas liberais civis e militares, rendidas à fascistização progressiva desse campo político e ideológico que integra subordinadamente o pujante movimento fascista plebeu dos "camisas azuis",

---

[1] Salvador Giner, "Political Economy, Legitimation and the State in Southern Europe". *British Journal of Sociology*, vol. 33, n. 2, pp. 172-199, jun. 1982.

expurgando este das suas lideranças críticas do "conservadorismo" salazarista. Essa unificação e homogeneização realiza-se em torno da particular e indiscutível chefia carismática de Oliveira Salazar, no quadro de uma "ditadura de chefe de governo" que constrói um regime nacionalista, corporativo, antidemocrático, policial, de caraterísticas essencialmente fascistas.

Institucionalizado pelo plebiscito constitucional de abril de 1933, o Estado Novo é o ponto de chegada de um processo prolongado de crise do sistema liberal republicano. Será derrubado a 28 de maio de 1926 por uma Ditadura Militar de rumo politicamente incerto, a qual, fruto do seu duplo combate contra a resistência republicana-reviralhista e entre as várias direitas que no seu seio disputavam a hegemonia do novo regime, viria a desaguar em 1932/33 no Estado Novo e na liderança da fronda salazarista. O campo unificado das direitas antidemocráticas, autoritárias e fascizantes viria a triunfar dessa guerra civil surda e larvar que, desde o pós-Primeira Guerra Mundial, se instalou na sociedade portuguesa e a dividiu política e ideologicamente.

Na realidade, o Portugal republicano dos anos 20 conhece um processo de degenerescência típica dos liberalismos oligarquizados da periferia europeia que deslizam para soluções autoritárias, altamente vulneráveis à sedutora influência do precoce e triunfante fascismo em Itália, logo em 1922. Crise sistémica como pano de fundo, isto é, crise económica e financeira agudizada pelo impacto da guerra; crise de legitimidade representativa de uma República que apostava a sua sobrevivência na oligarquização do sistema político e, consequentemente, crise da capacidade e da autoridade do Estado para responder às pressões quer dos "de cima", quer dos "de baixo"; esgotamento e refluxo da ofensiva reivindicativa do operariado organizado no início do vinténio, quase sempre violentamente hostilizado pelo situacionismo republicano; progressiva rendição da direita liberal republicana às soluções golpistas, militares e autoritárias como única solução para "regenerar" a República e a concentração das forças políticas antiliberais em torno de uma intervenção salvífica do Exército. Intervenção essa que, desde o início, traz no bojo não a reforma do republicanismo, mas a instauração de uma ditadura de novo tipo que, sob a forma republicana, impusesse um novo tipo de regime autoritário. Todas as pré-condições para que isso acontecesse estavam reunidas após o triunfo do 28 de Maio.

Analisámos anteriormente, e sobretudo em outros trabalhos,[2] como se processou essa transição da Ditadura Militar para a Ditadura Nacional, e desta para o Estado Novo. O facto é que, a partir de 1933, se institucionalizou em Portugal um regime que, como adiante se verá, rapidamente evolui da ditadura autoritária para o fascismo, processo que se acentuou sob a influência cumulativa e sucessiva do padrão mussoliniano, da radicalização induzida pela Guerra Civil de Espanha e dos impactantes sucessos da Alemanha nacional-socialista, incluindo os militares da Segunda Guerra Mundial até ao inverno de 1942. Não são só a direita ultramontana, o catolicismo conservador e os integralistas que se fascistizam, vestem a farda da Legião, fazem a saudação romana, se tornam nacionalistas revolucionários, e aderem intelectualmente a esse fascismo triunfante e desafiador que varre a Europa. Também os nacional-sindicalistas integrados no regime se sentem estimulados a avançar, e pressionam a criação das novas organizações do regime: as milícias da Legião (LP) e da Mocidade Portuguesa (MP), os Sindicatos Nacionais, a FNAT, as organizações femininas, ainda que tudo sempre temperado pela prudência tutelar do conservadorismo hegemónico. Assim como marcam a propaganda, os simulacros de mobilização popular, etc. É o período áureo de aproximação e intercâmbio com as instituições congéneres dos regimes fascistas italiano e alemão e da Espanha franquista: organizações da juventude *baliba*, das *Jugend* nazis ou das juventudes

[2] F. Rosas, *Salazar e o poder*.

falangistas que cruzam visitas, reuniões, acampamentos com a MP; visitas dos cruzeiros da KDF alemã a Lisboa e à Madeira; apoio "técnico" da polícia política italiana, a OVRA,[3] à PVDE; ofensiva alemã no plano cultural e de cooperação científica com as autoridades portuguesas;[4] intensificação das relações comerciais e militares com a Alemanha.[5]

O regime que se instala em 1933 e progressivamente se radicaliza até à viragem pró-aliada da guerra assume as caraterísticas essenciais dos fascismos enquanto regimes, embora, como vimos, de pendor conservador dominante. Apresenta-se como uma "nova renascença", um reatar de fio interrompido da verdadeira história da nação; assume-se como uma decorrência do organicismo hierarquicamente natural das sociedades e como tal recebido e corporativamente organizado pelo Estado; define-se como uma ditadura antiliberal e anticomunista que liquida as liberdades fundamentais, proíbe os partidos, impõe a censura prévia, proíbe a greve e os sindicatos livres; assente em toda a violência tida como necessária para vencer a antinação. Violência exercida preventivamente por órgãos estatais de enquadramento, vigilância e inculcação ideológica, e punitivamente a partir de um sistema de justiça política tendo como centro a polícia política, com poderes de prender e torturar indiscriminadamente, e os seus apêndices: os tribunais especiais, as prisões privativas e as polícias de segurança complementares. A violência preventiva, como vimos, era simultaneamente o aparelho de transmissão imperativa dos valores ideológicos do regime — as verdades "indiscutíveis" proclamadas no Ano X — nos interstícios da vida social quotidiana a

---

3 Após o atentado contra Salazar, em julho de 1937, a polícia política italiana, OVRA, é consultada por Salazar e envia uma Missão de Polícia a Portugal, que elabora detalhado relatório sobre o reforço do sistema de segurança interna do regime. Cf. Maria da Conceição Ribeiro, *A polícia política no Estado Novo: 1926-1945*. Lisboa: Estampa, 1995.
4 Cf. Cláudia Ninhos, *Portugal e os nazis*. Lisboa: Esfera dos Livros, 2017.
5 Cf. António Louçã, *Conspiradores e traficantes: Portugal no tráfico de armas e de divisas nos anos do nazismo (1933-1945)*. Lisboa: Oficina do Livro, 2005.

nível da família, da escola, da fábrica, do escritório, da aldeia, dos lazeres. Um projeto totalitário, visando forjar um "homem novo" salazarista, de matriz rural, respeitador da ordem, da religião e do "império", vivendo modesta e obedientemente, e formado nas virtudes autênticas que só de um tal viver podiam brotar.

Sobre essa grande família nacional velava o "chefe", que, no Estado Novo português, se assume sobretudo com o carisma de *pater familias* vigilante e austero sobre esse povo meio ingénuo e infantilizado, sempre a carecer de quem tomasse conta dele. Também, como referimos, o partido unificador das várias direitas da direita sobre que assentava o regime, a UN, é sobretudo um apêndice político da organização do Estado para o enquadramento e composição das elites regionais e dos interesses setoriais, como era próprio dos fascismos conservadores, pouco propensos à dinâmica vanguardista e desestabilizadora dos partidos fascistas plebeus.

Finalmente, também o fascismo lusitano restaurou e celebrou com grandiloquência e espavento o seu "império" colonial, mas vimos que sempre o faria sobretudo com propósitos defensivos e de preservação de um património sobrante da história, que as potências da época encaravam como excessivo dadas as minguadas capacidades do colonialismo português para o explorar em termos modernos.

Este foi o perfil do fascismo à portuguesa.

É interessante constatar o ritmo a que o processo de fascistização se instala. Logo em 1933, ano do plebiscito constitucional, o novo regime diz ao que vem através de uma avalanche legislativa: é criada a PVDE, são reguladas restritivamente as liberdades de associação e manifestação, é reforçada a censura prévia a todas as formas de comunicação social e é criado o Secretariado de Propaganda (SPN). Em setembro, publica-se o Estatuto do Trabalho Nacional e legislação complementar proibindo a greve e os sindicatos livres e lançando as bases da organização corporativa (Grémios, Sindicatos Nacionais, Casas do Povo).

O ano de 1934 revela-se crucial na consolidação do novo regime: é derrotada a "greve geral revolucionária" de 18 de janeiro contra a fascistização dos sindicatos, e desencadeia-se uma vaga de repressão sobre o movimento operário libertário e comunista; liquida-se/integra-se o nacional-sindicalismo no campo do regime, e o acordo final com Carmona e o republicanismo conservador permite a Salazar convocar eleições para a Assembleia Nacional no fim do ano, iniciando o funcionamento das novas instituições. Coroando a vitória salazarista, o 28 de Maio é comemorado com a realização do I Congresso da União Nacional, onde se adota, como antes se referiu, o princípio da "unidade, coesão, homogeneidade" em torno do "chefe".

Em 1935, implementam-se as medidas de purga política, com o decreto de saneamento da função pública e de deportação dos dissidentes do regime, bem como a lei proibindo a maçonaria (cujas sedes são encerradas) e as associações secretas. Cria-se FNAT, para controlar os tempos livres. Entre 1936 e 1939, são os anos da decisiva crispação fascizante induzida pela Guerra Civil de Espanha e pelo "perigo vermelho". As reformas militares operam a limpeza política e o controlo sobre os comandos das Forças Armadas. Surgem as milícias do regime, a LP e a MP e as organizações femininas (OMEN e MP feminina), sucedem-se as mobilizações anticomunistas e o regime coordena as múltiplas formas de apoio político, militar, diplomático, económico e financeiro aos insurgentes franquistas em Espanha. Carneiro Pacheco anuncia a reforma nacionalista da "educação nacional". Ainda em 1936, inaugura-se o campo de concentração do Tarrafal, o "campo da morte lenta" para os militantes antifascistas tidos como mais perigosos pela polícia política. Abate-se neste período a mais vasta onda de repressão política de toda a história do regime, com mais de 9 mil presos políticos e dezenas de assassinatos nas prisões e na tortura.

Apesar de nunca chegar a ser posta em causa, a aliança luso-britânica vive um período de crise durante a Guerra Civil de

Espanha, devido ao alinhamento do governo de Lisboa com a política de agressão da Itália e da Alemanha contra a República espanhola. A vitória franquista e a adesão que lhe oferece o governo conservador de Londres permitem superar essa tensão, e a política de neutralidade do governo de Lisboa face ao novo conflito mundial, anunciada em setembro de 1939, tem o apoio britânico, que vê nessa opção a forma de manter a Espanha franquista e a Península Ibérica fora do conflito.

Mas, com as tropas alemãs nos Pirenéus, a partir da primavera de 1940, e uma ameaça de invasão da Península a pairar nesse inverno, passa-se em Lisboa de uma neutralidade inicialmente colaborante com a Grã-Bretanha para uma política de neutralidade favorável às potências do Eixo. Rompendo até a postura oficial de neutralidade, a Legião Portuguesa, em junho de 1941, congratula-se com a ofensiva nazi contra a URSS, a quem presta o seu apoio. Esta conjuntura abre uma série de graves contenciosos com a Grã-Bretanha (o bloqueio económico, a preparação para uma possível invasão alemã, as questões dos Açores e de Timor), que só começam a normalizar-se quando, no inverno de 1942 — após a Operação Torch (o desembarque aliado no Norte de África), a derrota alemã em El Alamein e a Batalha de Stalingrado —, a sorte da guerra começa a virar a favor dos Aliados.

Regressa-se então em Lisboa à neutralidade colaborante, designadamente com a cedência de facilidades militares nos Açores à Grã-Bretanha em 1943 (e aos EUA em 1944) e a muito relutante aceitação da forte pressão britânica para o embargo da venda de volfrâmio à Alemanha.[6] Mas a guerra terminava carregada de ameaças para o regime. A vitória dos Aliados sobre as potências do nazifascismo parecia anunciar o toque a finados dos regimes fascistas em geral, e portanto das ditaduras de Salazar e de Franco. O chefe do governo português bem pressentia e avisara os quadros

---

6   Cf., sobre a política portuguesa no conflito, Fernando Rosas, *Portugal entre a paz e a guerra e "O Estado Novo"*. In: José Mattoso (dir.), *História de Portugal*, vol. 7, op. cit., pp. 267 ss.

do regime de que era preciso preparar a paz como se ainda da guerra se tratasse. Não se enganava: o rescaldo do conflito originaria a primeira crise séria da história do Estado Novo.

COMO SOBREVIVEU A DITADURA SALAZARISTA À VITÓRIA DOS ALIADOS SOBRE O FASCISMO

Várias circunstâncias parecem ter concorrido para a sobrevivência do Estado Novo no pós-guerra, frustrando a enorme expetativa de mudança, tida por inelutável, por parte de largos setores da opinião pública democrática e antifascista, e até por importantes segmentos das classes intermédias, que os efeitos económicos e sociais da guerra tinham empurrado para a oposição ao regime. Sobrevivência tanto mais singular quanto se verifica, tal como Salazar a vinha preparando desde 1944, sem alterações fundamentais na estrutura e natureza da ditadura.

A condição primeira dessa durabilidade para além da derrota dos fascismos terá residido na circunstância de Salazar ter logrado manter a neutralidade portuguesa durante a guerra. O ditador sabia que a eventual participação no conflito (quase necessariamente ao lado da velha Aliada) teria forçosamente consequências devastadoras na durabilidade do regime. Conhecia bem o elevado preço que a Primeira República pagara com a aventura da participação na Grande Guerra. Voltando a ser beligerante, ombro a ombro, agora, com a Inglaterra democrática e antifascista, dificilmente se poderia evitar o implacável efeito interno da *Vitória* no derrube da ditadura. É sobretudo o "saber durar" salazarista que orienta esse hábil ziguezaguear da política de neutralidade, até ele poder concluir, em maio de 1945, que, no plano externo, Portugal saía reforçado do conflito. A sua neutralidade fora "o primeiro serviço prestado à Inglaterra", e o conteúdo da mesma permitia defini--la como uma "neutralidade colaborante": "Ninguém entre nós deixou de considerar o interesse nacional solidário com a posição de Inglaterra". Portugal emergia da guerra, assim, como o velho aliado de uma Inglaterra "não só vitoriosa mas invencível", vitoriosa entre as nações vitoriosas, partilhando com os Estados Unidos a liderança do mundo cujo eixo de gravidade, por força da vitória anglo-americana, se deslocava para o Atlântico. Ora, aí, estávamos — no continente e em África — largamente enraizados, tendo "bem garantido o nosso lugar". Surgíamos, assim, como elemento fundamental dessa Nova Europa que Salazar entrevia, viabilizada pelos seus impérios coloniais africanos, protegida pela Grã-Bretanha, capaz de fazer face à ameaça eslavo-bolchevista, por um lado, e ao expansionismo americano, por outro, ainda que fosse indispensável contar com o poderio americano como aliado à distância para recuperar e defender a Europa do perigo russo e comunista.[7]

Em segundo lugar, à saída do conflito, com a Guerra Fria a instalar-se, o regime contou com o decisivo apoio da Grã-Bretanha (e através dela dos EUA) para se segurar: para os ingleses não haveria dúvidas de que a ditadura salazarista era preferível como garantidora dos seus interesses e dos do "Ocidente" a um governo democrático com a previsível participação do Partido Comunista ou, pelo menos, com a sua legalização. Deve dizer-se que desde o II Congresso da União Nacional, realizado entre 25 e 28 de maio de 1944, Salazar parece definir uma linha geral para enfrentar os desafios do fim da guerra resumível da seguinte forma: mesmo à custa de ter de fazer algumas concessões ao ambiente pró-democrático da vitória sobre o nazifascismo, nada de essencial na natureza política do regime estava sujeito a mudança, salvo uma mais adequada concretização dos seus princípios fundadores.

O ambiente de Guerra Fria que se instala no pós-guerra vem ao encontro desta estratégia de durabilidade. E talvez isso autorize o ditador a garantir, em outubro de 1945, ao dirigir-se aos deputados

[7] A.O. Salazar, op. cit., pp. 93 ss.

e aos quadros superiores do regime a propósito das eleições antecipadas, que nada de essencial ia ser posto em causa. É certo que "a bandeira da vitória foi desfraldada e ficou drapejando ao vento da democracia" (cuja morte inexorável ele anunciara anos antes), mas isso não significava a necessária universalização dos regimes democráticos. A realidade é que cada país, onde haja dirigentes políticos responsáveis, "há de ter as instituições que melhor se adaptem ao seu modo de ser". Essa era mesmo "aquela zona [da ordem interna] que nos parece irredutível, porque essencial à soberania e inacessível à atuação internacional".

Ora, a "guerra foi por toda a parte feita com a liberdade possível e a autoridade necessária, e à paz acontecerá a mesma coisa", sobretudo face à imensa crise da ordem, à vaga de subversão que se avizinhava. Acresce que "nós que percorremos todos os caminhos, sabemos o nosso": as realidades comprovavam a ineficácia e o caos do sistema dos partidos em Portugal, e que o atual regime trouxera "paz e ordem" à nação a par da "liberdade possível", e "se a democracia pode ter, além do seu significado político, significado social, então os verdadeiros democratas somos nós".

Nada de essencial haveria, pois, que alterar no sistema político português: seguramente impunha-se "rever, criticar, discutir para melhorar" — designadamente, havia que o restituir à sua pureza e desenvolver a organização corporativa —, mas em harmonia com "os princípios fundamentais e a própria orgânica do Estado português". E a mensagem é clara: "Nenhuma diferença de conceitos fundamentais parece ser de admitir acerca dos laços que nos unem ao agregado pátrio [...] Não se é livre de viver ou não a solidariedade nacional".[8]

Na realidade, como se sabe, as coisas não foram tão tranquilas como o chefe do governo terá pretendido: entre maio e outubro de 1945, criou-se um ambiente ameaçador de expetativa de mudança

---

8   Ibid., vol. 4, pp. 169 ss.

(e talvez alguma pressão internacional) que obrigou o regime a um recuo: é antecipada a revisão constitucional para mudar a lei eleitoral e convocar eleições legislativas antecipadas, ao mesmo tempo que são remodelados os órgãos dirigentes do partido único. Simultaneamente, decretou-se uma amnistia parcial para os crimes políticos; substituíram-se os tribunais militares (que os julgavam) por tribunais, igualmente especiais, mas de base judicial — os "tribunais plenários"; suprimiu-se o regime jurídico excecional quanto à segurança do Estado; a Polícia de Vigilância e Defesa do Estado (PVDE) passou a chamar-se Polícia Internacional e de Defesa do Estado (PIDE), tendo sido reorganizada nos moldes da polícia judiciária comum; decretou-se o *habeas corpus* e a Censura recebeu instruções para conceder a tal "liberdade suficiente" à expressão da oposição durante o mês seguinte, que seria de campanha eleitoral.

É claro que se tratou de um recuo cuidadosamente organizado e controlado: o ditador viu-se obrigado a permitir a realização de eleições onde "indivíduos que a si próprios definem e marcam posições de hostilidade [...] — chamemos-lhe por facilidade oposição" — possam concorrer em listas da União Nacional, e até em listas próprias, assegurando-se-lhes "liberdade suficiente" para tal. O facto era, em si mesmo, incontornável: "Há momentos em que pode convir politicamente esclarecer o ambiente por meio de uma consulta direta à Nação". E ainda que, no caso português, as eleições não fossem, "de perto ou de longe", atos aparentados "com a concorrência eleitoral em que a Europa tão afadigadamente se lançou", não havia dúvida estar "feita uma opinião pública internacional acerca destas manifestações de vontade popular por via eleitoral, e nós só podemos tirar vantagens de que esta se manifeste uma vez mais no momento presente. E porque somos da opinião de que não se pode governar contra a vontade persistente de um povo, este dirá se deve mudar-se de sistema".[9]

---

9 Ibid., vol. 4, pp. 171-185.

Mas as mudanças anunciadas são essencialmente cosméticas, a polícia política continua a atuar como sempre o fizera (agora com os seus chefes e inspetores equiparados a juízes...), tal como os tribunais políticos especiais (onde passam a estar juízes de confiança em vez de militares) e a censura prévia, que se mantém em plena atividade sob as ordens do governo. Por isso mesmo, não obstante a enorme mobilização alcançada pelo MUD (Movimento de Unidade Democrática, tolerado pelo regime para fins eleitorais), a Oposição Democrática recusa-se a ir às urnas a 18 de novembro (tinham tido pouco mais de um mês para fazer tudo...) por falta de garantias mínimas de liberdade e seriedade do ato eleitoral. Escorado internacionalmente, o regime tapava a via legal-eleitoral, como já bloqueara a do "levantamento nacional" grevista e ia caçando a da conspiração putschista para qualquer hipótese de mudança.

Precisamente, o terceiro fator de sustentação na crise do pós-guerra residiu no facto de o regime nunca ter perdido o controlo político sobre os comandos das Forças Armadas e sobre as forças policiais que as complementavam (PSP e GNR). Isto, apesar do ambiente de sucessivas tramas golpistas nos círculos militares descontentes desde 1944, em ligação com o republicanismo militar regressado ao ativo devido às necessidades de mobilização originadas pelas ameaças de guerra (sobre os Açores e Timor). Em boa medida, esse é o principal significado da importante remodelação ministerial que tem lugar em setembro de 1944, organizando um ministério não para adaptar o regime aos "ventos" do fim da guerra, mas para os enfrentar e combater como uma ameaça. Mesmo do ponto de vista interno, as preocupações da ordem, da segurança, da sobrevivência do regime *manu militari* sobrepõem-se claramente às da unidade ou da recomposição das suas forças.

O essencial da remodelação passa pelas Forças Armadas e pela polícia: Santos Costa, até aí subsecretário de Estado da Guerra, é promovido a ministro da Guerra, sendo nomeado para a pasta crucial do Interior um seu homem de mão, o coronel Júlio Botelho Moniz.

Nas semanas seguintes, são colocados oficiais da confiança de Santos Costa nos principais comandos das Forças Armadas, bem como à frente da PSP, da GNR e da Legião: havia que prevenir as incertezas de um Exército afetado pela conspiração. Os governadores civis são igualmente substituídos pelo novo ministro do Interior: passando sobre as pressões dos caciques distritais da União Nacional, nomeia-se gente sem inserção nem apoio nas elites locais, recrutada na extrema direita germanófila ou de formação nacional-sindicalista — o que viria a revelar-se desastroso nas eleições para deputados de novembro de 1945.

Face às "ondas de subversão" que, naquele verão de 1944, já sacudiam a Europa pós-desembarque da Normandia, e às incertezas quanto ao destino do regime franquista na vizinha Espanha, Salazar decidia-se pela crispação política e repressiva, apoiando-se ostensivamente na fidelidade desesperada dos setores mais conservadores e radicais do regime: o ruralismo da lavoura tradicional e o conservadorismo ultramontano, de braço dado com os setores germanófilos e "costistas" da tropa. Como escreveria o conselheiro da embaixada norte-americana na altura, "politicamente, o Gabinete é solidamente conservador e autoritário [...], nem um só ministro é claramente pró-aliado", sendo que "as pessoas de tendências liberais [...] viram na atitude intransigente de Salazar o fim de um compromisso pacífico com este governo".[10]

Para os que, entre os críticos no interior do regime ou nos meios da oposição liberal, esperassem recuos e reformas do Estado Novo perante a aproximação da "vitória", Salazar dizia-lhes saber que essa seria a rota da derrocada total: defender, com a máxima força, o essencial seria a maneira de poder ceder, controladamente, no acidental.

Em quarto lugar, do ponto de vista da situação político-social, no Portugal do pós-guerra, profundamente ferido pelos efeitos

---

10 NA/SD n. 813 00, PR/216, relatório de E.S. Crooker de 28 de setembro de 1944.

económico-sociais da guerra e vivendo um clima de descontentamento generalizado nas classes trabalhadoras e em setores das classes médias, a "política das farturas" de Daniel Barbosa jogará um papel essencial na estratégia de normalização e barateamento dos preços de bens de primeira necessidade, essencial para conter a vaga de protesto social e político que ameaçava o regime.

Daniel Barbosa entra pela mão de Marcelo Caetano — que emerge como líder informal da ala crítica do regime — para ministro da Economia do governo remodelado por Salazar em fevereiro de 1947, que iria iniciar o contra-ataque às forças da oposição. Ao jovem engenheiro Daniel Barbosa era cometida, no quadro da resposta governamental, uma tarefa económica de fulcral importância política para a sorte de toda a manobra: resolver o problema do abastecimento público dos géneros de primeira necessidade, liquidar o "mercado negro", baixar os preços, numa palavra, desarmadilhar o clima generalizado de descontentamento social entre as classes operárias e a classe média, entre os consumidores pobres ou remediados dos centros urbanos, a grande base de apoio conquistada pelo oposicionismo político ao regime. Sem resolver ou, pelo menos, minorar substancialmente o problema da oferta em quantidades suficientes e a preços acessíveis dos géneros e outros bens de grande consumo, era impossível romper o cerco social em que o regime se encontrava, recuperar parte da sua base social desavinda, neutralizar o descontentamento de muitos setores hesitantes, e partir em contra-ataque, a que a relativa paralisia tática e estratégica da oposição, em fins de 1946, parecia abrir espaço.

Como mais tarde resumiria Daniel Barbosa,

> a situação económica da maior parte das famílias portuguesas era, pode dizer-se, insustentável, e o problema passou, portanto, do campo do económico para o político, criando-se uma atmosfera pesada, cheia de descontentamento, pelo país inteiro.

Choviam manifestos clandestinos [...] e até na Assembleia Nacional o problema se focou por várias vezes [...] com violência invulgar.[11]

Parece ser clara a inspiração de Marcelo Caetano na orientação dada por Daniel Barbosa à resolução da questão das subsistências, que valeria a este o epíteto popular de "Daniel das Farturas". Caetano já defendia a linha e o "estilo" a seguir, ao discursar no encerramento da II Conferência da UN, em novembro de 1946: "Utilização das reservas de divisas que tínhamos acumulado durante a guerra para adquirir no estrangeiro os géneros que escasseassem na nossa produção ou rareassem nos mercados". E o próprio Caetano teria aconselhado Barbosa — que com ele "concertara o plano de ação a desenvolver" — a "estabelecer contacto assíduo com a imprensa" para "informar a opinião pública" e "desfazer malévolos rumores ou infundados receios".[12]

Podemos resumir a concretização dessa atuação em três planos principais:

a) Utilização das reservas de divisas para importar os principais géneros racionados (açúcar, arroz, trigo, gorduras) e outros de primeira necessidade (batata, carne, manteiga, fruta), sem atender ao nível de produção nacional desses bens, mas sim, sobretudo, à sua efetiva disponibilidade no mercado livre ou nos circuitos de distribuição dos géneros racionados. Isto porque, devido à falsificação dos manifestos e ao desvio das produções para o contrabando e o "mercado negro", mesmo com produções normais, os bens não apareciam, nem sequer os racionados, só se encontrando a preços proibitivos, muito acima dos tabelados, no mercado paralelo.

A injeção continuada de géneros importados com verbas dos fundos de compensação tinha assim um efeito deflacionário

---

[11] Daniel Barbosa, *Alguns aspectos da economia portuguesa*. Lisboa: [s.e.], 1949, pp. 122-123.
[12] Marcelo Caetano, *Minhas memórias de Salazar*. Lisboa: Verbo, 1977, p. 285.

em cadeia: desvalorizava os *stocks* de bens açambarcados, obrigando-os a acorrer ao mercado antes que a queda dos preços acentuasse ainda mais a sua depreciação, "esvaziando-se" assim o "mercado negro"; aumentava, por essa forma, a oferta de bens sobre a sua procura, originando, com o prosseguimento dessa política, uma tendência deflacionária, aquilo que na época se chamou a "psicose da baixa" ou o "efeito psicológico da abundância": não se compra à espera que o preço baixe ainda mais, o que, só por si, alimenta o processo "baixista".

Assim se impunha o progressivo recuo do "mercado negro", se iam disponibilizando atempadamente os géneros racionados ao nível das capitações estabelecidas, melhoravam-se estas, abriam-se e alargavam-se as bolsas de "mercado livre" de certos produtos (por exemplo, o arroz e o açúcar), onde os preços tendiam a baixar para os níveis dos preços tabelados (até aí uma pura ficção) e possibilitava-se a constituição de *stocks* de certos bens nos organismos de coordenação económica com vista à regularização do mercado e à defesa dos preços.

b) Simultaneamente, a adoção de uma política de congelamento dos preços, marcando uma "tendência para a baixa". Logo em abril de 1947, Barbosa estabelece a orientação geral na matéria: "Aceitar como máximo os preços atualmente permitidos", por forma a não consentir "alterações de preços que não sejam no sentido de conseguir uma baixa no custo geral de vida". Nesse sentido, ordena "a revisão dos preços atuais com vista a uma baixa".[13]

c) O assegurar dos dois propósitos anteriores passava, naturalmente, pelo reforço do controlo do Estado e dos organismos de coordenação económica sobre o comércio de importações e os circuitos de distribuição. Entre setembro e novembro de 1947,

---

13   D. Barbosa, op. cit., p. 233.

é progressivamente sujeito a licenciamento prévio todo o comércio externo, que passa a ser tutelado por uma Comissão Superior de Comércio Externo entretanto criada.[14] E reforça-se drasticamente a ação de certos organismos de coordenação económica (como a Junta Nacional de Produtos Pecuários) e da Intendência Geral de Abastecimentos nos circuitos de comercialização de certos bens. O agravamento geral da repressão sobre os prevaricadores é uma das principais bandeiras de toda esta campanha, emprestando Barbosa à sua ação saneadora um arrebatamento e até uma violência de claro sabor populista e demagógico, também não muito usuais no estilo político do regime.

O "especulador repugnante", o "açambarcador sem vergonha", o "candongueiro sem escrúpulos", são apontados como a "miserável alcateia" que procurava "alicerçar fortunas sobre as dores e os sofrimentos das classes mais carecidas", fazendo com que "8 milhões de portugueses vivessem esmagados pelos interesses de algumas centenas". A sua atuação era um ato de "traição nacional" similar à dos "comunistas" e outros "agitadores" que atentavam contra a economia nacional: "Os extremos tocam-se". Havia, pois, que os "aniquilar sem piedade" e "punir sem comiseração". Se for necessário "ir para a violência, nós iremos para a violência sem hesitação nem piedade".[15]

Parece certo que Daniel Barbosa logrou ter êxito no tocante à "questão das subsistências" e à estabilização dos preços. Ao longo do segundo semestre de 1947, normaliza-se o abastecimento de quase todos os principais géneros de primeira necessidade, caem os respetivos preços, vai desaparecendo o racionamento e liberaliza-se a circulação e a venda da grande maioria dos produtos até aí sujeitos a apertados controlos de distribuição e venda. Mantêm-se preços tabelados, sobretudo para defender produtores

14   Decreto n. 36 594, de 20 nov. 1947.
15   D. Barbosa, op. cit., p. 253.

e comerciantes da "especulação baixista", isto é, da abstenção da procura e do açambarcamento na mira de forçar descidas suplementares ou de aguardar a recuperação dos preços. Um ano após tomar conta do Ministério da Economia, findo o racionamento do pão e do azeite, últimos géneros a serem liberalizados, Barbosa podia anunciar, sem fugir muito à verdade, a "inteira regularidade obtida para o problema dos abastecimentos".[16]

Não fora só a comida que se tornara mais abundante e barata em mercados basicamente normalizados. Em abril de 1947, acabava-se com as restrições à iluminação pública de Lisboa e Porto. E a partir de maio desse ano começaram a baixar os preços da gasolina, do petróleo e do gás Cidla; dos tecidos de lã e algodão; dos sapatos; dos materiais de construção civil, etc. Em março de 1948, só praticamente o sabão (devido aos problemas com a importação de oleaginosas de origem colonial) se mantinha racionado e escasso.

É indiscutível que estas medidas tiveram um impacto positivo nos meios urbanos, sobretudo nas camadas operárias, de empregados ou de funcionários públicos que viviam essencialmente do trabalho assalariado — precisamente a base social do oposicionismo ao regime, remoçado e reorganizado desde meados da guerra. Em dezembro de 1947, serão mesmo os próprios dirigentes do PCP a reconhecê-lo:

> Aquele ambiente de descontentamento e desespero ainda existente há alguns meses atrás, proveniente da falta de géneros alimentícios e preços exagerados, diminuiu bastante entre as massas trabalhadoras e o povo em geral; e aquela predisposição e condições para a mobilização das massas para as lançar em amplos movimentos [...] são hoje muito menores.[17]

16 Conferência de imprensa, *Diário de Notícias*, 11 mar. 1948.
17 Carta de Militão Ribeiro a Pires Jorge, em dezembro de 1947. In: João Madeira, *A greve de 1947 nos estaleiros navais de Lisboa: Fim de um ciclo*. [S.l.: s.e.], 1998. Texto datilografado, p. 16.

Disso mesmo dão conta, igualmente, os relatórios confidenciais das autoridades civis, policiais e legionárias, enviadas das capitais de distrito para os gabinetes do Interior e da Economia, onde, depois de vários anos de apreensões, alertas e pessimismo, se constata a "melhoria dos abastecimentos de géneros que aparecem em abundância nos mercados e feiras",[18] "a baixa sensível dos preços", e que "as populações não escondem a sua satisfação, tecendo elogios às medidas do Exmo. Ministro da Economia".[19] Esta "popularidade" do ministro da Economia, do "Daniel das Farturas" e da sua política, traduz-se, claramente, num progressivo abrandamento da agitação social. As greves operárias, após a tentativa frustrada de alargar a paralisação dos estaleiros navais da região de Lisboa, em abril de 1947, entram num nítido refluxo, e os motins camponeses desaparecem na segunda metade desse ano. Só no Alentejo assalariado, terrivelmente marcado pelo desemprego sazonal, a retoma da luta reivindicativa, iniciada em 1943/44, viera para ficar.

Razão tinha Daniel Barbosa para perguntar aos críticos que forçarão a sua demissão, em outubro de 1948, se salvar o regime, como entendia que a sua política fizera, não valia bem o gasto de divisas com importações de géneros levado a cabo. E observa-lhes: "Os problemas políticos têm [...] um preço: cotem então o que existia [antes das medidas por ele tomadas] pelo preço que entenderem e avaliem depois se foi cara ou barata a solução que se lhes deu".[20]

Finalmente, em quinto lugar, cabe referir o esgotamento da iniciativa política das oposições ao regime. É no espaço e no tempo permitidos por esse esvaziamento que o governo se recomporá para passar ao contra-ataque. Na realidade, o vigor do movimento antifascista depara com um impasse depois de 1946. A via insurrecional

18 ANTT/AGMI, Relatório do Comando da GNR de Aveiro, 21 maio 1947.
19 Id., Relatório do Comando da GNR de Coimbra, 29/07/1947.
20 D. Barbosa, op. cit., p. 223.

do "levantamento nacional" preconizado pelo PCP parece esgotada após o limitado sucesso das greves de maio de 1944. As paralisações operárias não tinham conseguido ultrapassar um âmbito regional e relativamente restrito, e, sobretudo, a eficácia da repressão desencoraja e desmobiliza o recurso às greves, sem que elas se consigam transformar em "formas superiores de luta", como na altura tinham chegado a admitir alguns dos seus dirigentes e como um tom geral triunfalista da imprensa do PCP continuava a fazer crer ao longo de 1944.

Apesar de continuar formalmente fiel à linha do "levantamento nacional" — reafirmado no II Congresso (ilegal) do partido, em 1946 —, de criticar as correntes que, no seu seio, apostam nos caminhos da "transição", o facto é que, na prática, a partir de outubro de 1945, todo o esforço do PCP vai passar a concentrar-se no "forçar a legalidade", na via legal-eleitoral aberta pelo Movimento de Unidade Democrática (para obrigar o regime a iniciar um caminho de reformas democratizantes) e, consequentemente, no privilegiar da aliança com a "burguesia liberal" e no reforço da "política de unidade" no topo com as personalidades e forças não comunistas da oposição.

Também a oposição não comunista e mais conservadora parece ir por aí ao terminar a guerra, pondo entre parêntesis a conspiração golpista que os militares republicanos entretinham com os oficiais dissidentes do regime. Com o fim do conflito, a crença numa qualquer intervenção aliada junto de Salazar e as suas aparentes cedências em outubro de 1945, os setores liberais vão voltar-se para o que julgam ser a oportunidade de obter uma evolução legal e negociada do regime. Designadamente, através da participação em eleições com a abertura suficiente para viabilizar a existência e representação parlamentar de uma oposição moderada, "ordeira" e, consequentemente, desvinculada de compromissos com os comunistas. Isso mesmo, assim o entendiam, iniciaria o caminho da reforma liberalizante do Estado Novo, aliás desejada, também, por parte dos seus apoiantes. A iniciativa de constituir o Movimento de Unidade Democrática (MUD) — à margem do MUNAF e do PCP — deve entender-se como fruto desta lógica.

A verdade é que a direção cunhalista do PCP não tinha uma verdadeira alternativa política ao legalismo eleitoralista que parece apoderar-se, com a vitória aliada, do conjunto da oposição. O que procura é não ser excluída da transição que inicialmente parecia iminente. O PCP iria mobilizar todos os seus apoios para impor, fosse na frente legal-eleitoral, fosse num eventual *putsch*, a sua presença e a sua influência. Devia constituir-se, e constitui-se efetivamente, num grupo de pressão que impedisse a tentativa de o isolarem, de o deixarem de fora da transição que, na realidade, se aceita que vai verificar-se, mesmo após o início da repressão, em 1947.[21]

Na realidade, é o regime que barra firmemente a veleidade da oposição democrática de fazer caminho pela via legal-eleitoral. Atarantado pela enorme mobilização suscitada pelo MUD, o governo congela qualquer hipótese de diálogo ou cedência, nega todas as pretensões apresentadas pelos oposicionistas para as eleições poderem decorrer com um mínimo de decência e, sob a chefia direta de Salazar, passa a responder com a ameaça, a intimidação e as proibições. Tudo isso empurrou a tática ordeira — e até a sua eventual aceitação de concorrer às eleições, mesmo sem as condições reivindicadas — para um beco sem saída. No comício de 10 de novembro de 1945, no Teatro Taborda, em Lisboa, a comissão central do MUD, já muito pressionada pelas críticas da esquerda, apresenta um balanço claramente defensivo das suas decisões anteriores, apoia a abstenção da ida às urnas (uma vez verificada a ausência de condições mínimas de seriedade das eleições) e a continuação do MUD para além do ato eleitoral. Mas a via legal eleitoral para forçar uma abertura, realmente, falhara.

---

21 É essa, claramente, a expectativa de Álvaro Cunhal no relatório que apresenta à reunião do Comité Central do Partido Comunista Português, em junho de 1947.

Fechada a via eleitoral nos finais de 1945, a direita oposicionista regressa à conspiração golpista. Mas, depois da solitária saída em falso do capitão Queiroga com o Regimento de Cavalaria 6 do Porto, detido pela tropa fiel ao regime na Mealhada, a polícia política que acompanha de perto as movimentações desfaz a intentona que torna a falhar a 10 de abril de 1947 e prende os principais responsáveis civis e militares. O putschismo, o golpe militar que pretendia assegurar uma solução palaciana ordeira, falhava também.

O PCP e os seus aliados, por seu turno, não saberão o que fazer com o movimento e as expetativas geradas no outono de 1945, após a desistência da ida às urnas, apesar de terem conquistado a maioria da direção do MUD em junho de 1946. Ao longo deste ano, o MUD esgotar-se-á — sempre na esperança de "forçar a legalidade", na miragem de um recuo do governo que haveria de consentir em eleições livres — entre manifestações comemorativas do 31 de Janeiro e do 5 de Outubro, petições ao presidente da República e pontuais tomadas de posição. Enquanto isso, o campo governamental recompunha-se, beneficiando do impasse oposicionista e das circunstâncias internacionais já nossas conhecidas.

O primeiro sinal de viragem neste equilíbrio instável de 1946 é dado pela prisão da comissão central do MUD, após o seu comunicado de 9 de setembro contra o pedido de adesão do governo de Lisboa à ONU. Mas era só o anúncio do que estava para vir. Em abril de 1947, Salazar conclui o complexo processo de reunificação das forças do regime, o que lhe permitiu tirar o tapete ao golpe projetado para 10 de abril e começar a agir sobre a base do descontentamento das classes médias e da agitação operária, através da política de importações de Daniel Barbosa.

É o momento do contra-ataque:

— Ao longo desse mês, o governo reprime duramente a greve dos estaleiros navais de Lisboa (entre 5 e 19 de abril), que o PCP debalde tenta transformar em greve regional, prendendo e despedindo mais de cem trabalhadores e enviando vários grevistas para o campo do Tarrafal, entretanto reaberto; prende a comissão central do MUD juvenil (Mário Soares, Salgado Zenha, Rui Grácio, entre outros) e ordena uma violenta invasão policial da Faculdade de Medicina de Lisboa, onde os estudantes em greve de protesto contra as prisões se defrontam com grupos de adeptos do regime. Finalmente, inicia o desmantelamento do "10 de Abril" e a prisão de implicados civis.

— Em 15 de junho desse ano, ordena o saneamento político de 21 destacados professores universitários[22] conhecidos pelas suas posições democráticas, e anuncia o afastamento de nove oficiais envolvidos no "10 de Abril", parte deles presos no mês seguinte.

— Em janeiro de 1948, declara formalmente a ilegalidade do MUD e manda prender toda a sua comissão central e a comissão distrital de Lisboa.

Só o MUD Juvenil conseguirá subsistir, de alguma forma, a esta vaga repressiva, encontrando o resto do MUD refúgio e continuidade no lançamento, ainda em 1948, da candidatura do general Norton de Matos às eleições presidenciais do ano seguinte. O difícil e frágil reencontro da "grande unidade" nessa candidatura, e até o retorno a algumas grandes mobilizações de massas no norte do país (os célebres comícios do estádio do Salgueiros e da Fonte da Moura, em janeiro de 1949), por pouco tempo disfarçam a realidade da profunda inversão da correlação de forças que se operara no país a favor do regime. Numa oposição que conhecia um último assomo de vitalidade, mas essencialmente debilitada nos seus apoios sociais e na sua unidade e operacionalidade política, a decisão de desistir da ida às urnas acabaria por não ser uma vitória de ninguém, mas o sinal de debandada e da desagregação geral sob os golpes de uma rigorosa repressão.

---

22 Entre eles, Francisco Pulido Valente, Fernando da Fonseca, Celestino da Costa, Cascão de Anciães, Zaluar Nunes, Remy Freire, Andrée Crabbé Rocha, Luís Días Amado, Manuel Valadares e Morbey da Silva. Cf. Fernando Rosas; Cristina Sizifredo, *Estado Novo e universidade: A perseguição aos professores*. Lisboa: Tinta-da-china, 2013.

O PCP continuaria a tentar, quase sozinho, ressuscitar o MUD e "forçar a legalidade" através do Movimento Nacional Democrático. Mas a ofensiva policial que, em março de 1949, conduz à prisão de Álvaro Cunhal, de Militão Ribeiro[23] e de vários quadros dirigentes do partido, bem como à captura de instalações e documentação de vital importância, quase representaria novamente um golpe de morte na organização partidária. O resto da oposição divide-se, retrai-se, e entra em hibernação mais ou menos prolongada.

Bem se poderia dizer que o MUD não foi nem suficientemente fraco e contido para se poder apresentar como um núcleo oposicionista tranquilizador e aceitável a um diálogo de transição com o regime, nem suficientemente forte e avassalador para impor, pela pressão da "rua", mais ou menos conjugada com as dissidências político-militares situacionistas, um processo de reformas e mudanças. Teve, todavia, impacto suficiente para abalar o regime e o obrigar a recompor as suas forças, ainda que sem concessões formais e diretas às oposições.

É certo que o regime foi obrigado a uma certa descompressão política entre 1945 e 1947. E também é verdade que, mesmo após o duro contra-ataque com que, entre 1947 e 1949, retoma o controlo da situação, ele será levado a tolerar, de quatro em quatro anos, nas eleições para a Assembleia Nacional, e, entre 1949 e 1958, também nas eleições presidenciais, o surgimento de candidaturas oposicionistas durante algumas semanas. Mas a natureza política essencial do regime em nada se altera, mesmo nesses períodos eleitorais. As polícias reprimem as manifestações, censuram e interrompem as sessões públicas, prendem ou espancam os ativistas que se destacam; as autoridades falsificam escandalosamente o recenseamento e o escrutínio, e fazem desses momentos pontuais de "liberdade suficiente" uma farsa. As mudanças anunciadas com espavento e

---

23 Militão Ribeiro morrerá na prisão em 1950, na sequência de uma greve de fome contra o tratamento prisional a que estava sujeito.

urgência em outubro de 1945 eram obviamente cosméticas (ainda que mesmo a cosmética fosse um recuo) e o regime estava pronto a alterar as regras em caso de perigo, como fará em 1959 ao acabar com as eleições presidenciais por sufrágio direto, após o terramoto delgadista nas eleições do ano anterior.

Quanto ao resto, forças e instituições da violência preventiva e punitiva agem como sempre. Só que com menos ânimo e escassa convicção. O Estado Novo só mudava ao tornar-se irremediavelmente velho, sombra espetral do passado, dividido entre a fidelidade fanática de uns à ortodoxia reacionária tida por intocável e a necessidade pressentida por outros de que se impunha reformar o regime para preservar o essencial. E nem estes vão conseguir nenhuma dessas duas coisas.

É claro que o mundo do pós-guerra obrigou a uma certa contenção ideológica e "desradicalização" de propósitos relativamente aos entusiasmos da época dos fascismos. Mas com isso nunca se questionou nem a orientação ideológica básica, nem a natureza totalitária de tais dispositivos em si mesmos. Todos eles vão continuar, durante e após a guerra, com os mesmos objetivos essenciais, com a mesma lógica de atuação, só que com menos veleidades de militarização, de mobilização ou de radicalização. Por isso se pode falar de uma adaptação que toca mais nos processos do que nos conteúdos e nas lógicas dos aparelhos, ainda que os primeiros tenham acabado por liquidar burocraticamente a intenção genética dos segundos.

Na realidade, a essência do regime, a sua apetência total e regeneradora do homem, só seria verdadeiramente posta em causa, não por qualquer decisão política assumida, mas fruto das mudanças económico-sociais iniciadas na década de 50. Tornadas pesadas repartições públicas, as antigas organizações de propaganda, mobilização e inculcação tinham perdido definitivamente o élan. A Cruzada Corporativa com que o regime, no auge da Guerra Fria, na primeira metade dos anos 50, as tenta redespertar como bastiões do anticomunismo e do paradigma ruralizante vai precipitar algumas delas, sobretudo ao nível da educação, da juventude ou da organização corporativa, num curioso jogo de aparências e de mudanças "invisíveis".

Sob a pressão das grandes transformações estruturais então iniciadas — a industrialização, a urbanização, a terciarização —, ainda que muito do discurso nacionalista conservador se mantenha como propaganda e ideologia oficial do regime (recuperado, sobretudo, nos anos iniciais da Guerra Fria), o facto é que tanto ele como boa parte das instituições de inculcação que o serviam sofrem uma espécie de formalização inexorável, ditada pelo espírito e as necessidades do tempo. Velhos enunciados discursivos e institucionais encobrem quer a falência das velhas políticas, quer a formulação, mais ou menos compromissória, de políticas novas, de adaptação timorata à sociedade em mudança, mas cuja visibilidade e emergência era como que esconjurada pela manutenção de etiquetas antigas.

Como se as forças da velha utopia reacionária nacionalista e corporativa pudessem impedir a efetividade e a natureza das mudanças, mantendo-as "invisíveis" sob o labéu das designações antigas. A realidade é que, sob a continuidade formal do discurso da propaganda e das instituições de enquadramento e "educação", nos anos 50, ia falecendo a alma do regime para moldar as almas de quem quer que fosse. E o rigor do policiamento e da unicidade ideológica, sem nunca desaparecer, dava lugar "invisivelmente", no coração mesmo da organização corporativa ou da máquina da "educação nacional", à formulação de políticas educativas, de formação profissional, de estudos sociais ou até de ocupação dos tempos livres, crescentemente marcadas por preocupações de adaptação às necessidades do desenvolvimento industrial e das transformações económicas e sociais do capitalismo português. Mais lentamente do que seria necessário, sempre amarrados ao pressuposto da segurança do regime, a verdade é que o Ministério da Educação Nacional e o aparelho corporativo iam substituindo o objetivo de criar um "homem novo" pelo de o preparar para fazer crescer a produção e a produtividade da economia. As prioridades da acumulação e do mercado iam substituindo, silenciosamente, as do "espírito".

O Estado Novo salazarista surgia no pós-guerra como o espetro de um fascismo entorpecido e fora do tempo, mas suficientemente operante para impedir todas as tentativas internas ou externas de mudança ou de transição do regime.

AS TRÊS INCAPACIDADES DO REGIME

O fim da guerra na Europa foi marcado pelos efeitos de um novo e decisivo condicionamento: a vitória da grande aliança antifascista sobre o nazifascismo e a emergência da URSS e das ideias que representava como uma das grandes potências vencedoras, com larga influência nas novas "democracias populares" da Europa Central e de Leste e nos partidos comunistas do Ocidente. Para o mundo capitalista, isso significava mais do que uma drástica alteração da correlação de forças: era a ameaça do comunismo.

Por isso mesmo, apesar de toda a agressividade político-militar anticomunista que marcava a Guerra Fria, esta decorre na retaguarda e sob os auspícios dos fundos Marshall e dos "trinta anos de ouro" da recuperação do capitalismo, sob o triplo desafio destinado a esconjurar o "perigo vermelho": o desafio do desenvolvimento económico-social, o desafio da democratização política e o desafio da descolonização. Neste contexto fortemente preventivo, as estratégias de reconstituição económica do capitalismo fazem-se acompanhar por políticas de pleno emprego, de construção do Estado Social, de democratização do sufrágio e da vida política, ou pelas mais tardias e difíceis negociações da descolonização. E serão conduzidas ao "centro" pelos partidos da social-democracia e do socialismo reformista com as formações da democracia cristã ou do conservadorismo liberal.

Não cabe aqui avaliar o nível de concretização de tais desafios na Europa Ocidental, mas sim verificar que, no tocante à ditadura salazarista sobrevivente, isso se traduziu numa incapacidade estratégica de cumprir qualquer deles, o que, a prazo, resultaria na queda do regime em 1974.

Incapacidade de um desenvolvimento económico sustentado. É certo que o capitalismo português vai, ele próprio, beneficiar da acumulação pública e privada da Segunda Guerra Mundial e dos efeitos dos "trinta anos de ouro" da conjuntura sistémica internacional. O país industrializa-se a partir dos finais dos anos 50, urbaniza-se e desenvolve um terciário moderno arrastado pelos efeitos da industrialização e da polarização urbana. Mas é uma modernização económica conservadora, não sustentada, fortemente marcada pela injustiça social e pela negação das liberdades democráticas. O Estado fomenta o surgimento dos grandes grupos financeiros — os "sete magníficos" —[24] que dominam a economia metropolitana e colonial à sombra do protecionismo pautal, do condicionamento industrial, da cartelização corporativa e, sobretudo, dos baixos salários assegurados pela permanente intervenção da polícia política e das forças policiais complementares contra qualquer tipo de protesto ou reivindicação social.

Os treze anos de guerra colonial iriam agravar esse modelo de crescimento assente no trabalho barato e sem direitos, nos elevados níveis de analfabetismo e iliteracia, no bloqueio político da reforma agrária e agrícola do país, na fuga à pobreza por parte de milhões de emigrantes para a Europa desenvolvida, nas profundas carências ao nível das infraestruturas básicas, da habitação, da

---

24 Os sete principais grupos financeiros que dominam a economia portuguesa entre os anos 1950 e as nacionalizações de 1975: CUF, grupo Champalimaud, grupo BES (Banco Espírito Santo), grupo BNU (Banco Nacional Ultramarino), grupo BPA (Banco Português do Atlântico), grupo do Banco Borges e Irmãos e grupo do Banco Burnay.

saúde e do ensino, nos baixíssimos níveis de produtividade e de capacidade concorrencial. Prospera-se à sombra das pautas umbrosas e da proteção política e policial dos interesses oligárquicos, em estreita promiscuidade com o pessoal dirigente do regime. Incapacidade de democratização política. O peso conservador dos interesses oligárquicos ligados à situação política que assegurava a sua prosperidade irá sobrepor-se a todas as oportunidades históricas de uma transição a partir do interior do regime. A elite política e económica da ditadura, educada no medo do risco (fosse económico ou político), da "desordem", da democracia em geral, e formada no temor reverencial das hierarquias, marcada profundamente por uma cultura da obediência e cobardia política, deixará escapar todos os ensejos que historicamente suscitaram uma oportunidade endógena de mudança. Assim aconteceu na crise do pós-Segunda Guerra; voltou a suceder, ainda mais evidentemente, no rescaldo dos grandes abalos das eleições presidenciais de 1958; repetiu-se no patético *putsch* palaciano frustrado do Ministério da Defesa, de Júlio Botelho Moniz e dos comandos militares em abril de 1961; e, já em plena guerra colonial, exprimiu-se finalmente na incapacidade de Marcelo Caetano e os marcelistas — a ala reformista do regime, finalmente chegada ao poder em setembro de 1968 — lograrem suscitar um processo de transição/liberalização a partir do poder. O facto de historicamente as elites do regime serem incapazes da reforma poderá ter contribuído para prolongar a durabilidade do Estado Novo, mas originou que, no seu esgotamento final, à impossibilidade da transição sucedesse a rutura revolucionária, aberta pelo movimento militar do 25 de Abril de 1974.

Incapacidade da descolonização. Nenhuma das principais potências coloniais europeias aceitou espontaneamente o fim do seu domínio. A Inglaterra, a França e a Holanda travaram duros combates, na Índia, na Malásia, na Indochina, na Argélia e na Indonésia, contra os respetivos movimentos de libertação nacional, antes de se convencerem da impossibilidade própria (militar e financeira) e da decorrente da nova correlação de forças internacionais de prosseguirem guerras coloniais de vitória impossível. O fiasco anglo-francês na crise do Suez, em 1956, será o ponto de viragem nas pretensões de continuidade dos poderes coloniais. Com a temporária exceção da Argélia (a guerra só termina em 1962), inicia-se a época da descolonização e das independências, agora em África. A ditadura salazarista fica, assumidamente, "orgulhosamente só", fora desta tendência descolonizadora. Salazar enfrentará e derrotará os comandos das Forças Armadas, em abril de 1961,[25] para lançar o país numa guerra colonial que se alargará a três frentes e se prolongará por treze anos, envolvendo quase 1 milhão de mobilizados.

Nem a decisão da União Indiana, em novembro de 1961, de incorporar no seu território os enclaves coloniais de Goa, Damão e Diu demoveria o velho ditador de se lançar numa guerra sem fim. Os novos comandos das Forças Armadas, nomeados após a "Abrilada" de 1961, seriam fiéis a esse propósito até à queda do regime.

Na opção de absoluta recusa por parte da ditadura em encarar qualquer hipótese de negociação com os movimentos independentistas, pesam, sem dúvida, fortes razões ideológicas, oriundas de uma velha cultura colonialista que atravessara as políticas da Monarquia e da Primeira República e que tinha indiscutíveis raízes no imaginário popular. Era uma mitologia transclassista, onde se misturavam o *el dorado* imperial como riqueza mítica da nação; as "glórias" dos nautas e as das campanhas da "ocupação efetiva"; a missão que a Providência teria atribuído aos portugueses de colonizar e evangelizar e os direitos históricos inalienáveis que isso lhes conferia; a convicção de que, face à pressão anexista da Espanha, Portugal não podia subsistir como nação independente

---

25   Os comandos das Forças Armadas ligados ao ministro da Defesa Júlio Botelho Moniz ensaiam um golpe palaciano em abril de 1961 para derrubar o chefe do governo, Salazar. A "abrilada" falha e os ministros militares são quase todos expurgados. Entre os motivos que os moviam estavam as dúvidas quanto à viabilidade da política de guerra em África.

sem o "contrapeso" das possessões coloniais; a ideia estratégica de Salazar de que só a retaguarda dos impérios coloniais permitiria à Europa do pós-guerra preservar o seu "espírito", a sua autonomia e o seu papel no mundo face à dupla pressão das superpotências vitoriosas, URSS e EUA. De tudo isto decorria o dogma da unidade e indivisibilidade do Portugal pluricontinental que ia do Minho a Timor. E, daí, a guerra.

Mas pesavam também os interesses, o tradicionalmente poderoso "quadrado" de interesses coloniais onde se cruzavam a banca, o comércio e a exploração colonial, as companhias de navegação e, desde os anos 60, o capital estrangeiro. A própria presença militar de um contingente que, ao longo de treze anos de guerra, chega quase a um milhão de homens criara em Angola e Moçambique, além de uma nova colonização branca, uma próspera rede de negócios e atividades de todo o tipo que se alimentava do esforço militar. Apesar de, no início dos anos 70, o valor dos negócios com os países da CEE ter ultrapassado o realizado com as colónias, esse complexo de interesses civis e militares (haveria, em 1974, em Angola e Moçambique, cerca de 700 mil colonos brancos) constituía um forte e decisivo setor de resistência a qualquer estratégia descolonizadora. Tanto mais que, sobretudo em Angola, onde se concentra o grosso dos colonos brancos, a guerra de guerrilha era ainda uma realidade distante das principais cidades, de baixa intensidade e não vivida pelo geral dessa população como uma ameaça iminente.

Finalmente, na prolongada intransigência do colonialismo português terá pesado, também, o apoio discreto mas eficaz que parte das potências da OTAN vai continuar a prestar ao esforço de guerra em África, designadamente no fornecimento de armamento e meios aéreos, apesar das proibições internacionais existentes. A França, a República Federal Alemã e a Administração Nixon, nos EUA, destacam-se neste tipo de apoios viabilizadores do prolongamento da guerra.

Apesar de o conflito já se arrastar há sete anos quando toma posse, em setembro de 1968, o governo de Marcelo Caetano parece ter subestimado a centralidade da questão da guerra. É certo que vai tentar reformar alguns aspetos do centralismo político e económico do regime colonial na revisão constitucional de 1971. Mas, na realidade, o marcelismo não quis, não soube ou não pôde resolver o nó górdio em que se tornara para o regime o prolongamento da guerra colonial sem fim à vista. Ou seja, recusou-se sempre, por convicção, por temor da reação de alguns generais, por medo das consequências, a abrir um processo de negociação com os movimentos armados com vista à independência das colónias. Provavelmente, não entendeu os termos em que a questão se colocava: ou o regime ousava encontrar uma solução política para a guerra, ou a guerra acabava com o regime.

Por isso se pode resumir a vigência do marcelismo a três andamentos fundamentais: o primeiro, o dos primeiros tempos da "primavera", consistiu em tentar uma tímida liberalização continuando a guerra; o segundo, ao continuar com a guerra acabou com qualquer vislumbre de liberalização — foi o regresso aos anos de chumbo; o terceiro, em 1973/74, foram os meses da desesperada crise final do regime.

O facto é que o cansaço da guerra e o descontentamento generalizado, não podendo agir politicamente em liberdade para acabar com ela, vão ser interpretados pelos oficiais intermédios que a conduziam no terreno através do movimento militar do 25 de Abril de 1974, que abriu as portas à Revolução portuguesa de 1974/75. Certamente não por acaso, os três "Ds" do Programa do Movimento das Forças Armadas (MFA) surgem como contraponto às três incapacidades históricas da ditadura: Desenvolver, Democratizar, Descolonizar.

CAPÍTULO V
OS DESAFIOS DO PRESENTE

> Hegel fez notar algures que todos os grandes acontecimentos e personagens históricas ocorrem, por assim dizer, duas vezes. Esqueceu-se de acrescentar: a primeira como tragédia, a segunda como comédia.
>
> Karl Marx[1]

É certo que a História nunca se repete na sua factualidade. O fascismo dos anos 20 e 30 também não, nem como movimento, nem como regime. Os movimentos que, na segunda metade do século XX e no início do presente, o pretenderam mimetizar transformaram-se invariavelmente em grupos de atividades criminais ligados à violência racista, ao tráfico de armas ou de drogas; ou seja, repetem-se como farsa marginal e de delinquência, mas sem qualquer influência real na sociedade ou expressão política relevante. Não foi ali que a serpente pôs o ovo.

As crises do capitalismo, sendo cíclicas, repetem-se, mas nunca se repetem verdadeiramente porque o capitalismo também muda no seu processo de desenvolvimento. E cada crise, sendo uma crise do sistema capitalista, obedece a lógicas causais e a condicionalismos históricos distintos, portanto com efeitos e alcance histórico diferenciado. Mas as circunstâncias históricas e sistémicas que podem originar a grande conflitualidade política e social, as revoluções e as guerras, ainda que com origens epocalmente distintas,

---

[1] Karl Marx, *O 18 Brumário de Luís Bonaparte*. Lisboa: V. de Leste, 1975, p. 17.

são suscetíveis de voltar a verificar-se sob novas formas, sendo os seus efeitos seguramente diferentes, largamente imprevisíveis, mas igualmente geradores de inquieta expetativa. É desses paralelismos que pretendo falar ao encerrar este breve ensaio sobre a ditadura salazarista em perspetiva comparada com os regimes fascistas da Europa entre as duas guerras.

O primeiro paralelismo com o tempo presente respeita à crise do sistema liberal como pano de fundo. A segunda crise histórica do sistema liberal, também ela multímoda, ou seja, global na sua expressão (financeira, económica, social, ideológica) está a provocar, cada vez menos subterraneamente, enormes tensões subversoras na ordem demoliberal estabelecida no "Ocidente" após a Segunda Guerra Mundial. E com uma caraterística nova: é que ela atinge em cheio o centro do sistema, e não só as periferias. O neoliberalismo, enquanto estratégia global do capitalismo para responder à crise, está no cerne desta grande e ameaçadora mudança que, com as suas novas expressões e os recursos de hegemonia e manipulação ideológica, parece atingir não só lógicas económicas, financeiras e sociais de acumulação, como abrir um espaço de subversão política autoritária e antidemocrática.

NEOLIBERALISMO:
ÉPOCA DE REVERSÃO DA RELAÇÃO DE FORÇAS

De forma idêntica ao período entre as guerras do século passado, o capitalismo conhece, desde os finais dos anos 70 do século XX, uma prolongada crise sistémica, de que a grande depressão de 2008/09 não foi senão o seu abalo mais profundo e recente. Isso obriga o capital financeiro de hoje, por razões funcionalmente semelhantes às das classes possidentes da época dos fascismos, a uma drástica ofensiva em todas as frentes, tendente à recuperação das suas taxas de lucro e de acumulação. O que tem implicado uma drástica inversão da relação de forças social e política instalada a partir do segundo pós-guerra.

Como vimos antes, a vitória sobre o nazifascismo conjugou-se, depois do conflito, com o medo do comunismo e a oportunidade da recuperação económica (os já aludidos "trinta anos de ouro" de desenvolvimento do capitalismo), para simultaneamente obrigar e facultar a vários Estados do Ocidente "atlantista" a adoção de medidas de democratização política e social que iriam configurar o novo tipo de Estado Social.

Ora, precisamente, é o fim dessa época, chamemos-lhe assim, de "concessões", é a liquidação brutal e radical desse património de conquistas que hoje está em jogo. É, e nisso há semelhança com o período entre as duas guerras do século XX, uma época a que chamarei de reversão, destinada a reduzir ou eliminar os avanços alcançados com a derrota do fascismo, e depois do colonialismo, em larga parte da humanidade. Um processo de enorme violência social e simbólica, mas que, nas atuais condições históricas e, por enquanto, no Ocidente, não tem tido necessidade de recorrer à violência política e policial extrema para atingir os seus fins. Uma ofensiva relativamente pacífica, provavelmente por ausência de resistência eficaz ou ameaçadora para os fundamentos da ordem estabelecida.

O segundo paralelismo a realçar é o da derrota das forças que social, política e ideologicamente podiam fazer frente à estratégia neoliberal. Naturalmente, a situação internacional verificada à esquerda no último vinténio do século XX é em si mesma distinta historicamente da derrota da ofensiva revolucionária do operariado que sucedeu à revolução de outubro de 1917 e que atrás analisámos. Mas, nas condições da transição dos anos 80 para os anos 90 do século passado, esse revés teve efeitos decisivos no desarmamento da resistência ao neoliberalismo, tal como a vitória sobre as insurreições e as mobilizações vermelhas no primeiro pós-guerra iria abrir terreno ao avanço do fascismo.

Na realidade, essa ofensiva neoliberal e neoconservadora, desde logo no plano da ideologia, isto é, da hegemonia das ideias e representações do mundo, mas também nos domínios do político, do social, do económico, ou seja, aquilo que se desenvolveu como novo paradigma a partir dos sombrios anos 80 de Thatcher e de Reagan, só se tornou possível após duas derrotas históricas decisivas.

Em primeiro lugar, a implosão do "socialismo real", tendendo a arrastar consigo e com o seu descrédito, pelo menos por algum tempo, o património das esquerdas marxistas e socialistas enquanto alternativas ao capitalismo. Era o "fim da História" que se anunciava, criando uma espécie de coerção de "pensamento único" pós-moderno conducente à sujeição, melhor dizendo, à rendição de qualquer ideia emancipatória ao "realismo" da nova ordem do mercado e do capital. Ou seja, entregando ao neoliberalismo, em largos setores da sociedade, a hegemonia, o domínio no campo da ideologia e da política que ela informava.

Em segundo lugar, verificou-se, como um dominó, a capitulação da social-democracia internacional face ao neoliberalismo. O que também tem historicamente semelhanças funcionais com a rendição do liberalismo à marcha do fascismo para o poder nos anos 20/30 do século passado. No caso presente, desarmando as defesas do Estado Social e transformando os partidos social-democratas num instrumento ativo das políticas económicas e sociais neoliberais. Os partidos social-democratas, tornados partidos sociais-liberais, estão hoje a pagar, por todo o lado, um elevado preço político por esse alinhamento com as políticas destruidoras do capital financeiro.

Mas, como argumenta Francisco Louçã, as dificuldades em construir uma resposta alternativa à ofensiva neoliberal em termos de mobilização social não resultam só das derrotas ou da rendição: "de facto, a dificuldade de uma política de contraste [...] resulta também de o poder se reproduzir de formas mais extensas e complexas", ou seja, "existe hoje uma canibalização do espaço público por diversas formas mercantis, das quais as mais destacadas são as que produzem a realidade como uma imagem, os *media*, que engendram as ideias que se fazem consensualizar" ao jeito de "uma fabricação de legitimidade".[2]

Estes acontecimentos, apesar das importantes lutas de resistência travadas em vários países ou no plano internacional, enfraqueceram, dividiram e desmobilizaram os movimentos sociais e, sobretudo, a sua capacidade de resposta conjunta e articulada à escala global. Ou seja, por aqui entrou a nova ofensiva desreguladora e destruidora do capital financeiro a todos os níveis da vida em sociedade.

É sabido o que isso tem significado: a reversão das conquistas dos direitos sociais, o crescimento acelerado da pobreza e das desigualdades, a financiarização especulativa e a desprodutização das economias, a privatização mercantilista dos setores rentáveis do Estado Social, o endividamento sem alternativa dos países periféricos, o rearmamento e o fomento de novas guerras pela partilha de mercados e de zonas de influência, a marcha cega para a catástrofe climática e ambiental.

A globalização capitalista e o neoliberalismo contribuem para uma crescente oligarquização do sistema, agravada pelas caraterísticas específicas do processo de financiarização:

> A autonomização da finança, graças à conjugação entre liberdade de circulação de capitais e desregulamentação para a criação de produtos e operações que absorvam as poupanças, giram os excedentes e criem capital fictício, determinando os principais fluxos económicos no mundo. Assim sendo, a finança organiza a sua dominação num território que é exterior ao controlo democrático e à expressão das pressões imediatas na luta de classes, dos processos

---

2   F. Louçã, "A maldição populista na bola de cristal do século XXI". In: Cecília Honório (coord.), *O espectro dos populismos*. Lisboa: Tinta-da-china, 2018, p. 224.

eleitorais ou dos movimentos sociais, por ser transnacionalizada e indiferente ao próprio exercício direto da hegemonia. Neste sentido, a afirmação da coerção por imposição internacional, uma versão contemporânea da política da canhoneira, é o traço marcante do final desta década.[3]

Nestes termos, a globalização capitalista transforma-se também num "processo brutal de homogeneização cultural" que produz e reproduz à escala mundial formas de *pânico identitário* (o termo é de Daniel Bensaïd) conducentes a manifestações nacionalistas e/ou religiosas de intolerância, e favorecendo a conflitualidade étnica ou confessional. Quanto mais as nações perdem o seu poder económico, mais se proclama a imensa glória da Nação "acima de tudo".[4]

O POPULISMO DE EXTREMA DIREITA

O terceiro paralelismo relevante com a época dos fascismos respeita à tentativa de ocupação do espaço social da revolta e do protesto das vítimas da globalização pelas organizações emergentes da extrema direita xenófoba e autoritária. Um espaço em parte abandonado pela capitulação da social-democracia, pelo colapso dos partidos comunistas antes e após a implosão do campo soviético e pelo surgimento tardio de forças da esquerda radical.

A estratégia de recuperação neoliberal deixou e deixa um imenso rasto de milhões de espoliados, quer no mundo do trabalho, quer nas classes intermédias. Mulheres e homens que perderam o emprego, o salário, a casa onde viviam, a dignidade, a posição social,

---

3   Ibid., pp. 225-226.
4   Michael Löwy, "La Vague brune: Un Phénomène planétaire". *Inprecor*, n. 657-658, pp. 13-14, nov.-dez. 2018.

e ficam sem perspetiva de vida. Redução salarial, precariedade crescente, corte nas pensões e nas ajudas sociais, medo, revolta constituíram o terreno ideal para a manipulação nacional-populista do descontentamento das classes intermédias e de significativos setores do mundo do trabalho por parte da extrema direita. Esses movimentos têm três traços comuns no seu discurso ideológico: o nacionalismo xenófobo e racista (o imigrante tomou o lugar do judeu como passa-culpas), o autoritarismo do Estado (a ideologia repressiva e o culto da violência policial) e a intolerância contra as minorias sexuais e os direitos das mulheres. Já no plano económico os registos variam: desde a adesão a estratégias ultraliberais (Bolsonaro) a críticas moralistas contra a "plutocracia" neoliberal, a corrupção, a globalização e a União Europeia, em nome do nacionalismo económico e do protecionismo, mas sem nunca pôr em causa o capitalismo como sistema.

É certo que vários desses movimentos de extrema direita (em França, na Holanda, na Itália, na Áustria) tiveram origem em grupos caraterizadamente fascistas ou fascizantes. Mas, para alcançarem apoio social e capacidade de intervir na vida política no interior do sistema, vários deles engravataram-se, adotaram posturas "responsáveis" e entraram, no quadro de uma radicalização política geral, em acordos de sustentação ou de participação no governo com os partidos da direita tradicional (Hungria, Polónia, Áustria, Itália, Espanha). Fora da Europa, e com laivos de fascistização e intolerância étnica e religiosa mais marcados, a extrema direita instala-se na administração Trump dos EUA, governa no Brasil de Bolsonaro, na Turquia de Erdoğan, na Índia de Modi, nas Filipinas de Duterte, etc...

Na Europa, o "cordão sanitário" que impedia por consenso não escrito as alianças políticas das direitas tradicionais com a extrema direita populista tende a desaparecer, como recentemente se verificou nas eleições regionais da Andaluzia e se repetirá nas eleições legislativas do Estado espanhol. Ao tornar-se uma força política com base social e expressão eleitoral, o populismo de extrema direita tornou-se um aliado apetecível para uma direita sistémica em perda de apoio social e de votantes. A extrema direita torna-se "respeitável" em matéria de mercado livre e circulação de capitais, e a direita tradicional aproxima-se das suas reivindicações xenófobas, autoritárias e repressivas. Tudo isso empurra a direita europeia, e não só ela, para a direita, num processo de radicalização que pode vir a ter consequências imprevisíveis. E também aqui se verifica um paralelismo histórico relevante com os processos de unificação das direitas que conduziram aos regimes fascistas no período entre as guerras.

UMA ESTRATÉGIA DE SUBVERSÃO POLÍTICA?

Até ao momento presente, no plano político institucional, e ao contrário do que aconteceu nos anos 20/30 do século passado, a ofensiva neoliberal na Europa não exigiu ainda ao capital financeiro um novo processo de destruição violenta do Estado liberal parlamentar e das aquisições do Estado Social, apesar da crise de legitimidade em que este está crescentemente mergulhado. Creio eu que por três ordens de razões: porque não existe uma ameaça revolucionária à ordem estabelecida; porque o regime liberal parlamentar, apesar de tudo, tem-se demonstrado eficaz no enquadramento e na contenção neutralizadora da resistência laboral e popular, e porque a memória do que foram as ditaduras fascistas permanece presente em largos setores dos povos europeus que as sofreram.

Precisamente, multiplicam-se os sintomas de que algo pode estar a mudar nesta complacência, sugerindo que seria precipitado pensar que as prioridades atuais do capital financeiro se compatibilizaram com a democracia política e parlamentar. É certo que, por enquanto, na Europa, as liberdades públicas e as principais conquistas sociais não têm sido atacadas pelo recurso à brutalidade terrorista e policial, como no passado. Mas os parlamentos eleitos, depositários desses direitos soberanos, têm sido paulatinamente esvaziados dos seus poderes a favor de novos centros de poder supranacionais, de aparelhos burocráticos de funcionários zelosos que nenhum cidadão elegeu ou fiscalizou. Silenciosamente, os Estados nacionais, sobretudo os dos países periféricos, perderam autonomia democrática de decisão sobre quase tudo o que é essencial à governação: o orçamento, a moeda, a estratégia económica, as políticas sociais, a política externa, a guerra ou a paz. O esvaziamento dos Estados nacionais, quadro onde historicamente nasceram as democracias, representa o esvaziamento paulatino e "invisível" da própria democracia política e social, sem qualquer compensação visível à escala supranacional, para onde se transferem os poderes soberanos em quase todos os domínios da vida social. Está pois criada uma questão sobre o futuro da democracia nas sociedades europeias de hoje.

Essa realidade, na Europa, vai dando origem ao surgimento à escala dos Estados nacionais, como uma espécie de segunda pele de um parlamentarismo em crise, de um novo tipo de regimes pós-liberais, autoritários, xenófobos, repressivos, que parecem querer conjugar e reforçar a estratégia de agressão económica, social e financeira do neoliberalismo com outro tipo de medidas especificamente políticas.

Desde logo, uma clara crispação autoritária com o cerco às liberdades públicas; em segundo lugar, a agudização de todas as formas de discriminação social, sexual e racial; em terceiro lugar, o fomento de novos tipos de obscurantismo e regressão cultural, designadamente através do controlo ideológico e oligopolítico das empresas dos *media* e das redes sociais, e, finalmente, a crescente instrumentalização política da justiça contra os direitos, liberdades e garantias. Aquilo a que Boaventura de Sousa Santos chama "o alastramento viscoso de um fascismo jurídico-político de um novo tipo", como se constata, entre outros, nos casos gritantes da Polónia ou da Hungria e, fora da Europa, no Brasil, no Egito, na Turquia, etc.

Neste quadro, a concentração dos *media* e das redes sociais sob o controlo de um punhado de multinacionais tem um duplo efeito perverso: tende inevitavelmente para a restrição do pluralismo informativo e da liberdade de expressão, por um lado; e, por outro, à atomização das relações sociais por via informática, à transformação de cada um em objeto fácil de manipulação centralizada e generalizada, à exacerbação de novas modalidades de ignorância, iliteracia e desmobilização cívica. O recente escândalo das manipulações eleitorais através da fabricação e falsificação noticiosa dirigida a partir de milhões de "perfis" cedidos pelo Facebook a empresas especializadas nesse tipo de fraude está aí para o ilustrar. A outra face desta mesma moeda, precisamente, é a banalização e a normalização do cerco e ataque aos direitos fundamentais. É mais do que isso: é a criação de um ambiente de impunidade e até de consenso em torno de todo o tipo de alarvidades racistas e sexistas proferidas pelos candidatos a higienistas do mundo. De Trump a Bolsonaro, pretende-se instalar a impunidade política e social das mais torpes formas de agressão fascizante, que, aliás, rapidamente tenderão a passar da verbalização à ação criminosa.

A ameaça à independência dos tribunais polacos, o ataque à liberdade de imprensa na Hungria, as leis de exceção antiterroristas tornadas legislação ordinária de ordem pública na França de Macron ou a negação do direito de autodeterminação e a vergonha dos presos políticos na Catalunha são alguns de vários outros exemplos possíveis. E sobre isto tudo, uma União Europeia quase indiferente, ou impotente, face ao deslizar da situação política em vários países europeus para alianças políticas e ideológicas das direitas tradicionais com a extrema direita populista, xenófoba e autoritária.

O facto é que há um processo geral de polarização e radicalização em curso, com o afundamento dos partidos centristas e a reorganização dos espaços de intervenção política à esquerda e à direita, como se a própria sociedade arrumasse os distintos campos ideológicos para os combates complexos que se adivinham a uma escala global. O capital financeiro pode entender que as resistências populares com que a estratégia neoliberal tem deparado, um pouco por todo o lado, impõem que se passe a encarar um novo tipo de medidas ao nível da reforma autoritária e antidemocrática do Estado. O Brasil, sob o domínio de Bolsonaro e dos grandes interesses financeiros, será um campo privilegiado para essa demonstração.

Mas o estado de exceção transformado em norma, em França, a crispação policial e repressiva contra os imigrantes e o protesto social em geral, a degeneração política dos sistemas de justiça, a manipulação ideológica sem precedentes das redes de comunicação social, as alianças de governo com a extrema direita e o "estímulo" trazido pelos sucessos de uma nova estratégia golpista no Brasil e, no momento em que escrevo, na Venezuela, podem significar que o neoliberalismo, apoiado e interpretado pela radicalização polarizadora das direitas, se prepara para um novo tipo de ataques especificamente políticos contra os sistemas democráticos — na realidade, contra os direitos do trabalho, das minorias, das mulheres e de largos setores das classes intermédias.

É certo que a polarização tende, também, a facilitar e reforçar o campo das esquerdas. Mas com os movimentos sociais na defensiva e as esquerdas socialistas fragmentadas à escala internacional, esse processo tem-se mostrado lento e difícil em termos de ação política conjunta. E esse desequilíbrio, a não ser superado, augura tempos difíceis para a defesa e promoção dos direitos sociais e políticos do mundo do trabalho, e das vítimas da discriminação rácica ou sexual, ou da opressão patriarcal.

Na realidade, tudo está em aberto. A capacidade de resiliência cultural e memorial dos paradigmas emancipatórios não só logrou sobreviver às rendições políticas do centrismo e da social-democracia como tende a renovar-se, a desenquistar-se, sob a enorme mas desafiante pressão das dificuldades sociais, políticas e ideológicas nascidas dos reveses experimentados. Não é, pois, com uma nota pessimista que encerro estas páginas. É antes com a constatação das urgências e das necessidades com que o presente desafia a cidadania dos dias que vivemos. E a consciência dessa necessidade é a condição primeira da verdadeira liberdade.

LINHA DO TEMPO
SALAZAR E OS FASCISMOS

1889 • Nasce, em 28 de abril, António de Oliveira Salazar

1908 • Assassinato do rei dom Carlos I de Portugal e de seu filho, o príncipe Luís Filipe, o que afeta fortemente Salazar

1910 • Muda-se para Coimbra para estudar Direito, onde se envolve com o Centro Académico de Democracia Cristã (CADC) e combate o anticlericalismo da Primeira República

• Implantação da República em Portugal

1914 **PRIMEIRA GUERRA MUNDIAL**, QUE DURA ATÉ 1918 E DA QUAL A ALEMANHA SAI DERROTADA

1917 • Revolução de Outubro na Rússia, pondo fim ao império tzarista e implantando o governo socialista

1918

1921 • Salazar é eleito deputado por Guimarães pelo Centro Católico Português (CCP)

• Em 19 de outubro acontece a Noite Sangrenta, ocasião em que foram assassinados com grande violência o Presidente do Governo, António Granjo, e dois participantes da Proclamação da República, António Machado Santos e José Carlos da Maia, entre outras vítimas

1922 **BENITO MUSSOLINI É NOMEADO CHEFE DE GOVERNO NA ITÁLIA**

1924 • Hegemonia stalinista na Internacional Comunista

1926 • Golpe militar derruba a I República e implanta a Ditadura Militar. Salazar é apontado como ministro das Finanças de Portugal pelos militares; fica duas semanas no cargo e demite-se

• Em julho inicia-se a Guerra Civil Espanhola. Salazar apoia a ditadura de Francisco Franco

• Inauguração do campo de concentração do Tarrafal, o "campo da morte lenta" para os militantes antifascistas tidos como mais perigosos pela polícia política

1936 • Criação da Mocidade Portuguesa, organização para a juventude inspirada nas associações fascistas italianas e na Juventude hitlerista

1935 • Fundação da Federação Nacional para a Alegria no Trabalho (FNAT), que controla o tempo livre e o lazer para as empresas e os organismos oficiais nas cidades portuguesas

1934 • Primeiras eleições para a Assembleia Nacional portuguesa, a que concorre unicamente a lista do partido único, a União Nacional

• **SALAZAR INICIA O ESTADO NOVO PORTUGUÊS**

Uma nova Constituição é aprovada em Portugal; Salazar assume o cargo de Presidente do Conselho de Ministros, dando início a uma ditadura antiliberal, anticomunista e antidemocrática de tipo fascista. A legislação corporativa suprime os sindicatos livres e proíbe a greve, reprime as lutas operárias, e o regime deporta os seus dirigentes, desarticulando um movimento sindical já organizado. As questões trabalhistas passam a ser reguladas pelo Instituto Nacional do Trabalho e Previdência (INTP). Na prática implanta-se uma ditadura de partido único

1933 **ADOLF HITLER ASSUME O PODER NA ALEMANHA**

1932 • Salazar torna-se presidente do Ministério português (primeiro-ministro), nomeado pelo presidente Óscar Carmona ainda em plena Ditadura Nacional

1929 A GRANDE DEPRESSÃO

1928 • Salazar assume novamente o Ministério das Finanças, passando a ter controle total sobre as despesas do Estado e a aplicar um regime de austeridade fiscal. Fica no cargo até 1940

1937 • Reformas das Forças Armadas portuguesas, que passam por uma "limpeza" política nos comandos até 1938

• Atentado a bomba contra Salazar em 4 de julho, envolvendo anarquistas, comunistas e republicanos

1939 **INÍCIO DA SEGUNDA GUERRA MUNDIAL**, QUE DURA ATÉ 1945, DURANTE A QUAL PORTUGAL MANTEVE A NEUTRALIDADE, NÃO INTERVINDO NO CONFLITO

• Vitória franquista na Guerra Civil Espanhola funda um regime ditatorial fascizante de partido único

1943 • Portugal cede bases militares à Grã-Bretanha nos Açores

1944 • Portugal reavê do Japão o território de Timor Leste com ajuda dos Estados Unidos, em troca de um posto militar nos Açores

1945 Renomeação da Polícia de Vigilância e Defesa do Estado (PVDE) para Polícia Internacional e de Defesa do Estado (PIDE); trata-se da polícia política com funções de vigilância e repressão da oposição ao regime. Prisioneiros políticos foram detidos em centros de detenção, onde foram torturados e mortos

• Sob o impacto da vitória dos Aliados na Segunda Guerra Mundial, o governo português antecipa as eleições legislativas para outubro. Pela primeira vez apresenta-se a Oposição Democrática organizada no Movimento de Unidade Democrática (MUD), que no entanto desiste de concorrer pela ausência de condições mínimas de seriedade eleitoral

1949 • Eleições presidenciais, em que ganha o candidato do regime, Óscar Carmona, após a desistência do general Norton de Matos, representante da oposição

• Perseguições e prisões seguem-se depois das eleições

• Criação da Junta Central das Casas do Povo, que regula as Casas do Povo e o mundo rural português

1974 **FIM DO ESTADO NOVO**, APÓS A REVOLUÇÃO DE 25 DE ABRIL DE 1974

1973 • Generalizam-se o descontentamento e a agitação política e social contra a guerra colonial, a crise econômica e o impasse da ditadura. Ganha força a conspiração dos oficiais intermédios do Exército para "Democratizar, Descolonizar e Desenvolver" o país

1970 **SALAZAR MORRE EM 27 DE JULHO**, EM LISBOA, DE UMA EMBOLIA PULMONAR

1968 • Após Salazar sofrer uma queda no Forte de Santo António, em São João do Estoril, declara-se a incapacidade física permanente do Presidente do Conselho, que é demitido do cargo. O Presidente da República nomeia Marcelo Caetano para substituí-lo

1965 • Humberto Delgado é assassinado pela PIDE

1961 • Revolta no norte de Angola contra o domínio colonial português. Salazar responde com força, enviando tropas para as guerras coloniais nesse país e depois para Guiné (1963) e Moçambique (1964)

1959 • Revisão da Constituição, permitindo que o presidente seja escolhido por um colégio eleitoral reduzido e não mais por voto popular direto, como antes

1958 • Nas eleições, disputa entre o governista almirante Américo Thomaz e o general Humberto Delgado, da oposição democrática — a favor do qual desiste o candidato Arlindo Vicente, apoiado pelo Partido Comunista Português. Após eleições fraudulentas, Thomaz foi anunciado como vencedor. Conjuntura de grande agitação social e política contra o regime. Delgado busca asilo político na Embaixada do Brasil, o que motiva a demissão do embaixador brasileiro Álvaro Lins no ano seguinte

BIBLIOGRAFIA

AA.VV. "Salazar e os fascismos". *Vértice*, Lisboa, n. 13, II Série, abr. 1989.
_____. *60 anos de luta*. Lisboa: Avante!, 1982.
_____. *A Revolução Russa: 100 anos depois*. Lisboa: Parsifal, 2017.
_____. *Dossier Tarrafal*. Lisboa: Avante!, 2008.
_____. *O Estado Novo: Das origens ao fim da autarcia (1926-1959)*. Lisboa: Fragmentos, 1987-88. vol. 1-2.
_____. *Os donos de Portugal: Cem anos de poder económico (1910-2010)*. Lisboa: Afrontamento, 2010.
ADINOLFI, Goffredo, "O corporativismo na ditadura fascista italiana". In: PINTO, António Costa; MARTINHO, Francisco (coords.). *A vaga corporativa: Corporativismo e ditaduras na Europa e na América Latina*. Lisboa: Imprensa de Ciências Sociais, 2016.
AGUDO, Manuel Ros. *La gran tentación: Franco, el imperio colonial y los planes de intervención en la Segunda Guerra Mundial*. Madri: Styria, 2008.
ANTUNES, Carla; MARTINS, Suzana. *A tentativa da Revolta da Sé*. Lisboa: FCSH/UNL, 1996. Dissertação de licenciatura. (Texto policopiado).

ANTUNES, José Freire. *Kennedy e Salazar: O leão e a raposa*. Lisboa: Difusão Cultural, 1992.
_____. José Freire. *Salazar e Caetano: Cartas secretas, 1932-1968*. Lisboa: Círculo de Leitores, 1993.
ARAÚJO, António. *A lei de Salazar*. Lisboa: Tenacitas, 2007.
ARENDT, Hannah. *As origens do totalitarismo*. Lisboa: D. Quixote, 2008 [Ed. bras.: Trad. de Roberto Raposo. São Paulo: Companhia de Bolso, 2013].
BARBOSA, Daniel. *Alguns aspectos da economia portuguesa*. Lisboa: [s.e.], 1949.
BEETHAM, David. *Marxists in Face of Fascism: Writings by Marxists on Fascism from the Inter-War Period*. Nova York: Barnes & Noble, 1984.
BERNARDO, João. *Labirintos do fascismo: Na encruzilhada da ordem e da revolta*. Porto: Afrontamento, 2003.
BERSTEIN, Serge; MILZA, Pierre. *Dictionnaire historique des fascismes et du nazisme*. Bruxelas: Éditions Complexe, 1992.
BLINKHORN, Martin (org.). *Fascists and Conservatives*. Abingdon: Routledge, 1990.

_____. *Mussolini e a Itália fascista*. Trad. de Pedro Elston. Lisboa: Gradiva, 1986. [Ed. bras.: *Mussolini e a Itália fascista*. Trad. de Ivone Benedetti. Rio de Janeiro: Paz & Terra, 2010].

BOBBIO, Norberto. *Do fascismo à democracia: Os regimes, as ideologias, os personagens e as culturas políticas*. Rio de Janeiro: Elsevier, 2007.

BROUÉ, Pierre. *A Revolução Espanhola, 1931-1939*. Trad. de Alice Kyoko Miyashiro. São Paulo: Perspectiva, 1992.

BURRIN, Philippe. "Hitler et le nouvel homme nazi". In: Colóquio Internacional *L'Homme nouveau dans l'Europe fasciste (1930-1945)*. Paris: CHEVS, 2000.

CABRAL, Manuel Villaverde. "The Seara Nova Group (1921-1926) and the Ambiguities of Portuguese Liberal Elitism". *Portuguese Studies*, vol. 4, pp. 181-195, 1988.

CAETANO, Marcelo. *O sistema corporativo*. Lisboa: s.e., 1938.

_____. *A missão dos dirigentes: Reflexão e directivas pelo Comissário Nacional*. Lisboa: Mocidade Portuguesa, 1942.

_____. *Portugal e a internacionalização dos problemas africanos*. Lisboa: Ática, 1965.

_____. *Minhas memórias de Salazar*. Lisboa: Verbo, 1977.

CALDEIRA, Alfredo; TAVARES, Álvaro Dantas (coords.). *Memória do campo de concentração do Tarrafal*. Lisboa: Fundação Mário Soares; Fundação Amílcar Cabral, 2009.

CAMPINOS, Jorge. *A Ditadura Militar, 1926-1933*. Lisboa: D. Quixote, 1975.

CARR, Raymond. *España, 1808-1975*. Barcelona: Ariel, 1982.

CARVALHO, Rita Almeida de. *Assembleia Nacional no pós-guerra (1945-1949)*. Lisboa: Assembleia da República; Afrontamento, 2002.

_____. *A concordata de Salazar*. Lisboa: Círculo de Leitores, 2013.

CATROGA, Fernando. "Transição e ditadura em Portugal nos primórdios do século XX". In: MARTINS, Rui Cunha (coord.). *Portugal 1974: Transição política em perspectiva histórica*. Coimbra: Imprensa da Universidade, 2011.

CEREZALES, Diego Palácios. *Portugal à coronhada: Protesto popular e ordem pública nos séculos XIX e XX*. Lisboa: Tinta-da-China, 2011.

CHORÃO, Luís Bigotte. *A crise da República e a Ditadura Militar*. Lisboa: Sextante, 2009.

COLLOTTI, Enzo. *Fascismo, fascismos*. Lisboa: Caminho, 1992.

CONSTITUIÇÕES portuguesas: 1822, 1826, 1838 ,1911, 1933. Lisboa: Assembleia da República, 2004.

COSTA, Eduardo Freitas da. *História do 28 de Maio*. Lisboa: Templo, 1979.

CRUZ, Manuel Braga da. *As origens da democracia cristã e o salazarismo*. Lisboa: Presença, 1980.

_____. *Monárquicos e republicanos no Estado Novo*. Lisboa: D. Quixote, 1986.

_____. *O partido e o Estado no salazarismo*. Lisboa: Presença, 1988.

DIÁRIO das sessões da Assembleia Nacional, n. 147, 27 nov. 1937.

DIÁRIO das sessões da Assembleia Nacional, n. 175, 24 mar. 1938.

DIÁRIO das sessões da Assembleia Nacional, n. 89, 27 maio 1940.

DIDI-HUBERMAN, Georges. *Imagens apesar de tudo*. Trad. de Vanessa Brito e João Pedro Cachopo. Lisboa: KKYM, 2012. [Ed. bras.: *Imagens apesar de tudo*. Trad. de Vanessa Brito e João Pedro Cachopo. São Paulo: Editora 34, 2020].

DUBY, Georges. "O historiador hoje". In: DUBY, Georges; ARIÈS, Philippe; LE GOFF, Jacques; LADURIE, Le Roy. *História e Nova História*. Lisboa: Teorema, 1994.

EROS, J. "Hungary". In: WOOLF, Stuart J. (org.). *Fascism in Europe*. Londres: Methuen, 1981.

FARIA, Cristina. *As lutas estudantis contra a Ditadura Militar (1926-1932)*. Lisboa: Colibri, 2000.

FARIA, Telmo. *Debaixo de fogo! Salazar e as Forças Armadas (1935-1941)*. Lisboa: Cosmos/ IDN, 2000.

FARINHA, Luís. *O reviralho: Revoltas republicanas contra a ditadura e o Estado Novo (1926-1940)*. Lisboa: Estampa, 1998.

_____. *Cunha Leal, deputado e ministro da República: Um notável rebelde*. Lisboa: Assembleia da República; Texto Editores, 2009.

FELICE, Renzo de. *Entrevista sobre o fascismo*. Rio de Janeiro: Civilização Brasileira, 1976.

_____. *Breve história do fascismo*. Lisboa: Casa das Letras, 2005.

FERRAZ, Ivens. *A ascensão de Salazar*. Prefácio e notas de César Oliveira. Lisboa: O Jornal, 1988.

FERREIRA, José Medeiros. *O comportamento político dos militares:*
Forças Armadas e regimes políticos no século XX. Lisboa: Estampa, 1992.

FERRO, António. "Política do espírito". *Diário de Notícias*, 21 nov. 1932.

_____. *Salazar, o homem e a sua obra*. Lisboa: Fernando Pereira, 1982.

_____. *Entrevistas a Salazar*. Lisboa: Parceria A. M. Pereira, 2003.

FREI, Norbert. *O Estado de Hitler*. Trad. de Monika Weissler e António Nabarrete. Lisboa: Editorial Notícias, 2003.

FREIRE, João. *Anarquistas e operários: Ideologia, ofício e práticas sociais: O anarquismo e o operariado em Portugal, 1900-1940*. Porto: Afrontamento, 1992.

GALLEGO, Ferran. *Os homens do Führer: A elite do nacional-socialismo (1919-1945)*. Lisboa: Esfera dos Livros, 2009.

GARRIDO, Álvaro. *O movimento estudantil e a crise do Estado Novo: Coimbra 1962*. Coimbra: Minerva, 1996.

_____. *O Estado Novo e a Campanha do Bacalhau*. Lisboa: Círculo de Leitores, 2004.

_____. *Economia e política das pescas portuguesas*. Lisboa: ICS, 2006.

British Journal of Sociology, vol. 33, n. 2 pp. 172-99, jun. 1982.

GINER, Salvador. "Political Economy, Legitimation and the State in Southern Europe". *British Journal of Sociology*, vol. 33, n. 2, jun. 1982.

HENRIQUES, Raquel Pereira. *António Ferro: Estudo e antologia*. Lisboa: Alfa, 1990.

HOBSBAWM, Eric. *A era dos extremos: História breve do século XX (1914-1991)*. Trad. de Catarina Madureira e Manuela Madureira. Lisboa: Presença, 1996. [Ed. bras.: *A era dos extremos:*

O breve século XX (1914-1991). Trad. de Marcos Santarrita. São Paulo: Companhia das Letras, 1995].

HONÓRIO, Cecília (coord.). *O espectro dos populismos*. Lisboa: Tinta-da-china, 2018.

JANEIRO, Helena. *A Revolta de Angola de 1930*. Lisboa: FCSH/UNL, 1992. (Texto datilografado).

JOLL, James. *A Europa desde 1870*. Trad. de Cardigo dos Reis. Lisboa: D. Quixote, 1982.

KERSHAW, Ian. *Hitler: Um perfil de poder*. Trad. de Vera Ribeiro. Lisboa: Inquérito, 1988. [Ed. bras.: *Hitler: Um perfil de poder*. Trad. de Pedro Maia Soares. São Paulo: Companhia das Letras, 2010].

LEAL, Ernesto Castro. *António Ferro: Espaço político e imaginário social (1918-1932)*. Lisboa: Cosmos, 1994.

_____. *Nação e nacionalismos*. Lisboa: Cosmos, 1999.

LEAL, Francisco Cunha. *As minhas memórias*. Lisboa: Ed. Autor, 1968. vol. 3.

LEE, Stephen J. *European Dictatorships: 1918-1945*. Londres: Routledge, 2008.

LÊNIN, Vladmir Ilyich. "L'Impérialisme, stade suprême du capitalisme". In: _____. *Oeuvres choisies*. Moscou: Éditions du Progrès, 1968 [1917]. vol. 1. [Ed. bras.: *Imperialismo, estágio superior do capitalismo*, Trad. de Edições Avante! e Paula Vaz de Almeida. São Paulo: Boitempo, 2021].

LOFF, Manuel. *Salazarismo e franquismo na Época de Hitler (1936-1942)*. Porto: Campo das Letras, 1996.

_____. *"O nosso século é fascista!": O mundo visto por Salazar e Franco (1936-1945)*. Porto: Campo das Letras, 2008.

LOFF, Manuel; SIZA, Teresa (coords.). *Resistência: Da alternativa republicana à luta contra a Ditadura (1891-1974)*. Porto: Comissão Nacional para as Comemorações para o Centenário da República, 2010.

LOUÇÃ, António. *Conspiradores e traficantes: Portugal no tráfico de armas e de divisas nos anos do nazismo (1933-1945)*. Lisboa: Oficina do Livro, 2005.

LÖWY, Michael. "La Vague brune: Un Phénomène planétaire". *Inprecor*, n. 657-658, pp. 13-14, nov.-dez. 2018.

LUCENA, Manuel de. *A evolução do sistema corporativo português*. Lisboa: Perspectivas e Realidades, 1976. vol. 1: O salazarismo.

MACCIOCCHI, Maria Antonietta (org.). *Elementos para uma análise do fascismo*. Lisboa: Bertrand, 1977.

MADEIRA, João. *A greve de 1947 nos estaleiros navais de Lisboa: Fim de um ciclo*. [S.l.: s.e.], 1998. Texto datilografado.

_____. *Os engenheiros de almas: O Partido Comunista e os intelectuais*. Lisboa: Estampa, 1996.

_____. "Legião Vermelha: radicalização e violência política na crise da República". In: I Colóquio sobre Violência Política, FCSH/NOVA, 2015. Comunicação não publicada.

MADEIRA, João; PIMENTEL, Irene Flunser; FARINHA, Luís (coords.). *Vítimas de Salazar: Estado Novo e violência política*. Lisboa: Esfera dos Livros, 2007.

MADUREIRA, Arnaldo. *A formação histórica do salazarismo*. Lisboa: Livros Horizonte, 2000.

MANDEL, Ersnt. *Sobre o fascismo*. Trad. de M. Rodrigues. Lisboa: Antídoto, 1976.

MANN, Michael. *Fascistas*. Pref. de António Costa Pinto, Trad. de Marcelo Felix. Lisboa: Edições 70, 2011.

MANOILESCU, Mihail. *Le Siècle du corporatisme*. Paris: Alcan, 1936.

MARQUES, António Henrique de Oliveira. *A Liga de Paris e a Ditadura Militar, 1927-1928*. Lisboa: Europa-América, 1976.

MARTINS, Hermínio. *Classe, status e poder*. Lisboa: ICS, 1998.

MARTINS, Susana. *Socialistas na oposição ao Estado Novo*. Lisboa: Casa das Letras, 2005.

MARX, Karl. *O 18 Brumário de Luís Bonaparte*. Lisboa: V. de Leste, 1975. [Ed. bras.: *O 18 de Brumário de Luís Bonaparte*. Trad. de Nélio Schneider. São Paulo: Boitempo, 2011].

MATEUS, Dalila Cabrita. *A PIDE/DGS na Guerra Colonial (1961-1974)*. Lisboa: Terramar, 2004.

MATOS, Helena. *Salazar: A construção do mito*. Lisboa: Círculo de Leitores, 2003. vol. 1.

_____. *Salazar: A propaganda*. Lisboa: Círculo de Leitores, 2004. vol. 2.

MATOS, Luís Salgado. *Um "Estado de Ordens" contemporâneo: A organização política portuguesa*. Lisboa: ICS/UL, 1999. Tese. (Texto policopiado).

MATOS, Sérgio Campos (coord.). *Crises em Portugal nos séculos XIX e XX*. Lisboa: Centro de História da Universidade de Lisboa, 2002.

MEDEIROS, Fernando. *A sociedade e a economia portuguesas nas origens do salazarismo*. Lisboa: A Regra do Jogo, 1978.

MEDINA, João. *Salazar e os fascistas: História de um conflito (1932-1935)*. Lisboa: Bertrand, 1978.

MELO, Daniel. *Salazarismo e cultura popular: 1933-1958*. Lisboa: ICS, 2001.

MENESES, Filipe Ribeiro de, "Slander, Ideological Differences, or Academic Debate — the 'Verão Quente' of 2012 and the State of Portuguese Historiography". *e-Journal of Portuguese History*, vol. 10, n. 1, verão 2012.

_____. *Salazar*. Lisboa: D. Quixote, 2010.

MILZA, Pierre. *As relações internacionais de 1918 a 1939*. Lisboa: Edições 70, 2007.

MONTEIRO, Armindo. *Para uma política imperial*. Lisboa: Agência Geral das Colónias, [s.d.].

MOREIRA, Adriano. *A espuma do tempo: Memórias do tempo de vésperas*. Coimbra: Almedina, 2008.

MOSSUZ-LAVAU, Janine; REY, Henri. *Les Fronts populaires*. Paris: Casterman; Florença: Giunti, 1994.

NINHOS, Cláudia. *Portugal e os nazis*. Lisboa: Esfera dos Livros, 2017.

NEVES, Helena; CALADO, Maria. *O Estado Novo e as mulheres: O género como investimento ideológico e de mobilização*. Lisboa: Câmara Municipal de Lisboa, 2001.

NEVES, José. *Comunismo e nacionalismo em Portugal: Política, cultura e história no século XX*. Lisboa: Tinta-da-China, 2008.

NUNES, Leopoldo. *A Ditadura Militar: Dois anos de história política contemporânea*. Lisboa: [s.e.], 1928.

Ó, Jorge Ramos do. *O lugar de Salazar*. Lisboa: Alfa, 1990.

_____. *Os anos de ferro. O dispositivo cultural durante a "Política do Espírito": 1933-1949*. Lisboa: Estampa, 1999.

OLIVEIRA, César de. *Salazar e o seu tempo*. Lisboa: O Jornal, 1991.

PACHECO, António Carneiro. "Declarações de Sua Excelência o Ministro da Instrução Pública no acto de posse". *Escola Portuguesa*, ano II, n. 69, fev. 1936.

PAÇO, António (coord.). *A ascensão de Salazar (1926-1932)*. Lisboa: Centro Editor PDA, 2008. vol. 1.

PARIS, Robert. *As origens do fascismo*. Trad. de Elisabete Perez. São Paulo: Perspectiva, 1993.

PATRIARCA, Maria de Fátima. *A questão social no salazarismo (1930-1947)*. Lisboa: INCM, 1995. vol. 1-2.

_____. *Sindicatos contra Salazar: A revolta do 18 de janeiro de 1934*. Lisboa: ICS, 2000.

_____. "Diário de Leal Marques sobre a formação do primeiro governo de Salazar: apresentação". *Análise Social*, Lisboa, vol. 178, pp. 169-222, 2006.

PAULO, Heloísa; JANEIRO, Helena Pinto (coords.). *Norton de Matos e as eleições presidenciais de 1949, 60 anos depois*. Lisboa: Colibri; IHC FCSH; UNL, 2010.

PAYNE, Stanley George. *A History of Fascism (1914-1945)*. Wisconsin: University of Wisconsin Press, 1995.

_____. *Franco y José António: El extraño caso del fascismo español*. Barcelona: Planeta, 1997.

PEREIRA, Joana Dias. *Sindicalismo revolucionário: História de uma ideia*. Lisboa: Caleidoscópio, 2011.

PEREIRA, José Pacheco. *A sombra: Estudos sobre a clandestinidade comunista*. Lisboa: Gradiva, 1993.

_____. *Álvaro Cunhal: Uma biografia política*. Lisboa: Temas e Debates, 1999. vol. 1: Daniel, o jovem revolucionário.

_____. *Álvaro Cunhal: Uma biografia política*. Lisboa: Temas e Debates, 2001. vol. 2: Duarte, o dirigente clandestino.

_____. *Álvaro Cunhal: Uma biografia política*. Lisboa: Temas e Debates, 2005. vol. 3: O prisioneiro.

_____. *Álvaro Cunhal: Uma biografia política*. Lisboa: Temas e Debates, 2015. vol. 4: O secretário-geral.

PEREIRA, Pedro Theotonio. *Memórias*. Lisboa: Verbo, 1973. vol. 1-2.

PIMENTEL, Irene Flunser. *A história da PIDE*. Lisboa: Círculo de Leitores, 2007.

_____. *História das organizações femininas do Estado Novo*. Lisboa: Temas e Debates, 2001.

PINTO, António Costa. *O salazarismo e o fascismo europeu: Problemas de interpretação nas ciências sociais*. Lisboa: Estampa, 1992.

_____. *Os camisas azuis: Ideologia, elites e movimentos fascistas em Portugal (1914-1945)*. Lisboa: Estampa, 1994.

_____. (org.). *Governar em ditadura: Elites e decisão política nas ditaduras da era do fascismo*. Lisboa: ICS, 2012.

_____; RIBEIRO, Nuno Afonso. *A acção escolar de vanguarda (1933-1936)*. Lisboa: História Crítica, 1980.

_____. MARTINHO, Francisco (coords.). *A vaga corporativa: Corporativismo e ditaduras na Europa e na América Latina*. Lisboa: Imprensa de Ciências Sociais, 2016.

PINTO, Catarina. *A Primeira República e os conflitos da modernidade (1919-1926): A esquerda republicana e o bloco radical*. Lisboa: Caleidoscópio, 2011.

POULANTZAS, Nicos. *Fascism and Dictatorship*. Londres: New Left, 1974.

PRESOS políticos no regime fascista (1936-1939). Lisboa: Comissão do Livro Negro sobre o Regime Fascista (CLNSRF), 1982-1987. vol. 1-6.

PRESTON, Paul. *Franco: A Biography*. Londres: Harper Collins, 1993.

_____. *La política de la venganza: El fascismo y el militarismo en la España del siglo XX*. Barcelona: Peninsula, 1997.

_____. *A Guerra Civil de Espanha*. Lisboa: Edições 70, 2005.

RABY, Dawn Linda. *A resistência antifascista em Portugal (1941-1974)*. Trad. de Beatriz Oliveira. Lisboa: Salamandra, 1990.

RAMOS, Gustavo Cordeiro. *Os fundamentos éticos da escola no Estado Novo*. Lisboa: União Nacional, 1937.

REIS, António (coord.). *Portugal contemporâneo*. Lisboa: Alfa, 1991. vol. 4-5.

_____. *Raul Proença: Biografia de um intelectual político republicano*. Lisboa: Imprensa Nacional-Casa da Moeda, 2003.

REZOLA, Maria Inácia. *Fotobiografias século XX: António de Oliveira Salazar*. Lisboa: Círculo de Leitores, 2001.

RIBEIRO, Maria da Conceição. *A polícia política no Estado Novo (1926-1945)*. Lisboa: Estampa, 1995.

RIOSA, Alceo. "Nazionalismo". In: DE BERNARDI, Alberto; GUARRACINO, Scipione (coords.). *Dizionario del fascismo: Storia, personaggi, cultura, economia, fonti e dibattito storiografico*. Milão: Mondadori, 2006.

RODRIGUES, Luís Nuno. *A Legião Portuguesa: A milícia do Estado Novo (1936-1944)*. Lisboa: Estampa, 1996.

ROLLO, Maria Fernanda. *Portugal e a reconstrução económica do pós-guerra: O Plano Marshall e a economia portuguesa dos anos 50*. Lisboa: Ministério dos Negócios Estrangeiros; ID, 2007.

ROSAS, Fernando. *As primeiras eleições legislativas sob o Estado Novo*. Lisboa: O Jornal, 1985.

_____. *Fernando Rosas, O Estado Novo nos anos trinta: Elementos para o estudo da natureza económica e social do salazarismo*. Lisboa: Estampa, 1986.

_____ (org., pref. e notas). *Correspondência de Pedro Teotónio Pereira para Oliveira Salazar*. Lisboa: Presidência do Conselho de Ministros/Comissão do Livro Negro sobre o Regime Fascista, 1982-1987. vol. 1-4.

_____ (org., prefácio e notas). *Cartas e relatórios de Quirino de Jesus a Oliveira Salazar*. Lisboa: Presidência do Conselho de Ministros/Comissão do Livro Negro sobre o Regime Fascista, 1987.

_____. "Cinco pontos em torno do estudo comparado do fascismo". *Vértice*, Lisboa, n. 13, série II, pp. 21-29, abr. 1989.

_____. *Portugal entre a paz e a guerra (1939-1945)*. Lisboa: Estampa, 1990.

_____ (coord.). *Portugal e o Estado Novo (1930-1960)*. In: SERRÃO, Joel; MARQUES; António Henrique de Oliveira (dirs.). *Nova história de Portugal*. Lisboa: Presença, 1992. vol. 7.

_____. *O Estado Novo, 1926-1974*. In: MATTOSO, José (dir.). *História de*

Portugal. Lisboa: Círculo de Leitores, 1994. vol. 7.
_____. *História de Portugal* (coord. J. Mattoso). Lisboa: Estampa, 1998. vol. 7.
_____. "O Marcelismo ou a falência da política de transição do Estado Novo". In: BRITO, José Maria Brandão de (coord.). *Do marcelismo ao fim do Império*. Lisboa: Editorial Notícias, 1999. vol. 1: Revolução e democracia.
_____. *Salazarismo e fomento económico*. Lisboa: Editorial Notícias, 2000.
_____. *Portugal no século XX: Pensamento e acção política (1890-1976)*. Lisboa: Editorial Notícias, 2004.
_____. "Le Salazarisme et l'homme nouveau: Essai sur l'État Nouveau et la question du totalitarisme dans les années trente et quarante". In: BONNUCI, Marie-Anne Matard; MILZA, Pierre (orgs.). *L'Homme nouveau dans l'Europe fasciste (1922-1945)*. Paris: Fayard, 2004.
_____. *Lisboa revolucionária (1908-1975)*. Lisboa: Tinta-da-China, 2010.
_____. *Salazar e o poder: A arte de saber durar*. Lisboa: Tinta-da-China, 2012.
_____. *História e memória*. Lisboa: Tinta-da-China, 2016.
_____. *História a História: África*. Lisboa: Tinta-da-China, 2018.
_____. *A Primeira República (1910-1926): Como venceu e porque se perdeu*. Lisboa: Bertrand, 2018.
ROSAS, Fernando; PIMENTEL, Irene Flunser; MADEIRA, João; FARINHA, Luís; REZOLA, Maria Inácia (coords.). *Tribunais políticos: Tribunais militares especiais e tribunais plenários durante a Ditadura Militar e o Estado Novo*. Lisboa: Temas e Debates; Círculo de Leitores, 2009.
ROSAS, Fernando; BRITO, José Maria Brandão de (coord.). *Dicionário de História do Estado Novo*. Lisboa: Bertrand, 1996.
ROSAS, Fernando; GARRIDO, Álvaro (coords.). *Corporativismo, fascismos, Estado Novo*. Coimbra: Almedina, 2012.
ROSAS, Fernando; PIMENTEL, Irene Flunser (coord. científica). *Aljube: A voz das vítimas*. Lisboa: Fundação Mário Soares; Instituto de História Contemporânea; UNL, 2011.
ROSAS, Fernando; SIZIFREDO, Cristina. *Estado Novo e universidade: A perseguição aos professores*. Lisboa: Tinta-da-China, 2013.
ROSAS, Fernando; MACHAQUEIRO, Mário; OLIVEIRA, Pedro Aires de. *O adeus do império: 40 anos de descolonização portuguesa*. Lisboa: Veja, 2015.
SALAZAR, António de Oliveira. *Discursos e notas políticas*. Coimbra: Coimbra Editora, 1939-1967. vol. 1-6.
SAMARA, Maria Alice. *Sob o signo da guerra: "Verdes e vermelhos" no conturbado ano de 1918*. Lisboa: Editorial Notícias, 2002.
SANTOS, José Reis. *Salazar e as eleições: Um estudo sobre as eleições gerais de 1942*. Lisboa: Assembleia da República, 2011.
SANTOS, Paula Borges. *A segunda separação*. Coimbra: Almedina, 2016.
SARTI, Roland. *Fascism and Industrial Leadership in Italy: 1919-1940*. Berkeley: University of California Press, 1971.

SERAPIGLIA, Daniele. *La via portoghese al corporativismo*. Roma: Carocci, 2011.

SOHN-RETHEL, Alfred. *Economy and Class Structure of German Fascism*. Londres: Free Association, 1973.

SOUTELO, Luciana. *A memória pública do passado recente nas sociedades ibéricas: Revisionismo histórico e combates pela memória nos fins do século XX*. Tese de Doutorado, Faculdade de Letras da Universidade do Porto, 2015.

STADLER, K.R., "Austria". In: WOOLF, Stuart J. (org.). *Fascism in Europe*. Londres: Methuen, 1981.

STERNHELL, Zeev (coord.). *Nascimento da ideologia fascista*. Lisboa: Bertrand, 1995.

TAYLOR, Alan John Percivale. *The Origins of the Second World War*. Londres: Penguin, 1964.

TELO, António. *Portugal na Segunda Guerra Mundial (1941-1945)*. Lisboa: Vega, 1991. vol. 2.

_____. *Portugal e a NATO: O reencontro da tradição atlântica*. Lisboa: Cosmos, 1996.

_____. *Decadência e queda da I República portuguesa*. Lisboa: A Regra do Jogo, 1980. 20 vols.

TOJO, Natália. "A greve dos ferroviários do Estado: Memórias de 70 dias de luta". Lisboa: FCSH/NOVA, 1998. Trabalho apresentado na cadeira de História dos Fascismos sécs. XVIII-XX.

TORGAL, Luís Reis. *Estados Novos, Estado Novo*. Coimbra: IUC, 2009. vol. 1-2.

_____. *Marcelo Caetano, marcelismo e "Estado Social": Uma interpretação*. Coimbra: Imprensa da Universidade de Coimbra, 2013.

TRAVERSO, Enzo. *La Violence nazie: Une généalogie européenne*. Paris: La Fabrique, 2002.

_____. *À Feu et à sang: De la Guerre civile européenne, 1914-1945*. Paris: Stock, 2007.

TREVOR-ROPER, H.R. "The Phenomenon of Fascism". In: WOOFL, S.J. (org.), *European Fascism*. Londres: Weidenfeld & Nicolson, 1968.

TRINDADE, Luís. *O estranho caso do nacionalismo português: O salazarismo entre a literatura e a política*. Lisboa: ICS, 2008.

VALENTE, José Carlos. *Estado Novo e alegria no trabalho: Uma história política da FNAT (1935-1958)*. Lisboa: Colibri; INATEL, 1999.

WILLIAMSON, Peter J. *Varieties of Corporatism: A Conceptual Discussion*. Cambridge: Cambridge University Press, 1985.

WOODLEY, Daniel. *Fascism and Political Theory: Critical Perspectives on Fascist Ideology*. Londres: Routledge, 2010.

WOOLF, Stuart J. (org.). *European Fascism*. Londres: Weidenfeld & Nicolson, 1968.

_____. "O fenómeno do fascismo". In: _____ (org.). *O fascismo na Europa*. Lisboa: Meridiano, 1978.

_____. (org.). *Fascism in Europe*. Londres: Methuen, 1981.

ZETKIN, Clara. *Fighting Fascism: How to Struggle and How to Win*. Chicago: Haymarket, 2017.

SOBRE O AUTOR

FERNANDO ROSAS (Lisboa, 1946) é professor catedrático no Departamento de História da Faculdade de Ciências Sociais e Humanas e professor emérito da Universidade Nova de Lisboa, e foi presidente do Instituto de História Contemporânea da mesma faculdade. Desenvolve o seu percurso acadêmico sobretudo em torno da História Contemporânea e da História de Portugal no século XX. Foi membro do conselho de redação da revista *Penélope: Fazer e Desfazer a História* e diretor da revista *História*.

Entre as obras que publicou, estão: *Salazar e o poder: A arte de saber durar* (Prêmio PEN Ensaio 2012); *História a História: África*; *Lisboa revolucionária*; *História e memória*; *Estado Novo nos anos trinta*; coordenação de *Portugal e o Estado Novo (1930-1960)*, vol. XII; *Nova História de Portugal* (dir. Joel Serrão e A.H. de Oliveira Marques); *Estado Novo (1926-1974)*, vol. VII; *História de Portugal* (dir. José Mattoso); *Portugal século XX: 1890-1976*; e de *Pensamento e acção política*.

Tem livros e artigos publicados na Espanha, França, Alemanha, Inglaterra, Estados Unidos e Brasil. Em 2006, foi condecorado pelo presidente de Portugal com a Ordem da Liberdade.

© Fernando Rosas, 2023

Esta edição segue o Novo Acordo Ortográfico da Língua Portuguesa em suas variantes europeias

1ª edição: set. 2023 • 1.500 exemplares

EDIÇÃO Bárbara Bulhosa/ Tinta-da-china Portugal
PROJETO GRÁFICO Vera Tavares
PAGINAÇÃO Isadora Bertholdo
LINHA DO TEMPO Giovanna Farah • Paula Carvalho
REVISÃO Henrique Torres • Karina Okamoto • Andréia Manfrin Alves

---

DADOS INTERNACIONAIS DE CATALOGAÇÃO NA PUBLICAÇÃO (CIP)
DE ACORDO COM ISBD

R789s   Rosas, Fernando
         Salazar e os fascismos: ensaio breve de história comparada / Fernando Rosas. -
         São Paulo : Tinta-da-China Brasil, 2023.
         304 p. : il. ; 14 cm × 21 cm.

         Inclui índice.
         ISBN 978-65-84835-12-2

         1. História. 2. Fascismo. 3. Salazar. 4. Política. I. Título.

                                         CDD 940
2023-1429   CDU 94

Elaborado por Odilio Hilario Moreira Junior - CRB-8/9949

ÍNDICES PARA CATÁLOGO SISTEMÁTICO
1. História 940
2. História 94

A primeira edição deste livro foi apoiada pela Direção-Geral do Livro e das Bibliotecas — DGLAB Secretaria de Estado da Cultura — Portugal

TINTA-DA-CHINA BRASIL
DIREÇÃO GERAL Paulo Werneck
DIREÇÃO EXECUTIVA Mariana Shiraiwa
EDITORA EXECUTIVA Mariana Delfini
EDITORIAL Paula Carvalho • Ashiley Calvo (assistente)
DESIGN Giovanna Farah • Isadora Bertholdo
COMERCIAL Andrea Ariani • Leandro Valente
COMUNICAÇÃO Julia Galvão • Yolanda Frutuoso

Todos os direitos desta edição reservados à Tinta-da-China Brasil/Associação Quatro Cinco Um

Largo do Arouche, 161, SL2 • República • São Paulo • SP • Brasil
editora@tintadachina.com.br • tintadachina.com.br

SALAZAR
E OS FASCISMOS

foi composto em caracteres
Hoefler e Neutra, impresso em papel
pólen natural de 80 g, na Ipsis, no mês
de setembro de 2023.